广东省
早期投资生态系统研究

广东省科技计划项目
“早期投资生态系统的研究与实践探索”
“广东省创业投资研究及服务体系建设”资助

黎全辉　李延振 / 主编

南方日报出版社
NANFANG DAILY PRESS
中国·广州

图书在版编目（CIP）数据

广东省早期投资生态系统研究 / 黎全辉，李延振编著. -- 广州 : 南方日报出版社，2019.5

ISBN 978-7-5491-1997-4

Ⅰ. ①广… Ⅱ. ①黎… ②李… Ⅲ. ①创业投资—研究—广东 Ⅳ. ①F832.48

中国版本图书馆 CIP 数据核字(2019)第 090239 号

GUANGDONGSHENG ZAOQI TOUZI SHENGTAI XITONG YANJIU

广东省早期投资生态系统研究

主　　编：黎全辉 李延振
出版发行：南方日报出版社
地　　址：广州市广州大道中 289 号
出 版 人：周山丹
责任编辑：张　高
责任技编：王　兰
装帧设计：邓晓童
责任校对：裴晓倩
经　　销：全国新华书店
印　　刷：广州市尚铭印刷有限公司
开　　本：787mm×1092mm　1/16
印　　张：14
字　　数：220 千字
版　　次：2019 年 5 月第 1 版
印　　次：2019 年 5 月第 1 次印刷
定　　价：48.00 元

投稿热线：（020）87360640　　读者热线：（020）87363865

《广东省早期投资生态系统研究》编委会

前言

随着我国经济由高速增长阶段转向高质量发展阶段，创新已成为经济发展的第一动力，我国实施创新驱动战略的重要性和迫切性日益凸显。但在实施创新驱动发展战略、推进“大众创业万众创新”过程中，初创企业融资难是亟须解决的重要问题之一。尽管近几年广东省创业投资行业的快速发展在一定程度上缓解了初创企业融资难的状况，但由于大部分风险投资和私募股权资本都偏好投资风险较小的中后期项目，早期投资不足仍然是制约初创企业发展的重要瓶颈。截至2018年底，注册地在广东省内的私募机构有11298家，而早期投资机构仅有111家；私募股权基金数量达到16592只，而早期基金仅有52只；广东省内企业融资事件的数量为22256件，投资总额达到9836.60亿元，其中企业融资轮次为A轮以前（不含A轮）的事件数量仅为4122件，投资总额仅为382.27亿元。因此，早期投资的机构数量、早期基金数量、投资事件数量、投资金额均未达到与广东省初创企业发展现状相匹配的数量或规模，在整个创业投资行业占比也较小。

为剖析广东省早期投资不足的深层次原因，促进初创企业融资问题的解决，有必要全面系统地研究广东省早期投资的生态系统及其改善途径。本书的内容分为广东省早期投资生态系统的发展现状与对策、广东省企业孵化器发展现状与对策、广东省国有创投机构设立天使基金的实践与启示三个篇章。其中第一篇从早期投资生态系统的理论模型出发，系统分析了广东省早期投资生态系统的发展现状和主要问题，并在借鉴国内外发展经验的基础上，提出了促进广东省早期投资的对策建议；第二篇总结了国内外先进地区企业孵化器的发展经验，分析了广东省企业孵化器的发展现状、趋势与环境，并针对广东省企业孵化器发展现状和问题提出了相应的对策建议；第三篇介绍了国内外天使投资的发展现状和特征，分析了国有创投机构组建天使基金的必要性和可行性，总结了粤科金融集团设立天使基金的实践情况和相关经验，最后提出了国有创投机构组建和运作天使基金的改进建议。

粤科金融集团作为广东省省属国有创投机构，一直致力于完善科技金融服务链条，为广东实施创新驱动发展战略提供金融支撑。经过二十多年的发展，目前已形成了“创投为主、多业联动”的发展格局，累计为2000多家科技企业提供投融资、孵化培育等服务，推动60多家高新技术企业实现IPO（首次公开募股）或在“新三板”挂牌，积累了丰富的创业投资经验。此次粤科金融集团组织编写的《广东省早期投资生态系统研究》是广东省科技计划项目“早期投资生态系统的研究与实践探索”“广东省创业投资研究及服务体系建设”课题的研究成果。

本书的研究和相关内容的撰写得到了广东省科技厅王瑞军厅长、郑海涛副厅长以及规财处、监审处等相关处室负责同志的大力支持和悉心指导，得到了广东省科技情报所、广东省孵化器协会、广东现代社会发展研究院刘少波教授研究团队、投中集团、清科集团的专业支持和积极协助，在此一并表示衷心的感谢！最后，希望本书能够为支持、关心和研究广东省早期投资和创投行业发展的各位领导、专家学者和各界人士提供一份有价值的参考素材。受水平和资料所限，书中难免会有不足或不妥之处，恳请批评指正。

黎全辉

2019年2月1日

目录

第一篇

广东省早期投资生态系统的发展现状与对策

第一章　导言

1.1　研究背景

随着我国经济由高速增长阶段转向高质量发展阶段，创新已成为经济发展的第一动力，我国实施创新驱动战略的重要性和迫切性日益凸显。党的十八大明确提出“科技创新是提高社会生产力和综合国力的战略支撑，必须摆在国家发展全局的核心位置”。2015年3月，中共中央国务院发布《关于深化体制机制改革加快实施创新驱动发展战略的若干意见》，提出我国创新体制机制改革的目标、思路和要求，并强调要加快实施创新驱动发展战略。2017年10月，党的十九大报告进一步提出，创新是引领发展的第一动力，是建设现代化经济体系的战略支撑，要加快建设创新型国家。

作为推进创新驱动发展战略的重要举措，大众创业、万众创新蓬勃兴起，催生了众多市场新生力量。但是，初创企业融资难是推进大众创业万众创新、实施创新驱动发展战略过程中亟待解决的主要问题之一。尽管近几年广东省创业投资行业的快速发展在一定程度上缓解了初创企业融资难的状况，但由于大部分风险投资和私募股权资本都偏好投资风险较小的中后期项目，早期投资不足仍然是制约初创企业发展的重要瓶颈。

根据私募通数据库的数据，截至2018年底，注册地在广东省内的私募机构有11298家，而早期投资机构仅有111家；私募股权基金数量达到16592只，而早期基金仅有52只；广东省内企业融资事件的数量为22256件，投资总额达到9836.60亿元，其中企业融资轮次为A轮以前（不含A轮）的事件数量仅为4122件，投资总额仅为382.27亿元。因此，早期投资的机构数量、早期基金数量、投资事件数量、投资金额均未达到与广东省初创企业发展现状相匹配的数量或规模，在整个创业投资行业占比也较小。

由此可见，广东省早期投资市场的潜力尚未充分挖掘，早期投资的政策环境、创新环境等外部环境均有待改善，同时有必要对广东省早期投资进行系统的研究，这也是本书重点研究的内容。

1.2　研究意义

研究广东省早期投资生态系统，在理论和实践方面都具有重要意义。生态系统理论已经在教育、产业发展等众多社会科学领域得到广泛应用，例如教育生态系统、商业生态系统、创业生态系统、创新生态系统、产业生态系统、金融生态系统等。将生态系统理论应用于早期投资的研究，总结早期投资生态系统的特征和运作机制，并在早期投资生态系统的理论框架下，将早期投资生态系统理论应用于广东省早期投资发展的实践。本书的研究丰富了我国早期投资的研究成果，拓展了生态系统理论的应用领域，延伸了早期投资对初创企业融资扶持理论体系。

从实践意义看，一方面，随着我国推动大众创业万众创新、实施创新驱动发展战略，发展早期投资是解决初创企业融资难的重要措施，在此背景下本书关于早期投资生态系统的研究成果可以为国家战略提供研究支撑，具有重要的战略意义；另一方面，以广东省早期投资为研究对象，采用早期投资生态系统理论的分析框架，研究广东省早期投资相关主体及其环境，针对现有问题提出相关对策建议，对广东省建设早期投资生态系统有重要的现实意义；此外，本书系统总结了国内外先进区域的早期投资发展经验，相关对策建议同样对国内其他省份或区域的早期投资发展具有较强的借鉴意义。

1.3　文献综述

相比美国硅谷等先进区域，我国早期投资发展起步较晚。梳理国内外的相关研究，将国内外研究文献分为早期投资的主体、运作模式及其效应研究，早期投资的区域发展及其经验总结，早期投资的外部环境研究及建议三大类。

1.3.1　早期投资的主体、运作模式及其效应研究

关于早期投资主体的现有研究，主要关注于天使投资者及其投资组织。MIT（2000）将天使投资组织分为四类：一是种子期融资企业，这类机构全职从事早期投资业务，是公司形态的天使投资组织；二是会员制天使俱乐部，这类机构吸收活跃的天使投资人加盟，成员间信息共享，共同决策；三是营利性中介及投资机构，这类机构本身也从事投资业务，同时也提供项目筛选、尽职调查等咨询服务；四是第三方服务机构，他们致力于成为天使和企业的信息中介。Mason和Harrison（2008）将天使投资协会及其他网络形式的组织称为天使投资的“显性市场”，这

类市场基于不同的成员背景可分为两大类型：以天使投资协会成员为主体的网络组织；由非协会成员组成的其他网络组织以及辛迪加组织。

许多学者从不同的角度分析了早期投资运作模式。李姚矿等（2011）基于我国天使投资发展现状及存在的问题，借鉴国外成功经验，从提高天使投资市场效率、降低天使投资人与创业者之间信息不对称等方面入手，探索构建适合我国国情的天使投资运作模式。李春好（2003）分析了种子期高科技风险投资的基本特征，并提出了种子期高科技风险投资机会的选择方法。闫磊等（2016）构建了科技型中小企业投融资模型，分析表明，科技型中小企业持续投资的周期性特征是与企业生命周期理论吻合的，并验证了种子期、初创期、成长期、成熟期的融资需求特点及其融资能力的匹配性。此外，有部分学者对近几年发展起来的股权众筹进行了研究，包括众筹的融资模式（邱勋等，2014；赵尧，鲁篱，2015）、平台运营模式（杨东，苏伦嘎，2014）、众筹融资绩效（郑海超等，2015）、运行风险（周灿，2015）等方面。

蔡宁，徐梦周（2009）就创投机构投资阶段选择的绩效影响问题进行了探讨，并利用2003—2008年我国创投产业数据实证分析了早期投资和后期投资两种投资阶段选择正向影响创投机构绩效的可能性与边界条件。具体而言，当创投机构关联网络开放时，高声誉创投机构的早期投资较后期投资利于投资绩效，低声誉创投机构的后期投资较早期投资利于投资绩效；当创投机构关联网络封闭时，后期投资较早期投资利于创投机构绩效，且声誉资本可强化后期投资的绩效影响。刘督等（2015）以2015年之前上市的创业板及中小板制造业企业为样本，从研发投入强度和专利申请量两方面研究天使投资对企业创新活动的影响，发现天使投资参与能够显著提高企业的研发投入强度，并且对发明专利申请量有显著的促进作用。

1.3.2 早期投资的区域发展及其经验总结

针对早期投资经验总结的文献大部分是以国外经验为主，即使涉及国内的文献也主要探讨天使投资的相关经验总结。Lange（2003）研究了欧洲8个国家的早期投资组织和美国早期天使组织经营者，并对这些组织进行分类，发现天使投资人提供了60%的早期融资，相比之下创业资本家只提供了不到30%的资金。Collewaert等人（2008）检验了政府对早期投资联盟的补贴是否有助于区域经济增长，发现早期投资网络有助于缓解企业间信息封闭及融资困境，并带来了其他积极效应。Mason和

Harrison（2002），Jose等人（2005），Westphal（2008）则对早期投资网络的预期效果持有怀疑的态度。John May，Liu（2015）收集了全球25个国家天使投资协会负责人的文章，介绍了各国政府天使投资政策和法规，总结了这些区域天使投资或早期投资的做法和经验。李华，王鹏（2003）论述了天使资本在OECD（经济合作与发展组织）国家运作的特征及经验，并借此对天使投资在我国的发展前景做了初步的探讨。王科（2011）分析了以色列政府主导发起的YOZMA基金计划在推动以色列创业投资业发展的过程中发挥的关键性作用，并对如何引导早期创业投资提出了启示和对策建议。谈毅等（2015）估算了中国天使投资的市场规模，根据实际调研数据对中国天使投资群体的背景特征和行为特征进行了分析，并提出了相关政策建议。陈强，鲍竹（2016）从主体特征、过程分析、对象分析等维度对天使投资的行为进行研究，分析了中国天使投资发展现状，并提出促进天使投资发展的相关政策建议。

1.3.3　早期投资的外部环境研究及建议

当前关于早期投资的外部环境研究，主要还是对政策环境的研究。Lipper和Sommer（2002）发现美国许多州出台了优惠政策激励早期投资，超过三分之一的州批准了天使投资激励计划。Shane（2005）指出，政府针对早期投资者和早期企业制定了不同的税收激励政策，投资者普遍认为这些政策发挥了一定的积极作用。Aernoudt等人（2007）研究了欧洲的激励政策，欧洲鼓励早期投资的政策包括个人投资者和公司的税收优惠，支持天使机构、担保计划、可转换债以及联合投资机制等。Mason（2009）认为早期投资市场规模难以准确估计，公共政策是否有效还有待进一步论证；政府要对早期投资市场特别是投资活动有一个清楚的认识，然后发现市场中存在的问题并有针对性地制定政策。邓超等（2010）从天使投资网络的建立、税收激励措施、合作者计划、股权担保和建立天使投资院校等方面对外国政府促进天使投资发展的政策支持进行了系统比较与分析，并就我国政府如何促进天使投资的发展提出了政策建议。于林（2012）从政府作用、法律法规、税收优惠及财政扶持等方面，对如何推动我国天使投资市场的健康发展等问题提出了建议。宋立等（2013）指出要充分发挥政府资金的引导和带动作用，更加积极地推动商业性创业资本投资阶段前移，探索培育发展天使资本、种子基金等早期投资基金，进一步发挥税收优惠政策对早期创业投资的引导作用，健全有利于创业资本投资早期创业企业的退出渠道，加快完善有利于创业资本投资早期阶段的配套政策体系，形成创业资本投资早期企业的良好外部环境支持条件。张佩峰（2015）分析了天使投资的发展现状，梳理了天使投资相关税收政策，提出进一步推动我国天使投资发展的税收政策建议。Aernoudt和Erikson（2002）高度评价了天使组织的重要性，并认为它是促进创业文化发展的重要工具。

1.3.4 文献评述

从现有文献的情况来看，在研究内容上，现有文献涵盖了早期投资的主体及其运作模式研究、早期投资的区域发展及其经验总结、早期投资的外部环境研究等内容，可谓内容广泛；在研究方法上，早期投资的研究早期倾向于基于企业生命周期等理论进行定性分析，随后的研究广泛采用实证分析方法和事件研究法。需要指出的是，一方面，现有研究主要关注天使投资，相对于早期投资生态而言，研究范畴较窄；另一方面，将早期投资的主体、环境和运营模式统一在一个分析框架的研究较少。具体体现在：（1）现有研究大部分聚焦在单个主体或少数主体之间的作用，对早期投资涉及的主体之间的生态特征考虑较少，实际上早期投资涉及的主体较多，例如初创企业、早期投资人、早期投资机构等，且主体之间的相互作用和联系十分紧密；（2）现有研究对硅谷、以色列、OECD、中关村等区域的早期投资发展经验总结较多，而总结国内其他某个区域早期投资发展经验的鲜有出现，实际上对于国内早期投资发展相对滞后的区域，本土的发展经验更加适用；（3）与早期投资相关的环境因素较多，这些环境也具有生态系统环境的特征，现有关于早期投资环境的研究大部分聚集在政策、税收等方面的环境，对创新环境、文化环境考虑得相对较少，同时将这些环境统一考虑的并不多见。

1.4 研究内容

从早期投资生态系统理论模型出发，系统分析了广东省早期投资生态系统的主体、运行和环境，并在借鉴国内外发展经验的基础上，提出了促进广东省早期投资的对策建议。具体的研究内容如下：

第一章是导言部分，主要介绍研究背景、研究意义、研究内容、创新之处等。

第二章是早期投资生态系统理论分析。首先简要介绍了生态系统理论和企业生命周期理论；其次对早期投资进行定义，并在分析早期投资特点的基础上，提出早期投资生态系统的概念；而后讨论早期投资生态系统的作用关系、特征和运行机制，分析得出早期投资生态系统具有多样性与复杂性、自组织性与循环性、开放性与脆弱性，具有资金流、人才流、信息流等运行机制。

第三章是总结国内外早期生态系统建设的经验。对国外的美国硅谷、以色列、英国苏格兰和国内的北京、上海、深圳、杭州等区域的早期投资发展经验进行总结，为广东省早期投资生态系统建设提供借鉴和参考。

第四章分析广东省早期投资生态系统主体现状，即分析早期投资个人及其团队组织、早期投资机构、早期基金、孵化器等创新服务主体、初创企业的发展情况。

第五章研究广东省早期投资生态系统的生态环境。讨论了广东省早期投资政策环境、监管环境、资金环境、市场环境、科技环境、文化环境。

第六章则是梳理广东省早期投资当前主体、运作和环境三个方面存在的问题。

第七章就广东省早期投资发展现状和问题，在借鉴国内外先进孵化器发展经验的基础上，提出对策建议。

1.5　创新之处

首先，当前对风险投资现状的调查或研究较多，而对早期投资较为系统的研究并不多见。本书结合生态系统理论，提出早期投资生态系统的概念模型，并结合国内外先进区域早期投资发展经验，指出广东省发展早期投资的关键要点，并提出相关对策建议，具有一定的创新性和启发性。

其次，以往生态系统理论在经济管理领域的应用主要集中在教育生态系统、商业生态系统、创业生态系统、创新生态系统、产业生态系统、金融生态系统，本书将生态系统理论推广应用于早期投资，拓展了生态系统理论的应用，丰富了早期投资的相关理论。

最后，本书提出了早期投资生态系统理论模型，并将早期投资生态系统的理论应用于广东早期投资发展的实践指导，提供了早期投资生态系统理论应用范本，为其他区域乃至全国范围的早期投资生态系统理论应用提供了借鉴和参考。

第二章　早期投资生态系统的理论分析

2.1　理论基础

2.1.1　生态系统理论

生态学（Ecology），是德国生物学家恩斯特·海克尔于1866年提出的一个概念，即生态学是研究生物体与其周围环境（包括非生物环境和生物环境）相互关系的科学。生物的生存、活动、繁殖需要一定的空间、物质与能量。生物在长期进化过程中，逐渐形成对周围环境某些物理条件和化学成分，如空气、光照、水分、热量和无机盐类等的特殊需要。各种生物所需要的物质、能量以及它们所适应的理化条件是不同的，这种特性被称为物种的生态特性。

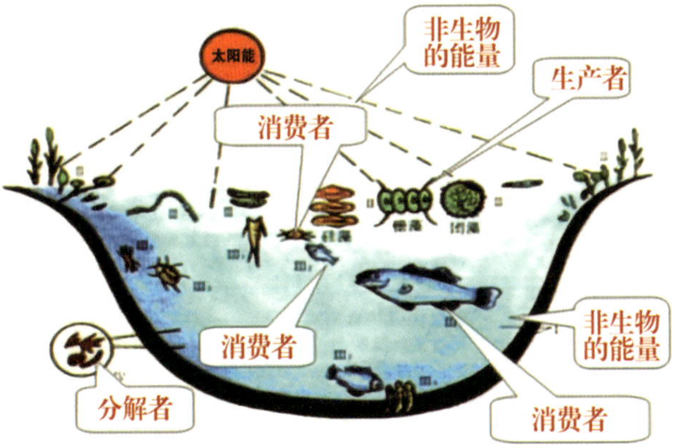

图1-2-1　生态系统结构示例

生态系统由生物群落主体和非生物物质环境组成，其中生物群落主体包括生产者、消费者、分解者，非生物物质环境包括水、岩石、空气、阳光、热能等。简单的生态系统，如图1-2-1所示，水草、藻类等植物是生产者，鱼类、虾类等动物是消费者，菌类等微生物是分解者，水、阳光等是生态系统的环境。

生态系统的基本特征包括：（1）生态系统是一个复杂系统，它由极其复杂的多要素、多变量构成，不同元素和变量组合在一起，它是以生物为主体，具有呈网络式的多维空间结构的复杂系统；（2）生态系统是动态功能系统，任何一个生态系统总是处于不断发展、进化和演变之中，一直处于动态发展的状态；（3）生态系统具有一定的区域特征，生态系统都与特定的空间相联系，包含一定地区和范围的空间概念；（4）生态系统具有自维持功能，生态系统不断有物质和能量的进入和输出，它可以通过自身的运作维持发展；（5）生态系统具有自动调节的功能（生态平衡），即生态系统受到外来干扰而使稳定状态改变时，系统靠自身内部的机制再返回稳定、协调状态的能力；（6）生态系统是远离平衡态的耗散结构，也就是说，当生态系统远离平衡态时，由于系统内各要素之间存在着复杂的联系和作用，生态系统有可能发生突变，由原来的平衡状态转到一个新状态（戈峰，2002）。

生态系统的功能体现为物质循环、能量流动、信息传递等。生态系统的生物和环境都是由各种物质构成的，这些物质在不同的主体之间相互传递并形成持续循环。例如，以太阳光照传递能量为起点，树叶进行光合作用，其本质上就是将能量传递给树叶。生物与环境之间以传导和对流形式相互传递能量，形成生态系统的能量流动。生态系统中除了能量流动和物质循环之外，还存在着众多的信息联系。信息传递也是生态系统的基本功能，各种信息在生态系统内部的交换和流动叫作生态系统的信息流。

此外，生态系统具有一定自我调控机制。而当自我调控机制无法使系统保持稳定时，生态系统则需要人工辅助调节机制，如个体调控机制、环境调控机制、系统结构调控机制、输入输出调控机制等。

生态系统理论的应用已经不仅限于自然科学，它已经发展成为一种研究方法论。生态系统理论虽然起源于生物学，但在教育、产业发展等众多社会科学领域也得到广泛应用，例如教育生态系统、商业生态系统、创业生态系统、创新生态系统、产业生态系统、金融生态系统等。

2.1.2　企业生命周期理论

企业生命周期理论把企业当作具有生命特征的生物体，企业在成长中需要经历出生、成长和死亡的过程，而且企业生命周期的各个阶段具有不同的表现特征。一般而言，生命周期分为四个阶段：种子期、初创期、扩张期和成熟期。

在企业不同成长阶段，由于规模和信息约束条件不同，企业的资金需求及融资机构也会有相应的变化。在企业处于种子期时，企业经营时间短、规模较小，并且相关管理不够规范，其财务情况、经营信息很难确认，企业较难获得外部融资，企业此时主要依靠自有资金和少量成本较高的股权融资维持运营；当企业发展到初创期之后，快速发展的企业对投资资金的需求增加，但此时企业也已经有了一定的经营业绩，企业的有效资产增多，信息的透明度相对提升，企业逐渐可以获得一定量的外部股权融资和少量的银行贷款，其中也包括天使投资、风险投资等；当企业发展到了扩张期、成熟期之后，企业已经初具规模并且赢利能力有了较大的提升，企业的融资途径选择面较宽，可以选择银行等金融机构贷款融资，在具备条件时也可以通过资本市场融资，企业的融资困难问题基本得到化解。也就是说，随着企业生命周期的发展变化，企业的外源性融资约束逐渐由紧变松，企业的融资渠道逐渐由内源性为主转向外源性为主。

同样，在企业不同的成长阶段，企业股权融资一般也是由内向外，融资对象也在不断变化。一般初创企业的股权融资历程大致可分为以下几个阶段：创业者自有资金是企业的第一笔现金，通常是从家人或朋友那里筹集；创业者开始向外部融资，天使投资人以独立或联合的方式进入；引入风险投资进行A轮融资和B轮及以后的融资；最后，IPO或被并购实现退出（罗斯，2015）。以上过程是初创企业融资的全部流程，经历以上所有步骤的初创企业非常少，大部分初创企业在第一阶段之后就因为各种原因创业失败而退出市场。

2.2 早期投资的定义和特点

根据企业生命周期理论，早期投资是指对种子期和初创期阶段企业的投资，它通常具有投资额度小、退出周期长、投资风险大、潜在回报高等特点。早期投资指投资早期发展阶段企业的投资行为，后期投资则是投资后期发展阶段企业的投资行为。早期投资和后期投资是相对概念，并没有严格的区分。

在种子期，企业一旦成立就开始产生支出。当企业进入初创期，不管是否有一定的收入，一般情况下不能弥补它的各种费用支出，极易面临财务困境。如图1-2-2所示，早期投资包括自筹投资、天使投资、政府资助基金、孵化器投资及部分风险投资。自筹资金是创业者自己筹集的资本，包括个人积累、向家人朋友借钱等。天使投资是非正式的风险投资，一般是投入天使投资者自己的资金，它是企业

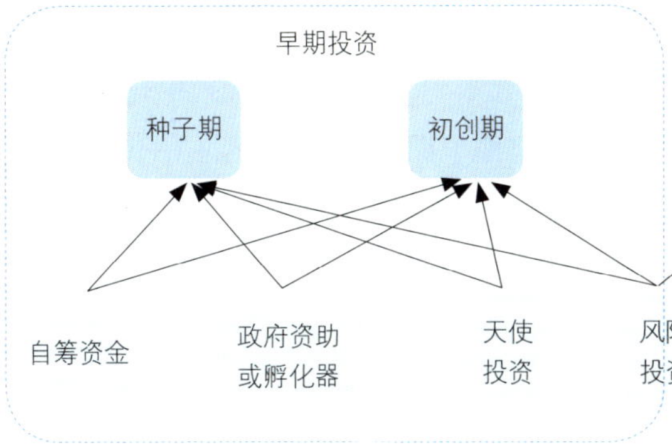

图1-2-2　企业生命周期与融资模式

首轮从外部获得的权益融资。孵化器是由政府、大学或其他科技机构支持的，帮助企业科技成果转化的一种形式，孵化器为初创企业给予优惠的租金，提供如会议室、复印机等设施和创业支持服务。风险投资是向成长性企业提供股权融资，以期在被投企业发展成熟后，通过股权转让获取中长期资本收益的投资行为。自筹投资、天使投资是早期投资的主要方式，也有少量孵化器、风险投资涉及早期投资。其中自筹投资、天使投资、风险投资三者具有相似之处，也具有区别。如下表所示。

表1-2-1　自筹投资、天使投资、风险投资的区别

	自筹投资者	天使投资者	风险投资者
融资	来自创业者家人、朋友的有限资金	投资自己的资金，基本不向其他人融资	投资其他投资的资金，需要向银行、保险等金融机构、个人等其他私募基金合格投资者募集
投资	相当于企业的初始资金	主要投资种子期、初创期	主要投资扩张期、成熟期，极少数投资种子期、初创期
	一次投资，资金量有限，或后续同比例增资	一次投资，缺乏后续资金	多轮投资，往往具有后续资金
	一般是原始股	以普通股、优先股为主	以可转换优先股为主
投后管理	不参与企业管理	积极参与企业管理	积极参与企业管理
	与创业者是朋友、家人关系	很少进入董事会	进入董事会
退出	一般情况下会一直持有企业股份	股权转让、被并购、IPO、清算，一般很少参与IPO	股权转让、被并购、IPO、清算，以IPO退出为主

与一般的企业股权投资相比，早期投资除了投资企业发展阶段偏早期外，还具备如下特点：

（1）投资额度较小。早期投资的投资对象是种子期或初创期企业，即初创企业（下文中种子期或初创期企业统称为初创企业）1F1F。由于初创企业规模一般较小，早期投资的资金额度一般较小。但是对于初创企业而言，它们的初始资本金有限，早期投资可以一定程度的缓解它们早期发展阶段的资金困难，早期投资是真正的“雪中送炭”。

（2）退出周期长。一方面，初创企业处于早期发展阶段，企业的成长需要一定的时间积累。另一方面，早期投资者并不看重短期利益，很多情况下促成早期投资的是一些非经济因素，例如有些天使人认为情怀应该是天使投资人的标配，早期投资更加看重企业的未来，以追求长期利益得到更高回报。

（3）投资风险大但潜在回报高。初创企业，尤其是种子期，其技术还未成熟，产品还未得到市场的验证，经营模式并不一定可以持续发展，管理团队和员工没有经历各种考验，各方面都存在不确定性。早期投资的阶段越早，投资风险越大，同样，潜在投资回报也较高。

（4）决策效率高。一般的风险投资需要对于项目反复论证、尽职调查、内核、投资决策会等各种流程。而部分早期投资的资金来源是投资者自有资金，且投资额度相对较小，决策环节相对简单。

（5）聚集在熟悉的行业领域。一般早期投资者对其投资的行业发展有透彻了解，能够快速认识到相关行业中出现的市场机会，对行业内的各企业运作环境相当清晰，他们更加倾向于对熟悉的行业和某一类技术进行有偏好的投资。

2.3 早期投资生态系统的理论模型

2.3.1 早期投资生态系统的定义

早期投资生态系统是指在一定区域内，由早期投资者、初创企业、孵化器等早期投资活动相关主体及其环境之间，通过资金、人才和信息等的流动，形成的一种相互作用、相互依存的经济生态系统（如图1-2-3所示）。在这个生态系统中有各类相关主体以及各类环境，它们都有各自的功能定位，具体如下：

初创企业是处于早期发展阶段的企业，它们除了需要资金外，还需要人才、市场拓展等各类支持或帮助。初创企业是生态系统中价值增长的主要载体；早期投资

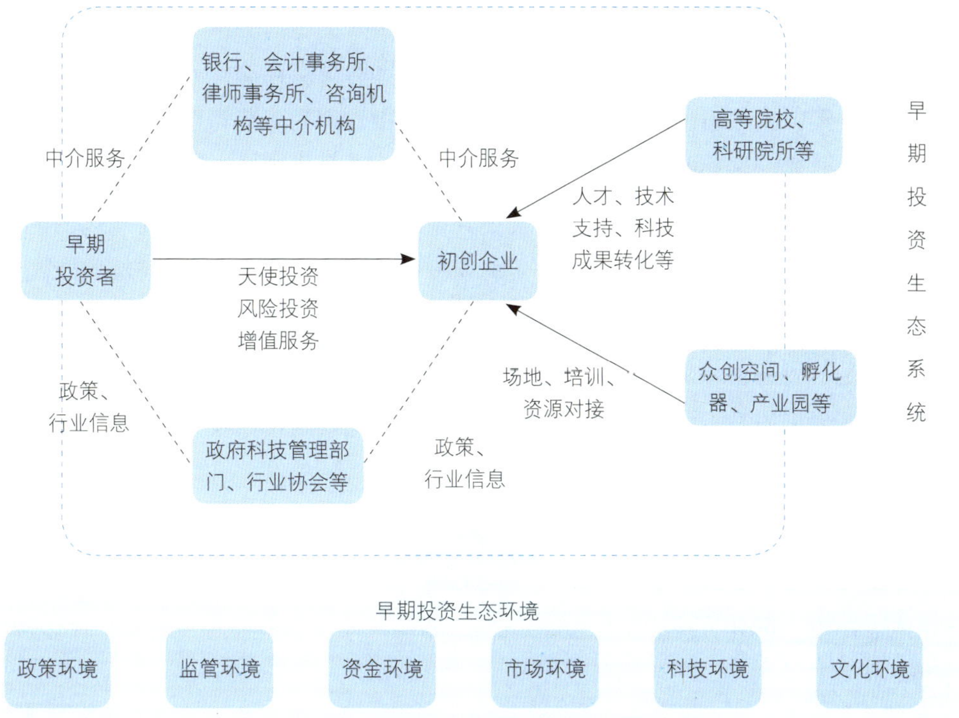

图1-2-3　早期投资生态系统结构图

者是参与早期投资的投资者，主要包括创业者的原始合伙股东、天使投资人、早期投资机构、早期基金、风险投资等。早期投资者是生态系统中资金的主要提供者，早期投资者愿意与初创企业共同承担风险，同时也期望可以获取较高的投资收益。早期投资者和初创企业是早期投资生态系统的直接主体。

众创空间、孵化器、产业园等孵化机构为初创企业提供运营场地、创业培训和资源对接等服务，培育初创企业并辅助其成长，它们可以降低初创企业的创业成本及风险，进而提高企业的成活率和成功率。高等院校、科研院所等机构为初创企业提供人才、技术咨询、研发等相关支持。银行、会计事务所、律师事务所、咨询机构等市场中介机构为早期投资者或初创企业提供财务、法务、咨询等服务，在生态系统中起到了维持系统稳定运作的作用。政府科技管理部门和行业协会提供政策支持和行业咨询交流等，对早期投资者和初创企业有引导作用，在生态系统中具有引导和疏通系统运行的作用。以上这些市场中介机构、高校、科研院所、政府科技管理部门和行业协会都是早期投资生态系统的间接主体。

早期投资的生态环境主要包括政策环境、监管环境、资金环境、市场环境、科技环境、文化环境等。这些环境之间并没有严格界限，它们是早期投资生态环境在不同方面的体现。其中：政策环境是指引导、规范和协调早期投资和初创企业的行为的相关政策，例如孵化器的补贴政策、天使投资的税收优惠政策、初创企业研发创新奖励政策、人才引进政策等；监管环境则是指政府为防范和控制风险对早期投资的管理和监督，例如财政资金、私募基金、国有企业等早期投资行为都应当符合相关的监管制度；资金环境是生态系统中资金流入、流出的总体情况，例如整体上初创企业的整体资金需求情况、资金从早期投资系统退出的难易程度等；市场环境是整个早期投资的市场运作情况，包括早期投资的募资、投资、退出情况等；科技环境指的是与科技创新活动相关的情况，例如专利发明情况、相关科技人才的情况等；文化环境指的是生态系统主体面对环境中的文化要素，以及与其相关的各类事物的集合，主要包括社会创新文化和社会大众精神文化等。

与自然生态系统类似，早期投资生态系统同样具有系统主体、系统环境、种群、群落、系统边界等概念。初略对比，早期投资生态系统与自然生态系统的区别和相似之处如下表所示：

表1-2-2　早期投资生态系统与自然生态系统的初略比较

	早期投资生态系统	自然生态系统
系统类型	人工生态系统，不断变化，不稳定	自然生态系统，长时间进化形成，结构趋于稳定
系统主体	投资者、天使投资、风险投资、初创企业、高校、科研机构、孵化器、市场中介机构等	植物、动物、微生物等
主体特点	具有智能性，主体通过学习、创新、转型等手段保持生命力	具有对环境的适应能力，但无智能；主体通过遗传、变异等方式进化
系统投入	资金、人才、各种增值服务	空气、水、阳光
系统产出	投资者资产增长，企业成长为成熟企业，带动就业、科技创新	各种生物生长繁衍
系统种群	企业集群、区域投资中心等	同种生物的集合群
系统群落	各种主体形成的群落	不同生物种群的集合
系统环境	政策环境、监管环境、资金环境、市场环境、科技环境、文化环境等	能源、气候、地域等自然条件
环境特点	动态的、快速变化的	相对静态的、较慢变化的
系统边界	边界模糊；许多系统不受区域或行业限制，如国际化运作投资机构、多元化大型集团等	物理边界较清晰，但不同生态系统区别较大，大部分系统受到地域性限制

2.3.2 作用关系

在早期投资生态系统中，主体与主体之间、主体与环境之间、生态系统与环境之间都存在着相互作用的关系。

（1）主体与主体之间

早期投资者与初创企业之间是投资与被投资的关系。它们之间的相互作用是通过早期投资活动建立起来的。在投资以前，它们之间具有双向选择的关系。早期投资者会根据初创企业的创新情况、创业者情况、人员团队、产品成熟度等相关情况判断是否进行投资，而初创企业也会根据自身情况以战略投资者的标准选择早期投资者。而这种双向选择关系一方面要求早期投资者具备专业的投资能力和服务能力，另一方面也促使初创企业不断提高创新水平以获取早期投资的支持。而在投资完成以后，早期投资者与初创企业之间则是股东与企业的关系。此时，早期企业以股东身份对初创企业作用，一些早期投资者也会为初创企业提供人才推荐、参与具体经营、资源对接等投后增值服务。初创企业管理者也会将企业的实际经营情况反映给早期投资者，以便为早期投资者提供股东决策的参考。

众创空间、孵化器、产业园等孵化机构与初创企业之间是服务与接受服务的关系。孵化机构围绕初创企业成长需求，集聚配置各类要素资源，提供包括创业场地、共享设施、技术服务、投资融资、创业辅导、资源对接、政策咨询等服务，以便降低初创企业成本，提高创业成功率，促进科技成果转化，培育企业家精神，构建开放融通的创新创业环境。孵化机构具有辅助初创企业成长的作用。而孵化机构里的初创企业的创业成功与否也影响着孵化机构后续的企业入驻率，对孵化机构的效益有直接影响。

高等院校、科研院所等与初创企业之间是探索者与实践者的关系。高等院校、科研院所进行科学技术研究，是初创企业产品开发的前期理论研究或前端探索，其中也不乏一些科研成果正是因为需要产品转化而催生了大量初创企业。此外，高等院校、科研院所也会为初创企业提供人才、技术指导等方面的支持。而初创企业进行产品开发，一定程度为高等院校、科研院所的研究提供实践参考，同时也经常提出理论上的新问题。

其他主体之间也会存在一些其他关系。比如高校会成立自己的孵化器，孵化器也经常与高校、企业进行产学研合作，也就是说，高校、科研机构和孵化机构两者在一定条件下可以共同对初创企业作用。再比如，孵化机构会对部分在孵初创企业进行投资，此时孵化机构是早期投资者。而早期投资者也会经常通过孵化机构对接而接触到初创企业。

总而言之，早期投资生态系统内主体之间的关系较多，此处不再一一列举。

（2）环境与主体之间

生态环境与主体之间的关系主要体现在生态环境影响生态系统主体的单向作用，而这种单向的影响作用又可分为两个方面：

一是生态环境对生态系统主体本身的影响。比如自李克强总理2014年提出“大众创业万众创新”的号召，初创企业的数量快速上升，这一现象反映出了政策环境提升了初创企业数量的作用，对系统主体初创企业本身产生了积极的影响。再比如某个区域内科技环境良好，具有较多专利等科技成果，加上区域内良好的创业氛围，使得区域内优秀的初创企业不断涌现，早期投资者也不断聚焦，即反映出在科技环境和文化环境共同作用下，早期投资者和初创企业等系统主体得到提升。

二是生态环境对生态系统主体运行的影响。这种影响也十分常见。例如2018年5月出台的《关于创业投资企业和天使投资个人有关税收政策》规定了部分早期投资行为的税收优惠。再比如2014年出台的《私募投资基金监督管理暂行办法》对私募基金的成立、运作、信息披露等都进行了规定，这些监管政策对早期基金也适用，这就属于监管环境对早期投资者运作影响的范畴。

此外，系统主体影响生态环境的作用关系同样存在，但这种关系相对较弱。例如如果区域内大部分初创企业长期不能获得早期投资的支持，初创企业逐渐对早期投资市场环境失去信心，那么市场环境就会不断恶化。即在一定条件下，初创企业的预期会影响到早期投资市场环境，即系统主体也会对生态环境有影响。再例如，区域内长期有大量初创企业，并不断有新兴产业龙头企业诞生，进而使得这一区域内形成了大胆创新的文化环境，即系统主体影响了文化环境。

2.3.3 系统特征

一是多样性与复杂性。早期投资生态系统的主体包括初创企业、天使投资、风险投资、高校、科研机构、孵化器和其他服务机构等，这些主体不局限在某个行业，即主体呈现多样性特点。各类主体的赢利模式也差异明显，投资者、天使投资和风险投资追求股权收益，孵化器追求企业租金收入、服务收入等，初创企业则是追求生存、规模增长、赢利等。主体之间相互联系、相互作用的方式亦具有多样性和复杂性。天使投资或风险投资主要投资初创企业，同时提供投后管理相关的增值服务，企业除了通过股权收益的方式回报给天使投资或风险投资外，分红、清算、大股东股权回购等也是天使投资或风险投资回笼资金的方式。环境亦具有多样性和复杂性，环境包括政策环境、监管环境、资金环境、市场环境、科技环境、文化环境等，同时这些环境对生态系统的作用都并非简单的线性作用，呈现出复杂性特点。

二是自组织性与循环性。系统的自组织是指开放系统在内外因素的作用下自发组织起来，使系统从无序到有序，从低级有序到高级有序。早期投资生态系统是各主体在系统环境影响下自发形成的相对平衡的生态系统，系统各主体和环境相互之间存在差异及动态变化特点，通过早期投资生态系统相互作用、相互协调，遵循着从低级向高级、从无序到有序的发展方向达到相对平衡的状态。同时，早期投资生态系统中以初创企业获得外部资金为起点，各个主体的资金、信息等相互传递，形成循环系统，同时各个主体在循环过程中得到发展，整个生态系统的运作周而复始。

三是开放性与脆弱性。早期投资生态系统与其系统环境进行各种交流，系统的运作也受环境影响较大。如证监会的IPO发行审核政策直接影响到资金退出渠道选择，天使投资或科技型初创企业的税收优惠政策会减少投资风险进而增加天使投资的活力。早期生态系统环境与主体的角色也可能快速转换，如政府是政策制定者，同时政府很多情况下也是天使基金出资者。此外，早期投资生态系统较为开放，系统主体退出较为容易，如初创企业被大型企业并购，那么该初创企业相当于退出了早期投资生态系统。同时，相比一般的生态系统，早期投资生态系统较为脆弱。早期生态系统内部运作环境复杂，主体、环境之间相互联系亦较为紧密，某个主体或环节受到冲击，都极有可能使系统偏离平衡状态。

2.3.4 运行机制

（1）资金流

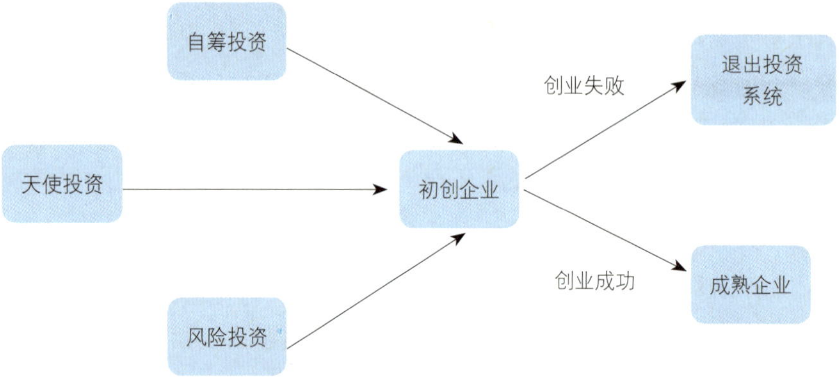

图1-2-4 早期投资生态系统的资金流

如图1-2-4所示，早期投资生态系统中，进入初创企业的早期投资有自筹投资、天使投资、风险投资，这三类投资对应的投资者也不同。自筹投资是来自创业者的家人、朋友的资金，这类资金是基于对创业者个人的信任进入早期投资系统；而天使投资的资金形式较为多样，有个人、团体、机构、孵化器、众筹等多种模式；风险投资的资金来自于银行、保险等金融机构或个人等各类私募基金合格投资者，风险投资的资金由专业管理机构负责运作。三类资金都是通过股权投资的方式进入初创企业。而初创企业在成立初期，技术、市场营销、人才、管理、经营模式等各方面都有存在不确定性。初创企业获得外部股权融资后，经历了一段时间后，一般会出现两种结果：创业者创业失败，初创企业破产清算，投资者只能收回少量的资金或者没有资金回笼；初创企业成功度过初创期，进入扩张期，企业快速发展为成熟企业后，早期投资可以通过大股东回购、转让、并购、IPO等方式回收资金。

在上述的资金流过程中，早期投资生态系统中每个主体都对资金具有相应需求，使得资金流可以有序循环。上述过程是早期投资生态系统一般情况下的资金循环过程，但并不绝对。例如部分风险投资机构运作天使基金，此时风险投资机构是天使投资的运作机构。再比如初创企业的大股东本身就是一个大型企业，那么大型企业实际上是天使投资者，也是创业者。

（2）人才流

早期投资生态系统内的人才呈现相互流动、角色互换的状态，这些流动、互换可以促进系统主体的发展，是早期投资生态系统的运作机制之一。一是自筹投资与初创企业之间。自筹投资的投资者与创业者是家人或朋友关系，自筹投资的投资者可能本身就是初创企业的管理者或董事会成员。二是天使投资与初创企业之间。很多天使投资者具有行业经验或创业经验，天使投资者可以以董事或专家顾问的形式参与到企业的经营管理中。另外，初创企业成长以后，最初的创业者也具备天使投资者的条件，创业者也会转变为天使投资者。三是风险投资与初创企业之间。风险投资入股初创企业后，通过推荐董事或监事参与到初创企业的管理中，同时部分风险投资也为初创企业推荐市场人才、对接市场资源等。风险投资机构与企业建立股权关系，与企业共同经历成长的阶段，投资理念或文化相互认同，被投企业股东或者人员有可能会转型为风险投资机构的投资经理。四是天使投资与风险投资之间。天使投资和风险投资都是一种风险投资行为，天使投资者可以转型为风险投资者，风险投资者也可以做天使投资，天使投资和风险投资之间的人才流动十分容易。

（3）信息流

与资金、人才等不同，信息流动更加快速、复杂、无形。早期投资生态系统中信息多种多样，如行业资讯、法规、新闻、创业机会等。信息无法直接使得系统主体获得利益，而是间接地对生态系统运作环节起到重要影响。如初创企业经过专业培训以后，提高企业绩效；行业资讯信息影响投资者的投资决策。信息流动方式也没有固定模式，网络传播、咨询服务、专业培训、投资者会议、高端论坛、联谊会等均是信息传递的重要途径。早期投资生态系统内的信息以投资活动为中心，在各个主体之间、主体与环境之间传递、加工、融合，形成生态系统的信息流，从而维系整个早期投资生态系统的运转。

第三章 国内外早期投资的发展经验

3.1 国外典型区域

3.1.1 美国硅谷

截至2016年底，美国共有29.78万活跃的天使投资人。2016年，美国天使投资总投资额为213亿美元，平均投资金额为715万美元，回报倍数在2.5左右，但投资失败率高达七成。美国天使投资主要集中在信息技术、商业服务和消费三大领域，其中硅谷的天使投资占美国的19%，是美国早期投资最活跃的地区（数据来源于清科中心《2017年美国天使投资研究报告》）。硅谷（Silicon Valley），位于美国加利福尼亚州北部、旧金山湾区南部，是高科技事业云集的美国加州圣塔克拉谷（Santa Clara Valley）的别称，最早是研究和生产以硅为基础的半导体芯片的地方。总结硅谷早期投资发展的经验如下：

（1）独特的硅谷文化营造良好的创业氛围。硅谷文化是在高技术产业发展的特殊环境中逐渐形成的地区文化，它为硅谷企业、早期投资者注入强大的活力，是硅谷早期投资生态系统的重要环境之一。硅谷文化中不以失败为耻，创业者敢于冒险，激发大胆尝试、勇于探索的创新热情，孕育硅谷独特的创业精神；在市场化竞争法则下，硅谷人不迷信权威，不断提高自身能力的同时，又注重在竞争中向对手学习；硅谷文化十分看重团队精神，依靠协同、合作和群体的力量，形成一种拿与给的双向知识交流氛围；硅谷还具有拒绝平庸，追求卓越等特征。

（2）发达的社会网络促进资源高效循环。社会网络是早期投资人寻找初创企业的重要渠道，早期投资的活跃程度与社会网络高度相关。硅谷有发达的社会网络，包括各种各样的专业性社团，又有大量活跃的移民社群。截至2015年8月，天使投资协会（ACA）具有13000多名认证的会员；美国天使投资组织的数量达到了470家，而且70%是网络模式（即天使投资人独自决策，并非提前把资金汇集到一起）。此外，美国还具有不少运行成功的线上投资平台，在早期投资的发展中也起到了重要作用，以2014年的数据说明：HealthiosXchange平台，投资人利用平台投资了40家生命科学公司，累计投资达3.5亿美元；FundersClub平台，撮合了151家企业的早期投资，投资总额达到4200万美元。发达的社会网络帮助创业者团队及其技术能够很快被早期投资者发现。

（3）“引擎”企业引导新兴产业发展。20世纪50年代至今，硅谷经历数次技术变革，每次变革都是新兴产业的初创企业不断创新带动起来，同时总会有新的“引擎”企业发展起来，引导整个产业结构升级换代。如表1-3-1所示，20世纪50年代的惠普、60年代的仙童公司、70—80年代的英特尔和苹果、90年代的雅虎、21世纪初的特斯拉等。在“引擎”企业的带动效应下，初创企业快速发展，早期投资或风险投资资本会相应切入相关领域，从而带动整个早期投资生态系统的发展。

表1-3-1　硅谷的“引擎”企业及其带动产业效果

时间	代表企业	行业	特点
20世纪50年代	惠普	国防电子技术	惠普公司成功后，致力于向本地区其他公司提供更多的帮助，参与了许多公司的创立和发展，并与它们分享所学到的东西，使电子公司联合起来共同研究解决问题的办法，强化了硅谷电子公司间的合作，使得在整个电子工业中形成了一种非同寻常的合作与创业精神
20世纪60年代	仙童公司	半导体	从肖克利半导体实验室衍生出来的仙童公司繁衍变化出众多半导体公司，其中包括英特尔、AMD等日后成为引领世界信息科技潮流的全球性公司，有力地推动了硅谷成为全球半导体的创新与生产中心。而衍生公司也在不断分化出新的公司，使得硅谷地区企业衍生的传统不断发扬光大，培育了广泛联系和开放的风气，最终使其发展成了形式多样、适应性强的工业生物圈
20世纪70—80年代	英特尔、苹果	个人计算机	以英特尔、苹果公司为主导的个人电脑产业在此阶段呈爆炸式增长，计算机产业取代半导体产业成为硅谷的主导产业创新种群。1990年，硅谷计算机行业有5万多家公司，专用设备、元件、子系统和软件生产商、网络和通讯产品生产商、计算机辅助设计和工程系统生产商及彩色显示器生产商等组成了多元化的网络
20世纪90年代	雅虎、谷歌、脸书等	互联网	硅谷逐渐转变成为以网络经济为主体的“网谷”。网络经济的繁荣，带动了软件业的兴盛，使得硅谷的经济重现生机，思科、雅虎、谷歌等网络硬件、软件公司和建立在网络基础上的信息服务公司成为新时期引领全球高科技产业发展的“领头羊”
21世纪初	特斯拉等	新能源	进入21世纪，硅谷产业迎来转型升级，致力于打造以绿色经济为核心的“绿色之谷”，2003年特斯拉公司这一新能源汽车领域的先锋，带来硅谷地区新一轮的产业变革和新的创新产业集群的兴起

注：参考胡曙虹等（2016）整理而得

（4）孵化器等创新创业服务机构与早期投资协同运作。硅谷具有大量为初创型高技术企业提供优质服务的孵化器、高校、中介机构等创新创业服务机构。硅谷的孵化器运作十分成熟，知名的孵化器比如YC公司、斯坦福大学创办的StartX孵化器、圣何塞SVG Partners孵化器等。同时在硅谷区域有斯坦福大学、加州大学伯克利分校、加州大学旧金山分校、圣何塞州立大学等世界一流的大学。此外，硅谷还有大量的金融服务、中介服务、商业服务等机构，其中有些机构除了自身主营业务外，也参与到早期投资中。例如硅谷银行探索出了适应高科技创业企业高风险、高成长和轻资产特点的投贷联动的金融模式，其业务也涵盖了投资咨询、创业辅导等。再比如威森古罗律师事务所，它不仅提供专业的法律咨询服务和商务咨询服务，它也是全球第一家持有客户公司股权的律师事务所。

（5）拥有完善的保护创新的法律体系和鼓励早期投资的税收优惠政策。美国建立了一套相对完善的鼓励创新、保护创新的法律体系，包括产权相关的法规《专利法》《商标法》等；保护中小企业创新的法规《中小企业投资奖励法》《中小企业资本形成法》和《中小企业创新发展法》等；加快技术转化的法案《魏德技术创新转移法案》《贝杜尔法案》《联邦技术转移法案》等。此外，大部分州政府提供支持性的税收优惠或直接资助。如对投资到小企业的天使投资人提供税收减免，抵扣额相当于州所得税的25%；对符合条件的公司和投资人进行认证，并根据其持股情况、投资损失等情况提供补贴。同时，相比美国其他地区，硅谷所在的加州法规环境较为宽松，如硅谷和加州没有积极执行关于商业秘密和私有信息的法律，这有利于人才流动和信息交流。

（6）成熟的多层次资本市场保障早期投资的退出通道通畅。美国多层次资本市场包括以纽约证券交易所为核心的主板市场、以纳斯达克（NASDAQ）交易所为核心的二板市场、遍布各地区的全国性和区域性市场及场外交易市场。美国的资本市场为上市公司提供了完善的金融服务，同时为早期投资和风险投资资本的退出提供渠道，加快了资本的流动。其中，纳斯达克市场主要注重企业的成长性和长期赢利性，在纳斯达克上市的公司普遍具有高科技含量、高风险、高回报、规模小的特征。

3.1.2 以色列

自20世纪90年代中期以来，以色列高科技产业的发展成就引人瞩目。其高科技创新企业数基本稳定在3000多家，每年都有约200家新兴公司涌现。以色列民用研发支出占GDP比重、科研总量都位居全球第一，风险资本全球第二，纳斯达克上市公司数量位居第三，人均实用性专利数量全球第四。与世界其他区域不同，以色列85%左右的风投资本投向初创期企业（曾智，2017）。总结以色列早期投资生态系统的建设经验如下：

（1）孵化器“孵化+早期投资”助力初创企业成长。以色列政府自1991年制定了“孵化器计划”，并创建“舍弃利益，共担风险”的独特的政府风险资金运营和管理办法。风险投资业与科技企业孵化器同步发展，实现了“高新科技”和“风险投资”的良性循环和互为补充。孵化器计划的实施，为风险资本介入早期投资创造了条件，为高技术产业的发展提供了技术源；风险投资公司则为孵化企业提供了进一步发展所需的资金。以色列的孵化器采用“孵化+早期投资”的模式运作，承担了早期投资的功能，这也是以色列初创企业的孵化成功率较高的重要原因。

（2）政府引导基金和国际早期投资资本提供早期资金来源。由于以色列人口少、个人财富积累历史不长、高净值人群税收高等因素，以色列本土早期投资的组织难度较大，而以色列政府引导基金和国际资本很大程度上解决了这一问题。1993年以色列政府设立第一只政府引导基金YOZMA基金I期，政府出资1亿美元，共募集到2.43亿美元的资金（徐文舸，2017）。到2013年初，以色列风险投资基金可投资本约21亿美元。以色列的政府引导基金有以下特点：风险投资基金采用“政府基金+民营资本+国际资本”的混合制架构，政府资金的引导放大效应明显；偏向于投资初创企业，85%的资金投向初创期企业；政府对基金的经营运作参与较少，政府还承诺适时退出。此外，很多国际天使投资人也在关注以色列的创业企业，例如美国天使投资组织Tevel Global、Rhodium、欧洲Wadi风险投资。值得一提的是，以色列通过众筹的方式发展早期投资，OurCrowd是世界公认成功的众筹平台，到2015年11月，它已经给69家企业累计投资了1.1亿多美元。

（3）政府补贴及“后台服务”多方位支持创新创业。政府各种形式的研发补贴、政府设立研究机构、高校参与技术成果转化等都是对科技创新的初创企业的强力支持，进一步降低了早期投资的风险。以色列政府2011年颁布“天使法案”后，首席科学家办公室实施了很多项目，例如补贴项目Tnua，补贴企业种子期前期的活动，补贴最多为核准费用的85%，最多6.5万美元左右；研发基金，补贴知识型企业的研发项目，补贴核准经费的20%—60%，每年发放约4亿美元；双边基金，支持签订双边合作协议的联合产业研发项目，涉及美国、韩国、法国等众多国家，每个政府对研究项目给予25%的资金支持。另外，以色列政府部门下属机构建立各种研发中心，例如工贸部下设工业研发中心；农业部下属研究机构下设7个研究中心和8个实验中心；科技部设立了11个地区研发中心，负责解决本地区特殊的农业、环境、教育、旅游等问题。同时，以色列特拉维夫大学等7所大学和科研院均设立了技术转移机构，负责创新成果商业转化。

（4）以色列重视人才及其创业文化为初创企业持续注力。以色列以犹太人为主，犹太人历来重视教育和人才培养，截止到2017年，196位犹太人获得诺贝尔奖，占比22%（唐志超，2017）。以色列教育投入占到GDP的6%—8%，超过了美国等发达国家。以色列在不断培养高质量人才的同时，也非常重视人才吸纳。1995年推出外国专家引入计划，聘请530位世界顶级科学家进行3年的科研计划。2013年启动“以色列国家人才流入计划”，解决移民科学家在科研、住房、子女教育等方面的问题。2015年10月，推出“外国企业家创新签证项目”，将符合条件的企业家、投资商和科技人才的居住期限延长至5年，并赋予其申请长期签证的权利（张倩红，刘洪洁，2017）。以色列全球创业观察（GEM）项目调查显示，以色列61.3%的人认为创业是较好的职业选择。在特拉维夫，平均每1平方公里有19家创业公司，每431人中就有1人在创业。以色列的文化还具有“肆无忌惮”的表达方式、对失败者的宽容、怀疑的精神、爱国主义与使命感、对成功的不懈追求等特征（李金兰，2017）。

3.1.3 英国苏格兰

英国约有60万的天使投资者，英国也建立了强大的天使投资网。据统计，英国有近50个天使投资网络，数量众多的投资网使得天使投资者之间可以相互了解。而苏格兰有525万左右的人口，占英国面积的三分之一。苏格兰是欧洲最活跃的早期投资市场。总结英国苏格兰早期投资生态系统的建设经验如下：

（1）强大的天使投资人网络使得早期投资各环节通畅。强大的天使投资人网络保障了信息流通，同时网络成员在早期投资的募投管退等环节相互支持，使得早期投资生态系统运作顺利。地方投资网络公司（LINC）是苏格兰最早的早期投资组织，也是苏格兰地区天使投资协会。LINC对外与欧洲商业天使、欧洲天使投资联盟和世界商业天使协会保持密切联系。2004年开始，英格兰每两个月都组织天使领袖论坛（ALF），它是所有苏格兰天使组织领导人的联系网络，政策制定者、投资经理等也会定期向论坛咨询。此外，在LINC的引导下，苏格兰天使投资组织虽然数量多，但并不视彼此为竞争对手，经常分享情报、交易并联合投资。

（2）税收政策激励早期投资和初创企业创新。英国政府1994年出台企业投资计划（EIS），它利用减税来刺激高净值投资者投资高风险的初创企业，其中包括个人所得税、资本利得税的减免或延迟，资本损失减免，遗产税减免等。2011年推出种子企业投资计划（SEIS），鼓励对早期企业的种子投资，是EIS的补充。此外，英国还有其他对个人企业家和公司的税收优惠，例如公司因专利而须缴付的公司所得税降低至10%；持有5%以上投票权的企业家可以降低资本利得税金额。

（3）组建联合投资基金和准备基金进一步降低投资风险。苏格兰私有部门和公共部门的互信程度很高，苏格兰组建了苏格兰联合投资基金。通过长期合作提供投资市场的能力，为更多中小企业提供早期股权融资，同时联合投资促进了早期投资市场的交易。另外，欧洲区域发展基金和苏格兰企业共同组建了苏格兰投资者准备基金。苏格兰地区天使投资协会负责管理这只基金，并根据被投企业的情况决定是否拨款。拨款后有三种情况：投资者偿还给基金、转换成被投企业股本、投资失败拨款注销。到2015年11月，该项基金已有62项拨款，其中18项已偿还，25项转换为股本，19项被注销。该基金为投资者提供适度的援助，促进了大量投资的继续进行，部分缓解了初创企业融资难的问题。

（4）完善的多层次资本市场为早期投资提供退出通道。英国伦敦证券交易所是全球性的证券交易市场，它有200多年的历史，是吸收全球资金的主要渠道；二板市场AIM（Alternative Investment Market），是伦敦证交所的一部分，属于正式的市场，其运行相对独立，是为英国及海外的初创、高成长性公司提供融资渠道的一个全国性市场；三板市场OFEX（Off-Exchange）是JP Jenkins公司创办的，由伦敦证券交易所承担做市商职能，主要为中小型高成长企业进行股权融资服务的市场；此外，英国还有伯明翰、曼彻斯特、利物浦、格拉斯哥、都柏林等地方性交易市场。

3.2　国内典型区域

我国的早期投资最早是由政府推动，具体可追溯到1986年开始实施的“863计划”和1988年开始实施的“火炬计划”。2000年之后，互联网、信息技术的快速发展，带动了我国的创新创业和早期投资的发展。一些海归人士回国创业并尝试天使投资，他们利用个人的资金、行业经验等来开展早期投资。2006—2009年，我国早期投资的规模不断增长，更多的投资者参与早期投资，并开始设立天使投资基金。2012年以后，我国早期投资发展迅猛，组织化、机构化的趋势明显，不少地方政府还出台了相关的政策法规。

我国区域经济发展不均衡，各区域早期投资的发展水平也各有差异。相较而言，目前早期投资发展较好的主要是北京、上海、深圳、杭州四个城市。根据2018年3月科技部火炬中心发布的《2017中国独角兽企业发展报告》，2017年我国独角兽企业聚集最多的四个区域是北京、上海、深圳、杭州。根据私募通的数据，截至2018年末，对融资企业处于种子期或初创期，且在A轮融资以前的投资事件进行统计，发现北京、上海、深圳、杭州四个区域累计交易金额均在50亿元以上，分别为551.4亿元、277.0亿元、203.9亿元、104.4亿元。综上考虑，选取北京、上海、深圳、杭州（以下简称“北上深杭”）作为国内早期投资生态系统建设的先进区域代表。

3.2.1 北上深杭早期投资生态系统概况

由于个人投资、天使组织投资、孵化器早期投资等数据无法获取，此处就清科中心私募通数据库早期基金的募资情况进行分析，可在一定程度上反映北上深杭早期投资的募资情况。从表1-3-2中可以看出，北京的早期基金募集数量最多，上海的早期基金募集金额最大。截至2018年末，北上深杭募集早期基金数量分别为61只、40只、28只、17只，募集总额分别为84.05亿元、69.77亿元、35.98亿元、10.25亿元。从募集年份来看，2013年以前北京有少量早期基金募集完成，上海、深圳、杭州基本没有早期基金募集完成；2014年及以后，在国家“大众创业万众创新”的号召下，北上深杭的早期基金募资数量和金额都快速增长。

表1-3-2 北上深杭早期基金的募资情况

	北京			上海			深圳			杭州		
投资时间	案例数量/件	募资/百万元	平均募资/百万元	案例数量/件	募资/百万元	平均募资/百万元	案例数量/件	募资/百万元	平均募资/百万元	案例数量/件	募资/百万元	平均募资/百万元
2018	5	1295.2	259.1	2	80.0	80.0	12	2717.0	226.4	2	100.0	100.0
2017	5	737.5	147.5	5	461.4	92.3	3	326.0	163.0	1	105.0	105.0
2016	7	305.8	51.0	2	4043.2	2021.6	2	110.5	110.5	5	500.0	100.0

（续表）

	北京			上海			深圳			杭州		
投资时间	案例数量/件	募资/百万元	平均募资/百万元	案例数量/件	募资/百万元	平均募资/百万元	案例数量/件	募资/百万元	平均募资/百万元	案例数量/件	募资/百万元	平均募资/百万元
2015	15	1916.0	212.9	14	1571.0	130.9	6	332.2	83.1	6	217.0	43.4
2014	7	1345.4	192.2	6	303.2	101.1	4	111.9	28.0	—	—	—
2013	7	349.0	69.8	5	282.0	94.0	—	—	—	1	—	—
2012	4	445.8	111.5	2	30.0	30.0	—	—	—	—	—	—
2011	5	1398.6	349.6	1	200.0	200.0	—	—	—	—	—	—
2010	1	400.0	400.0	1	6.5	6.5	—	—	—	1	100.0	100.0
2009	2	31.0	15.5	—	—	—	—	—	—	—	—	—
2008	1	20.0	20.0	—	—	—	—	—	—	—	—	—
其他	2	161.0	80.5	2	—	—	1	—	—	1	3.0	3.0
合计	61	8405.3	164.8	40	6977.3	240.6	28	3597.6	156.4	17	1025.0	73.2

从总量上来看，北上深杭早期投资的投资金额都已经发展到一定规模，案例数量都是数千件，累计金额都在百亿规模水平。截至2018年底，北上深杭的投资案例数量分别为8394件、3995件、2351件、1807件，投资总额分别为551.36亿元、277.04亿元、203.93亿元、104.37亿元。从时间来看，北上深杭的早期投资在2015年以前，数量和金额基本上都是上升的态势，在2014年和2015年迎来了爆发式增长。尤其在2013年以后，随着我国经济进入新常态，新兴产业不断涌现，初创型科技企业快速增长，早期投资也随之发展。在2016年以后出现早期投资总金额小幅回落，但平均投资金额略有上升，说明早期投资市场估值呈现上升的趋势。

表1-3-3　北上深杭早期投资的投资情况

	北京			上海			深圳			杭州		
投资时间	案例数量/件	投资额/百万元	平均投资额/百万元	案例数量/件	投资额/百万元	平均投资额/百万元	案例数量/件	投资额/百万元	平均投资额/百万元	案例数量/件	投资额/百万元	平均投资额/百万元
2018	1088	7559.9	9.8	580	3351.0	7.9	369	3149.8	11.7	378	2372.4	8.0
2017	1292	8167.2	7.9	704	5335.6	9.8	435	2714.3	7.3	342	2116.9	7.1

（续表）

	北京			上海			深圳			杭州		
投资时间	案例数量/件	投资额/百万元	平均投资额/百万元	案例数量/件	投资额/百万元	平均投资额/百万元	案例数量/件	投资额/百万元	平均投资额/百万元	案例数量/件	投资额/百万元	平均投资额/百万元
2016	1805	8195.3	5.4	779	4500.8	6.9	507	2631.3	6.0	354	1977.6	6.2
2015	2129	11303.5	6.6	976	8474.2	10.5	617	5508.7	10.7	464	3233.0	8.7
2014	973	4489.8	5.5	450	1277.3	3.7	230	606.7	3.4	112	285.5	3.2
2013	356	1892.2	6.2	163	967.7	7.3	59	5167.8	112.3	49	112.3	2.6
2012	221	401.3	2.5	129	205.9	2.1	29	361.0	22.6	43	155.1	4.2
2011	171	295.5	2.8	69	104.4	2.6	34	63.8	3.0	30	39.5	2.0
2010	71	405.4	9.9	21	40.4	3.1	20	30.2	2.5	4	10.0	2.5
2009	46	84.1	4.4	14	93.4	13.4	13	119.9	17.1	5	1.0	0.5
2008	31	302.7	15.1	24	458.0	30.5	2	—	—	1	—	—
其他	211	12039.7	57.1	86	2895.9	33.7	36	39.3	1.1	25	133.3	5.3
合计	8394	55136.4	8.4	3995	27704.4	8.9	2351	20392.6	10.8	1807	10436.6	7.0

注：采用清科中心私募通中投资事件的统计数据说明北上深杭早期投资的投资概况，具体做法为筛选出融资企业总部在北上深杭的企业，投资阶段为种子期和初创期、投资轮次为A轮以前的投资事件。

北京是我国早期投资最为活跃的区域，退出数量、回报倍数均居全国第一。从退出数量上看，截至2018年，北上深杭早期机构的退出事件数量分别为198件、111件、41件、34件，退出数量与投资事件数量相比相差很大，一定程度上说明早期投资的风险极高，也从侧面说明我国早期投资的退出环节较为薄弱；退出的平均年限分别为2.4年、2.5年、2.7年、2.5年，平均回报倍数分别为24.1、7.7、8.4、27.1，退出年限并不长且回报倍数较高，说明我国大部分早期投资追求短期回报，投资者并不打算长期持有企业的股权，一定程度说明我国早期投资发展不够成熟。从退出方式来看，北上深杭均以股权转让为主，并购和IPO退出的数量较少，这说明我国大部分的早期投资是通过股权转让的方式退出，早期投资者基本不会等到企业IPO退出，因此回报率也不会很高。从回报倍数来看，并购和IPO较高，部分案例的回报倍数甚至可达到100倍以上。

表1-3-4 北上深杭早期机构退出情况

	北京			上海			深圳			杭州		
退出方式	数量/件	平均退出年限/年	平均回报倍数	数量/件	平均退出年限/年	平均回报倍数	数量/件	平均退出年限/年	平均回报倍数	数量/件	平均退出年限/年	平均回报倍数
股权转让	144	2.2	9.0	74	2.2	7.0	30	2.0	6.9	22	2.2	34.0
回购	22	2.1	25.3	22	3.4	2.9	4	5.2	0.0	5	3.3	7.8
并购	18	4.0	140.7	10	1.0	20.2	4	2.4	28.2	5	1.5	3.6
IPO	12	2.3	2.8	4	4.8	18.2	2	5.4	1.2	1	5.5	44.0
其他	2	0.0	0.0	1	6.6	14.4	1	0.8	0.0	1	1.3	1.2
总计	198	2.4	24.1	111	2.5	7.7	41	2.7	8.4	34	2.5	27.1

注：由于企业在种子期或初创期并不一定会获得早期投资，它可能在成长期才获得第一次外部融资，而且早期投资的退出方式涉及股权转让、回购、IPO、并购等，因此获取早期投资的退出数据较为困难。此处采用清科中心私募通数据库的退出事件数据，从中筛选出退出事件中被退出企业在北上深杭、退出机构属于早期机构的事件，以此说明北上深杭早期投资的退出情况。

3.2.2 北上深杭早期投资生态系统建设经验

对比美国、以色列、英国等国家，我国早期投资起步较晚，整体发展尚不成熟。从国内情况看，北上深杭是我国早期投资发展相对成熟的区域，四个区域的早期投资发展各具特色，如北京注重“政策先行先试+投资人网络+孵化与投资结合+引导基金”模式，上海实行“多元化金融支持+孵化器+引导基金”模式，杭州采取“投资人网络+龙头企业引领+民营经济活跃+创业文化”模式。北上深杭的早期投资生态系统建设的经验既具有一定的共性，也具有各自的区域特色，总结如下几条经验：

（1）建立早期投资关系网络，提升早期投资活动效率。早期投资关系网络可以有效降低早期投资者与融资企业相互间的搜寻成本，创业者利用网络集中发布投资信息，早期投资人利用网络寻找高质量的初创企业，网络在早期投资市场起到了中介的作用，便利投融资双方对接。以中国创业技术协会天使投资联盟为例，该组织是世界天使投资联盟的中国区唯一成员，通过吸纳投资者、创业者、专家学者、政策制定者以及投资机构、中介机构、高校、园区、协会等，开展网站资讯、研究出版、论坛沙龙、项目对接、培训认证、创业服务等工作，为各方提供一个信息共享、资源互换、合作发展的多方位交流平台。北京是我国早期投资网络最为发达的区域，拥有许多著名的早期投资网络，比如中国青年天使会、中关村百人会、中关村企业家天使投资联盟、中国天使投资联盟、天使汇、创投圈等。此外，上海、深圳也都具有较多的早期投资组织，例如上海天使投资俱乐部、深圳天使投资人俱乐部等。

（2）出台一系列的优惠政策，鼓励早期投资和创新创业发展。在国家层面，我国出台了一些关于支持早期投资的税收优惠等，例如《关于创业投资企业和天使投资个人有关税收政策的通知》。除此之外，北上深杭等地也出台了研发补贴、产业创新支持、人才引入等优惠政策。以北京中关村为例，2010年国务院同意中关村实施“1+6”先行先试政策：“1”是指搭建中关村创新平台，“6”是指科技成果处置权和收益权、股权激励、税收、科研项目经费管理、高新技术企业认定、建设统一监管下的全国性场外交易市场等方面实施6项新政策。中关村后续还出台了人才、科技支持、研发补贴等相关政策，如表1-3-5所示。

表1-3-5　2015年以来中关村示范区出台的政策梳理

政策名称	时间
《关于精准支持中关村国家自主创新示范区重大前沿项目与创新平台建设的若干措施》	2018-05-09
《促进在京高校科技成果转化实施方案》	2018-05-02
《中关村国家自主创新示范区科技型小微企业研发费用支持资金管理办法（试行）》	2018-03-13
《中关村国家自主创新示范区提升创新能力优化创新环境支持资金管理办法实施细则（试行）》	2017-09-30
《中关村国家自主创新示范区一区多园协同发展支持资金管理办法实施细则（试行）》	2017-09-22
《〈中关村国家自主创新示范区促进科技金融深度融合创新发展支持资金管理办法〉实施细则》	2017-09-18
《〈中关村国家自主创新示范区优化创业服务促进人才发展支持资金管理办法〉实施细则》	2017-09-18
《关于推动中关村国家自主创新示范区一区多园统筹协同发展的指导意见》	2017-08-02
《发挥中关村节能环保技术优势推进京津冀传统产业转型升级工作方案》	2017-07-11
《关于精准支持中关村国家自主创新示范区重大前沿项目与创新平台建设的若干措施》	2017-04-13
《中关村国家自主创新示范区促进科技金融深度融合创新发展支持资金管理办法》	2017-04-11
《中关村国家自主创新示范区提升创新能力优化创新环境支持资金管理办法》	2017-04-07
《中关村国家自主创新示范区优化创业服务促进人才发展支持资金管理办法》	2017-04-06
《中关村国家自主创新示范区一区多园协同发展支持资金管理办法》	2017-04-06
《关于促进中关村虚拟现实产业创新发展的若干措施》	2016-10-19

（续表）

政策名称	时间
《关于促进中关村国家自主创新示范区集成电路设计产业发展的若干措施》	2016-10-14
《中关村国家自主创新示范区集成电路设计产业发展资金管理办法》	2016-10-14
《中关村国家自主创新示范区京津冀协同创新共同体建设行动计划（2016—2018年）》	2016-09-12
《中关村国家自主创新示范区商标品牌示范试点单位培育工作方案（2016—2018年）》	2016-07-11
《关于促进中关村智能机器人产业创新发展的若干措施》	2016-04-28
《〈中关村国家自主创新示范区国际化发展专项资金管理办法〉实施细则》	2016-02-15
《关于支持高等学校科技人员和学生科技创业专项资金管理办法（试行）》	2016-02-14
《中关村国家自主创新示范区企业改制上市和并购支持资金管理办法》	2015-12-22
《中关村国家自主创新示范区创业服务平台支持资金管理办法》	2015-12-21
《中关村国家自主创新示范区股权激励代持股专项资金管理办法（试行）》	2015-09-16
《中关村国家自主创新示范区技术创新能力建设专项资金管理办法》	2015-09-16
《中关村国家自主创新示范区社会组织发展支持资金管理办法》	2015-09-14
《中关村国家自主创新示范区国际化发展专项资金管理办法》	2015-06-20
《中关村国家自主创新示范区产业发展资金管理办法》	2015-05-13
《中关村国家自主创新示范区优秀人才支持资金管理办法》	2015-05-10
《关于促进中关村智能硬件产业创新发展的若干支持措施》	2015-05-09
《关十加快推进中关村生物医药医疗器械及相关产业发展的若干意见》	2015-04-16
《关于支持中关村示范区中小微企业利用中关村股权交易服务集团创新发展的意见》	2015-04-16
《关于支持中关村国家自主创新示范区集成电路产业发展的若干金融措施》	2015-03-23
《关于促进中关村智能硬件产业创新发展的若干支持措施》	2015-03-11
《关于进一步加强中关村国家自主创新示范区信用体系建设的意见》	2015-03-02
《中关村高端领军人才聚集工程实施细则》	2015-01-29

注：详细请参见中关村管委会网站http://www.zgc.gov.cn/zgc/zwgk/zcfg18/index.html

（3）大力发展孵化器，服务大众创新创业。孵化器是整合社会资源，为创业企业提供创业孵化服务的商业机构，也是实现自主创新成果产业化的重要载体。它既可以为早期投资培育大量的优质初创企业，也可以从事早期投资业务。北上深杭均大力发展孵化器，培育了大量的优质创业企业。以北京为例，北京的孵化器群体已经成为建设创新型城市和区域创新体系的重要支撑力量。大量民间资本参与孵化器发展，孵化器运营高度市场化，是全国民营孵化器最为活跃的地区之一。截至

2017年，北京市共有106家孵化器，其中国家级孵化器55家，占比51.89%；孵化面积2.5平方公里，管理机构从业人员2391人，总收入27.47亿元，孵化基金65.85亿元，在孵企业从业人员116544人（具体可参考本书的第二篇《广东省企业孵化器发展现状与对策》）。

（4）设立政府引导基金，吸引更多的社会资本支持初创企业发展。北上深杭均由财政出资设立了一些“种子基金”“创新基金”“天使基金”等政府引导基金。据私募通数据库统计，北上深杭四个区域均组建了多只支持早期投资的政府引导基金，例如北京市的北京市中小企业创业投资引导基金、中关村天使投资引导基金、上海市天使投资引导基金、徐汇区天使投资引导基金、杨浦科创天使投资母基金、深圳市创业投资引导基金、浙江省天使梦想基金。以北京市中小企业创业投资引导基金为例，成立8年以来，在破解中小企业融资难题的同时，还为企业提供多种增值服务。据统计，北京市中小企业创业投资引导基金共投资227家企业，其中总部设在北京的有192家，约占总投资企业数目的84.5%。就被投资企业而言，全部都是民营中小企业，涉及电子信息、节能环保、生物医药、高端制造业等战略新兴产业，以及文化创意产业和现代服务产业。具体做法：由北京市财政局直接出资设立创业投资引导基金的母基金，并由北京市中小企业服务中心代表政府持有股权代为日常管理；政府出资占每一只子基金的30%，以投向北京地区的小企业为主，40%可投向外省市；母基金规模根据实际需求逐步追加，提前拨到中小企业服务中心的基金专用账户；政府不干预子基金的投资行为，不担任投资决策委员，只向子基金推荐董事、监事，并为被投资企业提供增值服务；基金退出时仍按原值退出，不求红利；市里设立引导基金监管办，对引导基金股权代持机构和财政资金规范化、制度化进行监管。

（5）积极发展科技金融业务，为初创企业提供多元化投融资服务。初创企业除了股权融资外，还需要担保、贷款、保险等科技金融服务。上海从财税、科技、金融政策等不同方面，加强对科技创新创业的金融支持，设立了风险救助专项资金，扩大了政府性担保机构对高新技术企业或高新技术成功转化的担保比例，建立健全了贷款担保损失代偿机制，在浦东、张江高新区等地区开展知识产权质押业务试点，争取国家开发银行软贷款支持。此外，黄埔区组织发行上海老字号集合债券，为优质中小企业捆绑发行集合债券。徐汇区开展“投贷保”试点、探索知识产权质押融资，推进银行、股权投资机构、担保公司等形成战略合作联盟，帮助企业进行各种形式的融资。上海保险业推出科技履约贷、微贷通等保险产品，为小微企业量身定制保险方案，提供保证险、责任险等一揽子保险解决方案，助力科技创新企业融资。

3.3 发展经验总结

通过对国内外早期投资生态系统的实践总结，本书认为早期投资生态系统建设应把握好以下几点：

3.3.1 培育多元化的早期投资主体

早期投资生态系统中，天使投资人、早期投资机构、早期投资组织、风险投资机构、初创企业等主体缺一不可，主体的数量、种类等均需要多元化。从早期投资的供给端来讲，天使投资人为早期投资系统提供资金来源，早期投资机构、早期投资组织、风险投资机构使得早期投资组织化、专业化。国内外先进区域的早期投资生态系统都聚集了大量的这些主体。例如硅谷是美国早期投资和风险投资活动的中心，在斯坦福大学附近的沙丘大街3000号，集中了大量的早期投资人组织和200多家风投机构。北上深杭早期机构、创投机构的数量基本上都达到上千家。从早期投资的需求端来讲，初创企业是资金需求者、最终使用者和价值创造者。早期投资先进区域的初创企业十分具有活力，它们中不少已经发展成为著名企业。例如，美国硅谷已经孕育出许多著名的“引擎”企业，如惠普、英特尔、苹果等，它们带动了相应产业中小企业的发展。

3.3.2 保障早期投资各环节顺畅运作

早期投资生态系统的各环节顺畅运作维持着生态系统整体的“新陈代谢”。一是要保障投资者有多种渠道参与到早期投资中，如个人投资、加入早期投资机构组织、利用线上对接平台、投资天使投资基金等，国内外先进区域的这些渠道都较为通畅。二是要保障早期投资生态系统内机构投资、初创企业融资环节通畅。三是要培育发达的科技创新服务机构和市场中介机构。如硅谷的YC公司、斯坦福大学等机构，以色列的27家孵化器、政府下属机构建立的各种研发中心，北京的中关村、杭州的众多特色小镇等机构，都为区域内早期投资生态系统培育了大量的初创企业。同时，律师事务所、会计事务所、资产评估机构、技术咨询机构、行业协会等中介机构提供的专业服务，可以减少投资者、初创企业之间的信息不对称，使得生态系统中主体之间的相互作用更加顺畅。

3.3.3 营造良好的早期投资生态环境

良好的生态环境是早期投资生态系统良好发展的重要保障。在政策环境方面，硅谷、以色列、北上深杭等先进区域均有扶持早期投资的优惠政策。如以色列自20世纪80年代以来，出台了《工业研究与发展促进法》《投资促进法》《产权法》《商标条令》《版权法》等系列促进科技创新创业的政策法规。北上深杭出台了《北京市引进人才管理办法（试行）》《上海市天使投资风险补偿管理暂行办法》《关于促进股权投资基金业发展的若干规定》等政策，对早期投资扶持的政策导向十分明显。在资本市场环境方面，成熟的多层次资本市场体系，一方面为成长型企业提供了良好的股权融资环境，另一方面也为早期投资提供了通畅的退出渠道。此外，早期投资生态系统的运作还受到产业、人才、文化等环境的影响。例如，硅谷的斯坦福大学、加州大学伯克利分校等高校为早期投资生态系统提供了世界顶尖的人才，而宽容失败、不迷信权威、注重学习创新等文化氛围，则为硅谷的成功注入了精神力量。

第四章　广东省早期投资生态系统的主体

早期投资生态系统的主体主要有个人投资者及其团队组织、早期投资机构、早期基金、孵化器等创新服务主体、初创企业。本章将分别对广东省早期投资生态系统中的各个主体进行分析，这里早期投资的机构和早期基金的内容可能存在部分重叠，但论述的侧重点不同。

4.1　个人投资者及团体

4.1.1　个人投资者

早期投资的个人投资者一般具有一定财富或者可为初创企业带来技术、管理经验、专业服务等资源，可分为以下四类：一是企业的管理人员，如CEO、CFO、CTO等；二是专门从事天使投资的职业投资人；三是少数来自专业机构的人员，例如律师、会计师、高校学者；四是其他出于兴趣或者资产配置需求的高净值人群。

根据胡润研究院发布的《2018胡润财富报告》，截至2017年12月31日，中国大陆拥有600万元、千万元、亿元以上可投资资产的家庭数量分别达到172万、103万、7.8万；广东省拥有600万元、千万元、亿元以上可投资资产的家庭数量分别为67万、29.1万、1.74万，这些高净值人群主要集中在深圳、广州、佛山、东莞、珠海、汕头等少数区域。这些拥有千万元以上可投资资产的家庭中，60%是企业主，20%是金领，10%是炒房者，10%是职业股民。

表1-4-1 广东省600万元资产、千万元资产、亿元资产家庭地域分布

地区	600万元资产家庭数量	600万元资产家庭增长率	600万元可投资资产家庭数量	千万元资产家庭数量	千万元资产家庭增长率	千万元可投资资产家庭数量	亿元资产家庭数量	亿元资产家庭增长率	亿元可投资资产家庭数量
中国大陆	3872100	6.96%	1365000	1605450	9.25%	823310	110440	11.16%	65040
广东	670000	6.69%	236000	291000	8.58%	148000	17400	10.83%	10200
深圳	166000	7.10%	58100	76600	8.68%	39200	5750	10.58%	3380
广州	160000	6.67%	56000	69300	9.13%	35500	4450	10.70%	2620
佛山	18600	10.06%	6510	8250	9.27%	4230	500	11.11%	295
东莞	71400	6.41%	25000	31000	8.77%	15900	1790	14.01%	1050
珠海	56400	7.02%	19700	25000	9.17%	12800	1550	10.71%	910
汕头	17200	8.18%	6020	7570	9.08%	3880	660	10.00%	390

注：数据截至2017年12月31日，来源于《2018胡润财富报告》

贝恩公司和招商银行联合发布的《2017中国私人财富报告》显示，2016年中国个人可投资资产1000万元以上的高净值人群规模已达到158万人，2014—2016年年均复合增长率达到23%，人均可投资资产约3100万元。其中，广东省个人可投资资产1000万元以上的高净值个人超过10万人。从高净值个人的职业来看，41%是创富一代企业家，10%是家族企业二代继承人，29%是职业金领，5%是职业投资人，14%是其他职业。从私募通数据库中筛选出在广东省有过投资记录的天使投资人总共121位，这些天使投资人主要是企业管理者、企业家、早期机构投资人、专家学者、影视明星等。另外，截至2018年底，广东省内有上市公司608家，新三板企业1635家（数据来源于wind），高新技术企业3万多家，这些企业的股东、管理者在一定程度上都是这些企业发展初期的早期投资者。从上述的数据不难判断，广东省潜在的早期投资个人数量可能达到数十万，甚至超过百万。

表1-4-2　部分在广东省投资过的天使投资人简介

名字	简介	投资领域及策略
徐小平	徐小平先生是真格基金创始人，中国著名天使投资人。徐先生曾任新东方教育科技集团董事、新东方文化发展研究院院长，是新东方留学、签证、出国咨询事业的创始人和过来人独立董事	投资行业：生物药品制造业，信息技术业，通信服务业，计算机应用服务业，计算机软件开发与咨询，计算机网络开发、维护与咨询，其他金融业，社会服务业，租赁服务业，其他社会服务业，传播与文化产业，电影 投资地区：广州市，北京市，上海市，厦门市，武汉市，美国，大连市
李开复	李开复博士于2009年9月在中国北京创立创新工场，出任董事长兼首席执行官，以及创新工场开发投资基金的执行合伙人	投资行业：通信服务业，计算机应用服务业 投资地区：珠海市，北京市，天津市，厦门市，成都市
薛蛮子（薛必群）	薛蛮子是UT斯达康创始人之一，亦是天使投资人，同时也是海银资本的合伙人	投资行业：医疗器械制造业，通信服务业，计算机应用服务业，计算机软件开发与咨询，其他金融业，传播与文化产业，综合类 投资地区：广州市，苏州市，北京市，上海市，杭州市，南京市
蔡文胜	蔡文胜先生是中国著名的天使投资人，现任隆领投资股份有限公司和厦门美图之家科技有限公司董事长以及58同城公司董事	投资行业：通信服务业，计算机应用服务业，计算机软件开发与咨询，其他金融业 投资地区：北京市，上海市，厦门市，四川省，南京市，梅州市
江南春	分众传媒创始人，现任董事局主席兼首席执行官	投资行业：日用化学产品制造业，电力生产业，计算机应用服务业，卫生、保健、护理服务业 投资地区：广州市，苏州市，北京市，上海市，重庆市
崔毅	华南理工大学风险投资研究中心主任，也是天使投资人	投资行业：建筑业。投资地区：东莞市
陈东升	陈东升先生1996年组建泰康人寿保险股份有限公司，现任泰康人寿股份有限公司董事长、首席执行官	投资行业：电力生产业。投资地区：深圳市
赵绪新	赵绪新先生现为深圳大学化学与化工学院副教授。主要讲授量子力学、热力学与统计物理、电路分析、电视技术等课程	投资行业：其他金融业。投资地区：深圳市
黄晓明	黄晓明先生现任Star VC和北京热辣投资有限公司合伙人，北京明嘉投资管理有限公司创始合伙人，中国内地知名演员	投资影视、餐饮、红酒、医疗、房产、高尔夫球等多个领域

广东省早期投资的个人数量较多，但是并非所有早期投资人都是专业的投资人。从初创企业的角度来讲，作为早期创业合作伙伴，早期投资人需要对行业有着

深刻的了解，对经济社会发展趋势、行业发展状况以及企业市场需求有一定的预见性；需要参与部分初创企业的经营，具有较好的管理能力、资源整合能力；需要一定的金融、财务等专业知识及资本运作经验。这些是未来广东省乃至全国非专业的早期投资人都需要提高的能力或素质。

4.1.2 投资团体

早期个人投资者的团体组织可分为以下三类：一是会员制，这类组织由于会员种类繁多、内部管理不规范，并非十分活跃；二是营利性组织，这类组织一般会收取一定会员费、服务费等获取盈利，如天使汇；三是非营利性组织，这类组织一般是由政府主导。对于早期个人投资者而言，一般面临项目来源少、项目数量有限、个人资金实力有限、时间精力有限、投资经验和相关专业知识缺乏等问题。而通过组织形成联盟、俱乐部、协会等团体组织，可以在一定程度上解决个人投资者面临的上述问题。早期投资联盟、俱乐部等组织给会员提供投资信息和相关的服务支持，使得早期投资更加便利。一般这类组织采用“领投+跟投”的模式（即由一些有经验的会员投资人领投，其他会员跟投），可以减轻早期个人投资者的尽职调查压力。

（1）线下联盟、俱乐部等组织

根据搜集的公开信息，广东省早期个人投资者的团体组织有：广东天使会、广东创业投资协会天使投资俱乐部、华南天使投资俱乐部、草根天使会、深圳天使投资人俱乐部等。例如，广东天使会是由著名天使投资人孙政权、何巨、郑贵辉、赵春雷、叶燕萍等人于2012年6月18日发起成立的民间非正式组织，该组织以聚集资源、机构化运作降低个人天使投资风险，以项目为纽带形成类同价值观的人脉圈为目的。广东天使会以广东及港澳的天使投资人、成功企业家、专业机构和个人创业者为主体，集教育培训、行业研究、投融资咨询等于一体，以交流会、创业英雄会、项目推介会、论坛等形式，搭建专业有效的分享学习、交流进步、合作共赢的平台，让早期项目得到资金及管理等支持，并且引导正确的投资方向，提高创业与投资的成功率。

表1-4-3　部分广东省早期投资的个人团体组织情况

组织	性质	情况简介
广东天使会	协会	广东天使会是由著名天使投资人孙政权、何巨、郑贵辉、赵春雷、叶燕萍等人于2012年6月18日发起成立的民间非正式组织，以聚集资源、机构化运作降低个人天使投资风险、以项目为纽带形成类同价值观的人脉圈为目的
广东创业投资协会天使投资俱乐部	协会	广东省创业投资协会是经广东省民政厅批准，由创业投资企业、金融机构、知名企业及热心创投事业的人士自愿组织建立、共同发起成立的非营利性社会团体组织。协会旗下管辖天使投资俱乐部等多个二级分支机构
华南天使投资俱乐部	非营利性组织	2006年由华南理工大学、广州风险投资促进会等机构或组织联合组建
草根天使会	民营组织	成立于2012年6月17日，是由草根创业与早期投资领域的拓展者、知名新锐天使投资人陈维伟联合数十位天使投资人、企业家、各行业精英等人士自发组成的天使投资公益组织
深圳天使投资人俱乐部	非营利性组织	2007年由深圳及周边城市从事天使投资的个人及机构自发组织的非营利性社会组织，隶属于深圳市金融顾问协会，定期编制“天使投资内参”、不定期举行“天使投资午餐会”和“天使投资项目路演”

（2）线上股权众筹平台

实践中，股权众筹一般采取“领投+跟投”模式，即项目发起人必须参与领投，并对投资额和持股锁定期有一定的要求。具体形式有四种，即有限合伙、契约基金、代持、成立公司，其中前三种是较为常见的形式。当前股权众筹平台的赢利模式主要有三种：成交中介费和投资管理费；股权回报和投资收益分成；培训、财务、法务等各项增值服务费。这三种收费策略各有优劣，但从目前市场情况看，这三种模式的股权众筹平台赢利均较为困难。

由于线上股权众筹平台一般可以突破区域的限制，因此以全国的数据进行分析。根据中关村众筹联盟等机构联合发布的《2018年互联网众筹行业现状与发展趋势报告》，截至2017年12月底，全国互联网非公开股权融资平台（即业内惯称的股权众筹平台）共计76家，与2016年同期相比减少42家，降幅达36%；2017年全国股权众筹成功融资金额为142.2亿元，比2016年减少14.4亿元，下降9%；截至2017年12月底，互联网非公开股权融资投资人次达3.55万，同比下降约39%。综合来看，目前由于赢利模式不清晰、中小投资者保护难度大、投后管理缺位、监管政策不完善、行业风险事件频出等问题，我国股权众筹行业仍处于探索发展阶段，大量平台被淘汰，一些已形成品牌效应的头部平台，如天使汇、创投圈、人人投、众筹之家等开始发挥作用。

此外，证监会对早期投资的监管也体现在对股权众筹融资的监管方面。目前我国尚未出台专门的法律法规对股权众筹加以规范，只有相关部门出台的一些部门规章和规范性文件。2015年7月18日，央行等十部委发布的《关于促进互联网金融健康发展的指导意见》，规定股权众筹融资主要是指通过互联网形式进行公开小额股权融资的活动，其具有“公开、小额、大众”的特征，股权众筹融资必须在机构平台进行，融资方应披露必要信息，投资方应具备风险承受能力，股权众筹融资业务由证监会负责监管。2015年8月3日，中国证监会下发《关于对通过互联网开展股权融资活动的机构进行专项检查的通知》，把互联网非公开股权融资和私募股权融资行为排除在股权众筹范围之外，并明确规定未经国务院证券监督管理机构批准，任何单位和个人不得开展股权众筹融资活动。2016年10月14日，证监会等15部委印发《股权众筹风险专项整治工作实施方案》，明确了股权众筹重点整治的六类禁止行为，包括擅自公开发行股票、变相公开发行股票、非法开展私募基金管理业务、非法经营证券业务、对金融产品和业务进行虚假违法广告宣传，以及挪用或占用投资者资金等行为。由此可见，目前我国的监管思路主要是将股权众筹分为公开股权众筹和互联网非公开股权融资，前者实行牌照管理，后者则实行备案管理。

4.2 早期投资机构

早期投资机构可以分为两类：一类是专注于投资早期项目的风险投资机构，简称为早期机构；另一类则是其他机构，包括涉及少量早期项目的创投机构、大型企业、上市公司等机构。

4.2.1 早期机构

根据清科私募通数据库的相关统计，截至2018年底，总部设立在广东省的早期机构有111家，全国排名第三，少于北京的229家和上海的129家，高于浙江的92家。这111家早期机构中不乏全国行业排名榜中经常出现的青松基金、国金投资、创享投资、追梦者基金等。

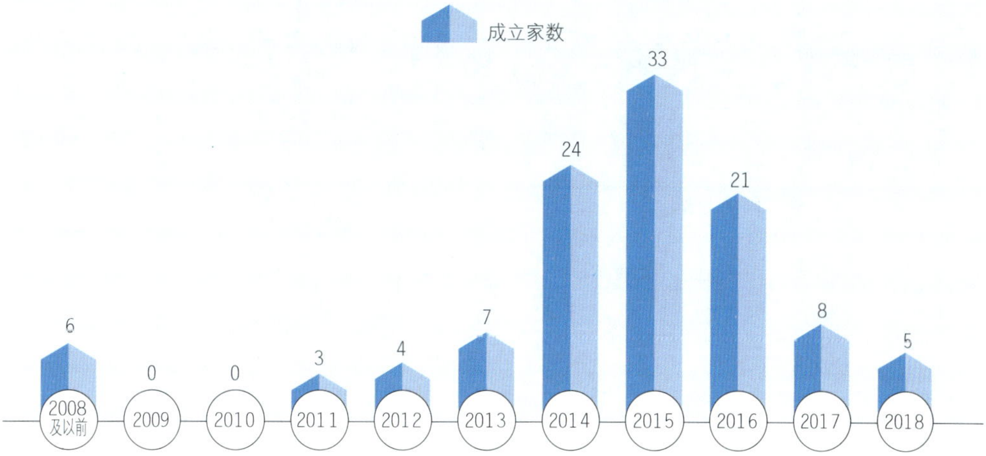

图1-4-1　广东省早期投资机构成立家数情况

从成立年份看，2008年及以前成立的只有6家早期机构，2009—2010年未成立早期机构，2011—2015年从3家上升至33家，其中2014年和2015年是早期机构成立的高峰期。而后，2016—2018年成立家数开始回落，分别成立21家、8家、5家。

从组织形式看，广东省早期机构组织形式分为公司制、有限合伙制以及其他形式，其中以公司制和有限合伙制为主。截至2018年底，采用公司制的有77家，占比69.73%；采用有限合伙制的有17家，占比15.32%。此外，还有17家机构采用其他组织形式。

从资金来源看，广东省早期机构的资本来源分为本土、外资、其他三种类型，其中本土机构有109家，占比98.2%，外资有1家，其他类型有1家。

从管理资本量看，111家机构中有70家机构未披露数据，其余18家机构中管理资本量在0—500万元的有4家，在500万—1000万元的有1家，在1000万—1亿元的有11家，在1亿—50亿元的有2家。其中管理资本量在1000万—1亿元的机构家数占比较高，为61.1%。

从历史投资事件数量看，投资数量在0件、1—5件、6—50件、51—100件、100件以上五个区间的机构家数分别是15、65、23、3、5，其中投资事件在6—50件的早期机构最多，达到65家，占比58.6%。

从总部区域分布看，111家机构分布在深圳、广州、珠海、东莞、佛山、汕头、中山等市，其中大部分总部在深圳、广州两个区域，分别为83家、16家，占比74.8%、14.4%。

表1-4-4　广东省早期机构总部区域分布情况

机构总部所在地	数量	占比
深圳市	83	74.8%
广州市	16	14.4%
珠海市	6	5.4%
东莞市	1	0.9%
佛山市	3	2.7%
汕头市	1	0.9%
中山市	1	0.9%
总计	111	100.0%

综上所述，广东省早期机构的特点如下：广东省早期机构总数低于北京上海，位列全国第三，大部分早期机构在2014年以后成立；组织形式主要以公司制和有限合伙制为主，绝大多数是本土机构，外资机构较少；大部分早期机构管理资本量在1000万—1亿元；大部分总部在深圳、广州两个区域。

4.2.2　其他机构

截至2018年底，广东省早期投资的其他机构有1102家。从机构类型看，依据私募通数据库的划分类型，这些机构分为VC、PE、战略投资者、其他、FOFs五种类型，分别有432、349、286、33、2家。一般来说，早期机构偏向投资早期项目，VC机构主要投资成长期企业，PE机构主要投资Pre-IPO的企业，但上述划分只是一个相对的概念，在实际投资运作过程中并未严格区分。战略投资者主要是指一些大型企业或上市公司。从表1-4-5可以看出，广东省参与早期投资的机构数量较多，而且是一大批具有资金实力或行业资源的机构。

表1-4-5 广东省早期投资的其他机构类型

机构类型	数量	与总数量比
VC	432	39.2%
PE	349	31.67%
战略投资者	286	25.95%
其他	33	2.99%
FOFs	2	0.18%

注：从私募通数据库中筛选出进行过早期投资的机构，筛选出投资种子期、初创期企业，且投资轮次是A轮以前，总部在广东省的机构，再将早期机构排除，将这部分机构代表进行广东省早期投资的其他机构

从组织形式看，广东省早期投资的其他机构组织形式分为公司制、有限合伙制、普通合伙、其他等四种形式，其中采用公司制的有809家，占比73.41%，主要是一些资金实力雄厚，较为成熟的机构；采用有限合伙制的有101家，占比9.17%，主要是一些创投机构；采用普通合伙企业的有2家机构。此外，有190家机构采用其他组织形式。

从资金来源看，广东省早期投资其他机构的资本类型分为本土、合资、外资、其他四种类型，其中本土机构占绝大多数，有1051家，占比95.37%；另外还有26家合资、16家外资、9家其他资本类型的机构。

从分布区域看，这些机构的总部主要集中在深圳、广州、佛山、珠海、东莞等珠三角区域，其中总部在深圳、广州两个区域的分别有338家、87家，分别占比72.7%、18.7%。

表1-4-6 广东省早期投资的其他机构的区域分布

机构总部所在区域	数量	占比
深圳市	802	72.7%
广州市	206	18.7%
佛山市	31	2.8%
珠海市	19	1.7%
东莞市	17	1.5%
中山市	7	0.6%

（续表）

机构总部所在区域	数量	占比
汕头市	4	0.4%
潮州市	2	0.2%
惠州市	2	0.2%
其他	12	1.1%
总计	1102	100.0%

综上所述，广东省早期投资的其他机构有以下特点：广东省有较多创投机构、大型企业、上市公司进行早期投资，这些机构资金实力雄厚、运作成熟；组织形式以公司制为主，大部分是本土机构；机构总部大部分在深圳、广州两个区域，其中深圳最多。

4.3 早期基金

4.3.1 政府引导基金

截至2018年底，注册地区在广东省的政府引导创业基金共51只，总目标规模1622.60亿元，单只基金平均目标规模37.73亿元。从出资主体看，区县、地市、省、国家级的引导基金数量分别为20、23、5、3，平均目标规模分别为8.34亿元、62.45亿元、19.50亿元、68.33亿元；从注册地分布情况看，政府引导创业基金分布在广州、深圳、东莞、佛山、中山等12个地区，其中注册地主要集中在广州、深圳、东莞、佛山、中山5个区域（见表1-4-7）；从成立时间情况看，成立时间主要集中在2014—2016年，三年成立数量分别为6、11、16，分别占比11.76%、21.57%、31.37%。

广东省创新创业基金作为广东省政府整合设立的四大政府引导基金之一，由省财政出资71亿元，由粤科金融集团进行管理运作，主要用于支持省内高新技术企业和创新创业活动。截至2018年6月底，广东省创新创业基金共参股设立了6只母基金及其下设子基金17只、直投基金10只，基金总规模325亿元，引导带动社会资本280.76亿元，在基金层面实现财政资金放大4.95倍。基金已投项目245个，投资金额111.59亿元，超过90%分布在广东省内，重点投向天使创业孵化培育、新兴产业前沿科技创新、区域科技产业创新、文化媒体科技融合、集成电路创新、重大科技成果产业化、产业技术升级等领域。

综上所述，广东省政府引导创业基金有以下特点：一是基金规模较大，总体目标规模已经达到千亿元以上，单只基金平均目标规模也达到40亿元以上；二是以区县级、地市级的引导基金为主，省级或国家级的引导基金较少；三是区域分布不均衡，注册地主要集中在广州、深圳、东莞、佛山、中山等珠三角区域，较少在粤东西北区域；四是基金成立时间较晚，成立时间主要集中在2014—2016年；五是基金形式主要以有限合伙制为主，也有少量公司制的形式。

表1-4-7　注册地在广东省的政府引导创业基金

单位：百万元

基金简称	管理机构名称	基金级别	注册地区	成立时间	目标规模
中山科技双创投资引导基金	自管	地市级	中山市	2018-12-21	2000.00
珠海科技创业天使风投基金	自管	地市级	珠海市	2018-11-28	500.00
珠海人才双创基金	自管	地市级	珠海市	2018-11-02	200.00
惠州创投引导基金	自管	地市级	惠州市	2018-07-30	—
南海区双创引导基金二期	佛山市南海产发投	区县级	佛山市	2018-05-15	400.00
深圳市区块链创投基金	投控东海	地市级	深圳市	2018-04-22	500.00
大兴区文创产业政府引导基金	横琴建银	区县级	珠海市	2018-04-18	—
三水区创新创业引导基金	自管	区县级	三水区	2018-03-05	5000.00
深圳创客专项基金	自管	地市级	深圳市	2018-01-15	300.00
广东省创业引导基金	粤财基金	省级	广州市	2017-04-10	5000.00
南海区创新创业基金	佛山市南海产发投	区县级	南海区	2017-01-25	—
深圳南山中小企业发展基金	晋承鼎盛	国家级	深圳市	2016-12-21	4500.00
新浩丰创业投资基金	自管	区县级	云浮市	2016-12-02	—
顺德创投母基金	自管	区县级	顺德区	2016-10-18	2000.00
江门市创业母基金	自管	地市级	江门市	2016-10-11	200.00
盈富泰克国家新兴基金	盈富泰克	国家级	深圳市	2016-09-28	10000.00
青云翠亨海归创投基金	青云创投	区县级	中山市	2016-09-10	1000.00
天河区创业基金	自管	地市级	广州市	2016-08-23	—
乐平镇创业基金	自管	区县级	佛山市	2016-08-19	200.00

（续表） 单位：百万元

基金简称	管理机构名称	基金级别	注册地区	成立时间	目标规模
广州市科技企业孵化器天使基金	自管	地市级	广州市	2016-08-17	—
广州市科技成果转化基金	自管	地市级	广州市	2016-08-17	—
常平盛景母基金	自管	区县级	东莞市	2016-05-10	100.00
国投高新创投基金	国投创业	地市级	深圳市	2016-03-25	1000.00
常平创投基金	自管	区县级	东莞市	2016-03-02	100.00
中山科技创投2号基金	自管	地市级	中山市	2016-01-27	40.00
中山科技创投1号基金	自管	地市级	中山市	2016-01-27	50.00
东方盛世可再生能源创业基金	明阳新能源投资	地市级	中山市	2016-01-12	250.00
深圳中小企业发展基金	国中创投	国家级	深圳市	2015-12-25	6000.00
佛山双创基金	深创投	地市级	佛山市	2015-12-24	10000.00
香洲区创投引导基金	自管	区县级	珠海市	2015-12-03	1000.00
坪山新区创投基金	深圳市坪山区引导基金有限公司	区县级	深圳市	2015-09-07	1000.00
深圳市政府引导母基金	深创投	地市级	深圳市	2015-08-21	100000.00
鹤山创投基金	粤科金融	区县级	鹤山市	2015-07-31	250.00
广东粤科华汕创业投资基金有限公司	粤科金融	地市级	广州市	2015-07-29	260.00
中以创投	中以创投	地市级	东莞市	2015-07-09	350.00
粤科大学生创业基金	粤科风险	省级	广东省	2015-06-11	500.00
广东重大科技创投引导基金	粤科金融	省级	广东省	2015-04-10	750.00
金湾区创业投资引导基金	自管	区县级	珠海市	2015-03-01	—
珠海富海铧创信息技术创业基金	东方富海	地市级	珠海市	2014-10-16	620.00
东莞市创新种子基金	东莞创新种子投资	地市级	东莞市	2014-05-30	50.00
龙岗区创业投资引导基金	自管	区县级	深圳市	2014-04-22	500.00
中新广州知识城创业投资引导基金	自管	省级	广州市	2014-02-01	1000.00
中新广州知识城种子基金	自管	区县级	广州市	2014-02-01	50.00
松山湖天使引导基金	自管	区县级	广东省	2014-01-22	150.00
南海天使基金	南海区天使基金	区县级	佛山市	2013-08-09	100.00
深圳中小微企业发展基金	深圳中小微发展投资	地市级	深圳市	2013-07-25	2000.00

（续表）

单位：百万元

基金简称	管理机构名称	基金级别	注册地区	成立时间	目标规模
清远中科北江创业投资基金	自管	地市级	清远市	2013-06-26	20.00
融易横沥创投基金	融易创投	区县级	东莞市	2013-01-17	500.00
广东中科白云新兴创业基金	广东中科招商	省级	广州市	2012-09-21	2500.00
广州市创业投资引导基金	科金控股	地市级	广州市	2010-01-01	320.00
广州开发区创投引导基金	凯得创投	区县级	广州市	2008-01-01	1000.00

注：根据清科研究中心私募通数据库的相关数据统计

4.3.2 注册地在广东省的早期基金

据私募通数据库统计，截至2018年底，注册地在广东省的早期基金数量为52只，总目标规模282.70亿元，单只基金平均目标规模7.64亿元。从币种看，只有3只美元基金，其他都是人民币基金。从组织形式看，49只基金采用有限合伙形式，3只基金是其他形式。从成立时间看，大部分基金都是在2014年以后成立的，其中2015年最多，成立了14只基金。

总结所述，广东省的早期基金特点如下：早期基金的数量不多，但总目标规模较大，达到282.70亿元；单只基金平均目标规模也较大，达到7亿元以上；这些基金一般都有专业的基金管理机构管理；大部分基金在2014年以后成立，一般采用有限合伙的形式；基金注册地主要集中在深圳、广州、佛山等珠三角区域。

表1-4-8 注册地在广东省的早期基金

单位：百万元

基金简称	管理机构	成立时间	募集状态	目标规模
红土天使基金	深创投红土股权投资	2018-12-19	首期募完，正在募集	500.00
安鹏天使基金	安鹏股权投资	2018-12-18	首期募完，正在募集	300.00
松禾天使创投基金	深圳松禾成长	2018-11-29	首期募完，正在募集	250.00
珠海科技创业天使风投基金	自管	2018-11-28	首期募完，正在募集	500.00
创享润祥天使创投基金	创享投资	2018-11-23	首期募完，正在募集	250.00
澳银天使创投基金	澳银资本	2018-11-09	首期募完，正在募集	300.00
南山创赛双创天使投资基金	鼎言（深圳）投资管理	2018-09-03	首期募完，正在募集	300.00
深投控南科大天使基金	投控东海	2018-08-27	首期募完，正在募集	100.00

（续表）

单位：百万元

基金简称	管理机构	成立时间	募集状态	目标规模
华睿弘远投资基金	华睿信资产管理	2018-08-06	正在募集	160.00
极地信天贰期基金	极光信天创投	2018-07-25	已募完	500.00
领创基石基金	深圳领信基石投资	2018-04-23	已募完	200.00
深圳坪山招商基金	招商局资本	2017-11-20	首期募完，正在募集	10000.00
旦恩成长二期投资基金	旦恩资本	2017-11-15	首期募完，正在募集	500.00
横琴黑铁壹号创投	深圳华夏基石	2017-07-18	首期募完，正在募集	—
嘉道方直教育投资基金	嘉道谷投资	2017-06-30	已募完	301.00
佛山安芙兰基金	安芙兰资本	2017-06-19	首期募完，正在募集	100.00
创享恒利基金	创享投资	2017-01-10	首期募完，正在募集	300.00
首控协同教育基金	协同创新投资	2016-12-30	正在募集	6934.10
希鸥种子基金	自管	2016-10-19	正在募集	—
力合天使二期基金	深圳力合天使二期投资	2016-10-08	已募完	110.50
广州市科技企业孵化器天使基金	自管	2016-08-17	首期募完，正在募集	—
零壹天使基金	零壹资管	2016-07-20	已募完	115.00
招商启航基金	招商局资本	2016-03-17	首期募完，正在募集	300.00
英诺III期	英诺天使基金	2015-12-31	正在募集	1200.00
东方汇富杭州天使基金一期	东方汇富	2015-12-08	首期募完，正在募集	100.00
中科文创基金	中科招商	2015-10-23	正在募集	300.00
广州领易投资	易一天使投资	2015-10-23	首期募完，正在募集	—
AngelList美元基金	中科招商	—	首期募完，正在募集	2772.84
华炬种子基金	华炬种子	2015-07-15	正在募集	—
分豆不等基金	东方汇富	2015-07-10	首期募完，正在募集	1000.00
深圳湾天使基金	深圳投控	2015-06-18	首期募完，正在募集	—
千灯湖天使基金	千灯湖天使投资	2015-06-01	正在募集	100.00
金桥贰号	中金前海发展	2015-03-12	已募完	5.00
金湾农业产业发展基金	金湾农业发展基金	2014-12-18	正在募集	—
微纳点石	微纳点石创新研究中心	2014-10-24	首期募完，正在募集	50.00
创嘉创投基金	创新谷投资	2014-10-10	已募完	30.73
瀚晖恒兴天使基金	瀚晖投资	2014-10-01	首期募完，正在募集	100.00

（续表） 单位：百万元

基金简称	管理机构	成立时间	募集状态	目标规模
英诺II期（前海）	英诺天使基金	2014-09-01	已募完	100.00
融创快成长基金	融创投资	2014-08-08	已募完	10.00
深圳华旗天使投资企业（有限合伙）	华旗盛世投资	2014-06-24	首期募完，正在募集	60.60
东莞市创新种子基金	东莞创新种子投资	2014-05-30	已募完	50.00
粤政创投基金	粤政投资	2013-10-30	已募完	100.00
南海天使基金	南海区天使基金	2013-08-09	首期募完，正在募集	100.00
佛山新媒体产业园天使基金	珠穆朗玛资产	2013-01-04	首期募完，正在募集	170.00
深圳创新投早期基金	深创投	—	正在募集	—
深圳紫荆天使创投二期基金	紫荆天使	2015-01-20	正在募集	—
银天使1号基金	深圳银天使资产	2015-05-12	正在募集	—
蓝湾基金	自管	2015-08-06	正在募集	—
深圳蓝海二号创业基金	蓝海众力资本	2016-08-05	正在募集	—
珠海银和国瑞	银和国瑞	2017-09-13	正在募集	—
佛山天使会投资	佛山天使会投资	2015-08-11	正在募集	—
零壹资管	零壹资管	2015 07 21	正在募集	—

4.3.3　在广东省投资的早期基金

根据私募通数据库统计，截至2018年底，在广东省投资过的早期基金共有41只，总目标规模48.79亿元，单只基金平均目标规模1.68亿元。从区域分布看，41只基金注册地分布在北京、广东、浙江、上海、天津、陕西、湖北等区域，其中主要分布在北京、广东、浙江三个区域，分别为10只、8只、7只；从资本来源看，有39只本土基金，1只外资基金，1只合资基金；从组织形式看，38只为有限合伙制，2只为公司制，1只为其他形式；从成立时间看，这些早期基金基本都是在2013年以后成立，其中2015年成立最多，成立了16只基金。

总结在广东省投资的早期基金的特点如下：这些基金的注册地主要集中在北京、广东、浙江、上海等早期投资相对发达的区域；大部分是本土基金，合资或外资基金较少；大部分基金的组织形式是有限合伙制，也有少量基金的组织形式是公司制；基金的成立时间基本在2013年以后。

表1-4-9　在广东省投资过的早期基金

单位：百万元

基金简称	管理机构	成立时间	募集状态	目标规模
澳银天使创投基金	澳银资本	2018-11-09	首期募完，正在募集	300.00
东方新创	天津尚悦	2017-09-25	已募完	100.00
义乌安芙兰基金	安芙兰资本	2016-12-16	已募完	100.00
重庆星瀚博远基金	星瀚资本	2016-09-21	已募完	250.00
招商启航基金	招商局资本	2016-03-17	首期募完，正在募集	300.00
真格人民币四期基金	真格基金	2015-12-25	首期募完，正在募集	453.00
元禾原点天使基金	元禾控股	2015-11-24	首期募完，正在募集	100.00
珞珈天使基金	珞珈天使投资	2015-11-10	已募完	100.00
广州领易投资	易一天使投资	2015-10-23	首期募完，正在募集	—
陕西西科天使叁期基金	中科创星	2015-09-17	已募完	520.00
共青城玉成投资管理合伙企业（有限合伙）	无极道	2015-09-06	首期募完，正在募集	100.00
道昇投资	道生资本	2015-08-07	已募完	164.00
富海深湾芜湖移动创新股权基金	东方富海	2015-07-06	首期募完，正在募集	136.00
北京中投华建基金	中国风投	2015-06-12	已募完	100.00
好奇心基金	好奇心投资	2015-05-14	首期募完，正在募集	—
宁波丰厚致远创业基金	丰厚资本	2015-03-26	已募完	400.00
洪泰启航	洪泰基金	2015-01-27	已募完	—
知初资本	自管	2014-12-29	已募完	100.00
西藏梅岭花开基金	梅花创投	2014-12-03	已募完	155.00
微纳点石	微纳点石创新研究中心	2014-10-24	首期募完，正在募集	50.00
融创快成长基金	融创投资	2014-08-08	已募完	10.00
东方富海芜湖移动创新股权基金	东方富海	2014-07-04	首期募完，正在募集	40.00
高榕资本一期人民币基金	高榕资本	2014-06-11	已募完	320.00
宁波梅花顺世天使基金	梅花创投	2014-05-19	首期募完，正在募集	66.60
北京北软天使科技基金	北软天使	2013-11-13	首期募完，正在募集	90.00
PA鉴睿资本	钰锐投资	2013-10-09	首期募完，正在募集	—
天使汇基金	盛邦天使	2013-09-16	已募完	15.75

（续表）　　单位：百万元

基金简称	管理机构	成立时间	募集状态	目标规模
陕西西科天使基金	中科创星	2013-01-18	首期募完，正在募集	127.30
佛山新媒体产业园天使基金	珠穆朗玛资产	2013-01-04	首期募完，正在募集	170.00
云天使基金	自管	2013-08-20	已募完	63.48
海银创业科技孵化基金	海银资本	2012-03-06	已募完	25.79
联想之星天使投资基金	联想之星	2009-01-01	已募完	400.00
清科中国天使基金I	清科创投	—	已募完	122.00
众诚资本	自管	2015-07-09	首期募完，正在募集	—
深圳紫荆天使创投二期基金	紫荆天使	2015-01-20	正在募集	—
科方基金	变革家	2016-02-04	正在募集	—
启程金禾	同程众创	2017-07-31	正在募集	—
零度广信	零度资本	2016-08-10	正在募集	—
深圳蓝海二号创业基金	蓝海众力资本	2016-08-05	正在募集	—
广东天使会	佛山天使会投资	2015-08-11	正在募集	—
零壹海星投资	零壹资管	2015-07-21	正在募集	—

4.4　创新服务主体

4.4.1　创业企业孵化器

目前广东省孵化器数量正由高速增长向平稳增长过渡，总量位居全国第一。2015、2016年广东省孵化器数量实现翻倍增长，2016年数量跃居全国第一。2017年广东省孵化器数量达781家，继续位列全国第一，如图1-4-2所示。截至2018年6月底，广东省科技企业孵化器总数达到868家，众创空间736家。其中，经过科技部认定的国家级孵化器达到110家，数量位居全国第二；国家级众创空间数量达234家，居全国前列。

从在孵企业情况看，截至2017年底，广东省孵化器的在孵企业数量超2.3万家，较2016年同比增长42%，平均每家孵化器在孵企业约30家。广东省孵化器累计毕业企业达1.2万家，较2016年同比增长11%；累计上市（挂牌）企业数量434家。2018年中国创新创业大赛报名参赛企业广东省共有5465家，其中广东赛区3833家、深圳赛区1632家，总数排名全国第二。

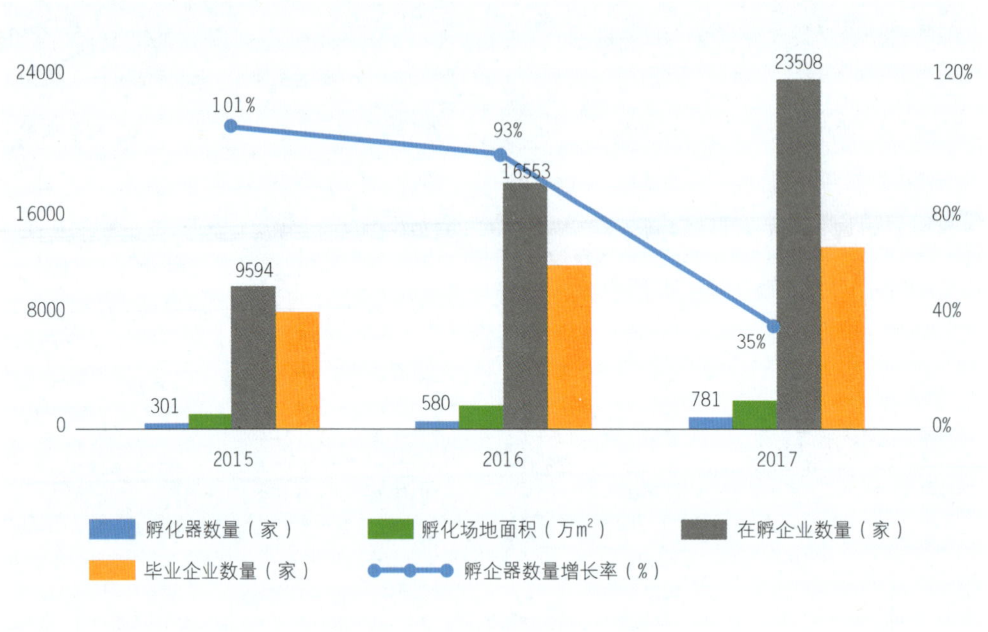

图1-4-2　广东孵化器总体情况

表1-4-10　广东省孵化器毕业企业情况表

单位：家

	2016年	2017年
累计毕业企业数量	10982	12231
毕业企业累计上市（挂牌）企业数量	325	434
当年毕业企业数量	2202	2668
当年上市（挂牌）企业数量	140	174
当年被兼并和收购企业数量	104	133
当年营业收入超过5000万元企业数量	207	312

从孵化效果看，截至2017年底，广东省在孵企业累计获得的风险投资额为187.65亿元，累计获得投融资的企业数量为3540家；在孵企业拥有的有效知识产权数为5.3万件，较2016年增长60.8%，其中发明专利1.1万件，同比增长49.4%；在孵企业创造的就业岗位达到31.6万个，以创业带动就业作用明显。另外，广东省孵化器主要分布在电子信息、生物医药、新材料以及先进制造与自动化等战略性新兴产业领域。

表1-4-11　广东省孵化器内在孵企业获得知识产权情况表

单位：件

年份	当年知识产权申请数	拥有有效知识产权数				
		总数	发明专利	软件著作权	植物新品种	集成电路布图
2016年	20369	33011	7372	10649	278	32
2017年	34085	53094	11013	20490	67	424

4.4.2　其他创新服务主体

其他创新服务主体主要包括高校、科研机构、银行、券商、律师事务所、会计师事务所、评估公司等。广东省拥有众多高校、实验室等，其中中山大学、华南理工大学和18个学科分别入选国家“双一流”大学建设名单；拥有国家超级计算广州中心等26家国家重点实验室。截至2017年底，广东的省级新型研发机构总数达到219家，研发人员超过2.7万人，成果转化收入超过600亿元，有效发明专利11756件，同比增长59.6%，发表论文数达6480篇，同比增长13.4%；涌现出深圳清华大学研究院、华大基因生命健康研究院、广东华中科技大学制造工程研究院等国内顶尖新型研发机构。

此外，根据清科私募通数据库的相关统计，截至2018年底，广东省参与过股权投资相关业务的中介服务机构共339家，包括律师事务所、会计师事务所、投资银行、评估公司、银行、第三方理财机构、交易所等。

表1-4-12　广东省与投资相关的市场中介服务机构情况

主体类型	数量/家	占比
律师事务所	174	51.33%
会计师事务所	57	16.81%
投资银行	48	14.16%
评估公司	26	7.67%
银行	21	6.19%
第三方理财机构	10	2.95%
交易所	2	0.59%
其他	2	0.59%
合计	339	100%

4.5 初创企业

初创企业是指处于种子期或初创期的企业，但目前并没有对初创企业的严格定义。按照《财政部、国家税务总局关于创业投资企业和天使投资个人有关税收试点政策的通知》（财税〔2017〕38号）的规定，初创科技型企业应同时符合以下条件：（1）在中国境内（不包括港、澳、台地区）注册成立、实行查账征收的居民企业；（2）接受投资时，从业人数不超过200人，其中具有大学本科以上学历的从业人数不低于30%；资产总额和年销售收入均不超过3000万元；（3）接受投资时设立时间不超过5年（60个月）；（4）接受投资时以及接受投资后2年内未在境内外证券交易所上市；（5）接受投资当年及下一纳税年度，研发费用总额占成本费用支出的比例不低于20%。

目前广东省初创型中小企业发展规模位居全国前列。截至2017年底，广东省通过评价的科技型中小企业有27130家，数量居全国首位，占全国总量的23.5%。根据科技部火炬中心、长城战略咨询联合发布的《2017年中国独角兽企业发展报告》和《国家高新区瞪羚企业发展报告2017》显示，广东省拥有独角兽企业19家（超级独角兽企业1家），市场估值近600亿美元；瞪羚企业346家，总量稳居全国第二。由于初创企业数据获取难度较大，选择广东省中小微企业、区域股权交易市场和全国股转系统挂牌企业的数据进行分析。

4.5.1 中小微企业

近年来，广东省中小微企业保持平稳健康发展态势，发展活力和经营状况不断提高。一是总体规模在不断壮大。2016年，广东省规模以上的中小微工业企业实现增加值16964.14亿元，较2015年增长6.4%。同时，中小微企业数量也快速增长。2016年，广东省以中小企业为主的民营经济单位达到872.54万个，较2015年增长15.3%；其中私营企业达317.17万户，较2015年增长27.8%。二是经营效益保持较快增长。2016年，广东省规模以上中小微工业企业实现利润总额3977.47亿元，较2015年增长11.9%，增速比广东省规模以上工业和大型企业分别高0.9、1.7个百分点。三是经济地位和作用进一步凸显。在实现经济增加值方面，2016年广东省以中小微企业为主的民营经济完成增加值42578.76亿元，较2015年提高0.2个百分点；在促进就业方面，2016年民营经济从业人员3364.5万人，较2015年增长2%，提供了广东省80%以上的新增就业岗位；在促进投资活力方面，2016年广东省民间固定资产投资完成17468.54亿元，较2015年增长8.1%。

4.5.2 区域股权交易市场的挂牌企业

（1）广东股权交易中心挂牌企业情况

广东股权交易中心于2018年7月成立，承接了原广东金融高新区股权交易中心、广州股权交易中心的全部业务，原广东金融高新区股权交易中心、广州股权交易中心依法注销。由于广东股权交易中心的运营时间不长，相关挂牌企业最新数据还未披露，现就2017年7月以前原广东金融高新区股权交易中心、广州股权交易中心挂牌企业的情况进行分析。

根据广东省金融办披露的数据，2017年7月以前广东金融高新区股权交易中心1991家挂牌企业中，除了836家企业未公开类别，有168家高新技术企业，高新技术企业占比为8.4%。从行业的分布情况来看，在公开了行业类别的1019家企业中，企业数量居前三位的行业分别是制造业、批发和零售业、计算机和信息技术业，占比分别为53.9%、21.2%、5.9%。

表1-4-13 原广东金融高新区股权交易中心挂牌企业的高新技术企业情况

高新类别	数量/家	占比
高级高新科技企业	3	0.2%
国家级高新科技企业	129	6.5%
省级高新科技企业	36	1.8%
非高新科技企业	437	21.9%
其他	550	27.6%
未公开类别	836	42.0%
总计	1991	100.0%

表1-4-14 原广东金融高新区股权交易中心挂牌企业的行业分布情况

所属行业	企业数量/家	占比
制造业	549	53.9%
批发和零售业	216	21.2%
信息传输、计算机服务和软件业	60	5.9%
居民服务和其他服务业	30	2.9%
建筑业	24	2.4%

（续表）

所属行业	企业数量/家	占比
租赁和商务服务业	23	2.3%
金融业	20	2.0%
文化、体育和娱乐业	18	1.8%
房地产业	17	1.7%
科学研究、技术服务和地质勘查业	16	1.6%
农、林、牧、渔业	13	1.3%
交通运输、仓储和邮政业	12	1.2%
水利、环境和公共设施管理业	6	0.6%
住宿和餐饮业	6	0.6%
电力、燃气及水的生产和供应业	5	0.5%
采矿业	2	0.2%
教育	1	0.1%
卫生、社会保障和社会福利业	1	0.1%
总计	1019	100.0%

根据广东省金融办披露的数据，2017年7月以前原广州股权交易中心挂牌企业共4246家。从企业的注册地来看，有4184家企业公告了注册地信息，企业主要分布在广州、深圳、湛江、佛山、清远、中山、东莞、珠海等地，其中广州占比76.9%。从企业的所属行业来看，共有4239家企业公开了行业信息，企业主要分布在批发和零售贸易、信息技术业、社会服务业、综合类、制造业等行业，占比分别为31.3%、18.5%、16.7%、12.5%、9.6%。

表1-4-15　原广州股权交易中心挂牌企业的区域分布情况

注册地	数量/家	占比
广州	3218	76.9%
深圳	322	7.7%
湛江	139	3.3%
佛山	82	2.0%
清远	77	1.8%
中山	56	1.3%
东莞	53	1.3%
珠海	53	1.3%
梅州	42	1.0%
韶关	32	0.8%
肇庆	20	0.5%
惠州	17	0.4%
河源	15	0.4%
茂名	15	0.4%
江门	15	0.4%
云浮	7	0.2%
汕头	6	0.1%
阳江	5	0.1%
揭阳	6	0.1%
汕尾	4	0.1%
潮州	1	0.0%
总计	4184	100.0%

表1-4-16 原广州股权交易中心挂牌企业的所属行业情况

所属行业	数量/家	占比
批发和零售贸易	1328	31.3%
信息技术业	783	18.5%
社会服务业	708	16.7%
综合类	529	12.5%
制造业	409	9.6%
传播与文化产业	141	3.3%
农、林、牧、渔业	100	2.4%
建筑业	90	2.1%
金融、保险业	64	1.5%
交通运输、仓储业	37	0.9%
房地产业	35	0.8%
电力、煤气及水的生产和供应业	11	0.3%
采掘业	4	0.1%
总计	4239	100.0%

（2）前海股权交易中心挂牌企业情况

根据广东省金融办披露的统计数据，截至2017年7月底，前海股权交易中心挂牌企业共有8414家。从企业的注册地来看，有8158家企业公开了注册地信息，企业来自全国各地，其中排名前三位的省份是广东、福建、江西，占比分别为46.7%、11.7%、11.4%。从企业所属行业来看，共有8383家企业公开了所属行业信息，其中主要是制造业、综合、批发和零售业、计算机和信息技术业四个行业，占比分别为29.5%、18.8%、10.5%、10.0%。

表1-4-17 前海股权交易中心挂牌企业的区域分布情况

注册地区域	数量/家	占比
广东	3811	46.7%
福建	955	11.7%
江西	928	11.4%
山东	226	2.8%
江苏	214	2.6%
河南	170	2.1%
安徽	153	1.9%
北京	153	1.9%
湖南	153	1.9%
四川	152	1.9%
浙江	138	1.7%
湖北	128	1.6%
内蒙古	114	1.4%
云南	107	1.3%
河北	95	1.2%
广西	93	1.1%
上海	75	0.9%
陕西	63	0.8%
贵州	56	0.7%
辽宁	53	0.6%
重庆	52	0.6%
吉林	40	0.5%
山西	40	0.5%
黑龙江	38	0.5%
天津	33	0.4%
新疆	31	0.4%
甘肃	23	0.3%
海南	22	0.3%

（续表）

注册地区域	数量/家	占比
宁夏	18	0.2%
香港	8	0.1%
青海	5	0.1%
西藏	2	0.0%
澳门	1	0.0%
其他	8	0.1%
总计	8158	100.0%

表1-4-18　前海股权交易中心挂牌企业的所属行业情况

所属行业	数量/家	占比
制造业	2474	29.5%
综合	1573	18.8%
批发和零售业	883	10.5%
信息传输、软件和信息技术服务业	839	10.0%
农、林、牧、渔业	570	6.8%
租赁和商务服务业	333	4.0%
建筑业	323	3.9%
金融业	317	3.8%
科学研究和技术服务业	249	3.0%
文化、体育和娱乐业	248	3.0%
电力、热力、燃气及水生产和供应业	180	2.1%
房地产业	106	1.3%
交通运输、仓储和邮政业	105	1.3%
住宿和餐饮业	77	0.9%
教育	54	0.6%
水利、环境和公共设施管理业	1	0.0%
总计	8383	100.0%

4.5.3　全国股转系统挂牌企业

截至2018年底，广东省在全国中小企业股份转让系统（简称“新三板”）挂牌的企业共1632家，注册资本总计887.95亿元。从企业的区域分布来看，排名前五位的区域依次是深圳、广州、东莞、佛山、珠海，数量分别为643家、389家、171家、92家、84家，总计占比84.5%。同样，注册资本总和排名前五位的区域依次是深圳、广州、东莞、佛山、珠海，分别为365.52亿元、198.18亿元、68.78亿元、35.98亿元、50.89亿元，总计占比81.0%。

表1-4-19　广东省新三板企业区域分布及注册资本情况

区域	数量/家	数量占比	注册资本总和/亿元	注册资本总计占比
深圳市	643	39.4%	365.52	41.2%
广州市	389	23.8%	198.18	22.3%
东莞市	171	10.5%	68.78	7.7%
佛山市	92	5.6%	35.98	4.1%
珠海市	84	5.1%	50.89	5.7%
中山市	65	4.0%	27.61	3.1%
汕头市	50	3.1%	28.66	3.2%
惠州市	34	2.1%	44.85	5.1%
梅州市	26	1.6%	21.28	2.4%
肇庆市	19	1.2%	11.16	1.3%
江门市	18	1.1%	11.11	1.3%
潮州市	8	0.5%	7.11	0.8%
韶关市	7	0.4%	2.71	0.3%
河源市	6	0.4%	3.74	0.4%
清远市	6	0.4%	1.28	0.1%
揭阳市	5	0.3%	1.93	0.2%
阳江市	3	0.2%	3.45	0.4%
茂名市	2	0.1%	0.68	0.1%
云浮市	2	0.1%	2.16	0.2%
汕尾市	1	0.1%	0.57	0.1%
湛江市	1	0.1%	0.31	0.0%
总计	1632	100.0%	887.95	100.0%

从企业的行业分布来看，排名前五位的行业依次是制造业、信息传输、软件和信息技术服务业、批发和零售业、租赁和商务服务业、科学研究和技术服务业，数量分别为861家、305家、100家、84家、75家，合计占比87.32%。同样，注册资本总和排名前五位的行业依次是制造业、信息传输、软件和信息技术服务业、金融业、批发和零售业、综合，分别为403.48亿元、122.27亿元、86.48亿元、51.74亿元、35.64亿元，合计占比72.04%。

表1-4-20 广东省新三板企业行业及注册资本情况

行业	数量/家	数量占比	注册资本总和/亿元	注册资本总计占比
制造业	861	52.76%	403.48	45.4%
信息传输、软件和信息技术服务业	305	18.69%	122.27	13.8%
批发和零售业	100	6.13%	51.74	5.8%
租赁和商务服务业	84	5.15%	35.64	4.0%
科学研究和技术服务业	75	4.60%	26.58	3.0%
建筑业	43	2.63%	22.19	2.5%
交通运输、仓储和邮政业	35	2.14%	18.07	2.0%
水利、环境和公共设施管理业	24	1.47%	17.48	2.0%
金融业	21	1.29%	86.48	9.7%
农、林、牧、渔业	19	1.16%	16.36	1.8%
文化、体育和娱乐业	19	1.16%	21.22	2.4%
房地产业	16	0.98%	12.20	1.4%
电、热、燃气及水生产和供应业	6	0.37%	6.17	0.7%
卫生和社会工作	6	0.37%	1.74	0.2%
教育	5	0.31%	1.35	0.2%
综合	5	0.31%	42.37	4.8%
居民服务、修理和其他服务业	4	0.25%	0.90	0.1%
住宿和餐饮业	4	0.25%	1.71	0.2%
总计	1632	100.00%	887.95	100.0%

通过对上述广东省小微企业、区域股权交易市场和新三板挂牌企业的综合分析可以判断，广东省的初创企业数量较多，总体规模不断扩大，且在广东省经济中的地位和作用日显突出；广东省初创企业主要集中在深圳、广州、东莞、佛山、珠海等珠三角区域，所属行业类别主要是制造业、信息传输、软件和信息技术服务业、批发和零售业、租赁和商务服务业。

第五章 广东省早期投资生态系统的环境

5.1 政策环境

参考《广东省天使投资行业发展报告2017》的分类方法，梳理了从国家层面和广东省地方层面颁布的与早期投资相关的政策法规文件，将其大致归纳为税收优惠、平台发展、渠道建设及其他政策四个类别。

税收优惠方面主要是对投资于种子期和初创期企业的投资人（机构）给予税收减免或纳税额抵扣等优惠政策支持。比如2018年5月，《财政部、国家税务总局关于创业投资企业和天使投资个人有关税收政策的通知》规定，公司制创业投资企业、有限合伙制创业投资企业、天使投资个人等采取股权投资方式直接投资于种子期、初创期科技型企业（以下简称“初创科技型企业”）满2年（24个月，下同）的，可以按照投资额的70%在股权持有满2年的当年抵扣该主体的应纳税所得额；当年不足抵扣的，可以在以后纳税年度结转抵扣。

平台发展方面主要是鼓励建设线上与线下信息平台，加强投资人与需要融资的初创企业联系，减少因信息渠道不够和信息不对称产生的成本。具体政策比如，2018年5月，东莞市人民政府出台《关于进一步促进有效投资增长的实施意见》，提出“搭建鼓励东莞市股权投资基金业发展的政策扶持体系，重点支持天使投资、创业投资、产业并购等全链条股权投资机构落户”。

规范、畅通的退出渠道是挖掘潜在早期投资、实现早期投资收益的必要保障。在渠道建设方面，政策上也存在相应的支持，如2015年3月国务院印发《国务院办公厅关于发展众创空间推进大众创新创业的指导意见》，提出“规范和发展服务小微企业的区域性股权市场，促进科技初创企业融资，完善创业投资、天使投资退出和流转机制”。

此外，还存在通过资金补偿、创业引导基金跟进投资等方式促进早期投资的相关政策。如2017年8月，广州市黄埔区政府印发《广州开发区促进风险投资发展办法实施细则》，规定对投资本区种子期、初创期科技企业2年以上的，按照实际投资额的5%给予奖励，每投资1家企业最高奖励50万元，每家风险投资机构每年最高奖励500万元。对投资本区种子期、初创期科技企业2年以上的，按照实际投资亏损的30%给予补偿，每亏损1家企业最高补偿100万元，每家风险投资机构每年最高补偿500万元。

表1-5-1　2013年以来国家及广东省与早期投资相关的政策汇总

国家层面相关文件
2018年5月14日，《财政部、国家税务总局关于创业投资企业和天使投资个人有关税收政策的通知》正式发布，进一步支持创业投资发展，将创业投资、天使投资税收优惠政策试点范围扩大到全国。 2017年9月26日，《国务院关于印发国家技术转移体系建设方案的通知》正式发布，提出完善多元化投融资服务。国家和地方科技成果转化引导基金通过设立创业投资子基金、贷款风险补偿等方式，引导社会资本加大对技术转移早期项目和科技型中小微企业的投融资支持。开展知识产权证券化融资试点，鼓励商业银行开展知识产权质押贷款业务。按照国务院统一部署，鼓励银行业金融机构积极稳妥开展内部投贷联动试点和外部投贷联动。 2017年7月27日，《国务院关于强化实施创新驱动发展战略进一步推进大众创业万众创新深入发展的意见》正式发布，提出完善债权、股权等融资服务机制，为科技型中小企业提供覆盖全生命周期的投融资服务。稳妥推进投贷联动试点工作。推广专利权质押等知识产权融资模式，鼓励保险公司为科技型中小企业知识产权融资提供保证保险服务，对符合条件的由地方各级人民政府提供风险补偿或保费补贴。持续优化科技型中小企业直接融资机制，稳步扩大创新创业公司债券试点规模。支持政府性融资担保机构为科技型中小企业发债提供担保。鼓励地方各级人民政府建立政银担、政银保等不同类型的风险补偿机制。推动国家新兴产业创业投资引导基金、国家中小企业发展基金、国家科技成果转化引导基金设立一批创业投资子基金。引导和规范地方各级人民政府设立创业投资引导基金，建立完善对引导基金的运行监管机制、财政资金的绩效考核机制和基金管理机构的信用信息评价机制。 2017年6月9日，《财政部、国家税务总局关于创业投资企业和天使投资个人有关税收试点政策的通知》正式发布，本次试点地区包括京津冀、上海、广东、安徽、四川、武汉、西安、沈阳8个全面创新改革试验区域和苏州工业园区。加大了对天使投资的税收支持，并规定了注销清算后的税收抵扣安排。试点中包括了四地（北京、上海、广东、江苏）。 2017年4月13日，国务院印发《国务院关于做好当前和今后一段时期就业创业工作的意见》，提出促进天使投资、创业投资、互联网金融等规范发展，灵活高效满足创业融资需求。 2017年3月29日，工信部等五部门印发《关于金融支持制造强国建设的指导意见》，提出促进创业投资持续健康发展。进一步完善扶持创业投资发展的政策体系，促进创业投资发展，有效弥补创新型、成长型制造业企业的融资缺口。鼓励种子基金等各类创业投资基金、天使投资人等创业投资主体加大对种子期、初创期创新型制造业企业的支持力度，通过提供企业管理、商业咨询、财务顾问等多元化服务，支持技术创新完成从科技研发到商业推广的成长历程。 2017年1月17日，财政部、国家税务总局印发《关于科技企业孵化器税收政策的通知》《关于国家大学科技园税收政策的通知》，自2016年1月1日至2018年12月31日，对符合条件的孵化器自用以及无偿或通过出租等方式提供给孵化企业使用的房产、土地，免征房产税和城镇土地使用税；自2016年1月1日至2016年4月30日，对其向孵化企业出租场地、房屋以及提供孵化服务的收入，免征营业税；在营业税改征增值税试点期间，对其向孵化企业出租场地、房屋以及提供孵化服务的收入，免征增值税。 2016年12月19日，国务院印发《“十三五”国家战略性新兴产业发展规划》，提出大力发展创业投资和天使投资，完善鼓励创业投资企业和天使投资人投资种子期、初创期科技型企业的税收支持政策，丰富并购融资和创业投资方式。

（续表）

2016年9月20日，国务院印发《国务院关于促进创业投资持续健康发展的若干意见》，提出积极鼓励包括天使投资人在内的各类个人从事创业投资活动。鼓励成立公益性天使投资人联盟等各类平台组织，培育和壮大天使投资人群体，促进天使投资人与创业企业及创业投资企业的信息交流与合作，营造良好的天使投资氛围，推动天使投资事业发展。同时，完善创业投资税收政策。按照税收中性、税收公平原则和税制改革方向与要求，统筹研究鼓励天使投资人投资种子期、初创期等科技型企业的税收支持政策，并研究开展天使投资人个人所得税政策试点工作。 2016年9月11日，国务院印发《北京加强全国科技创新中心建设总体方案》，提出按照国家税制改革的总体方向与要求，对包括天使投资在内的投向种子期、初创期等创新活动的投资，研究探索相关税收支持政策。 2016年8月8日，国务院印发《“十三五”国家科技创新规划》，提出研究制定天使投资相关法规，鼓励和规范天使投资发展。支持有条件的技术转移机构与天使投资、创业投资等开展设立投资基金等合作。同时，对包括天使投资在内的投向种子期、初创期等创新活动的投资，统筹研究相关税收支持政策。 2016年7月18日，国务院办公厅印发《国务院关于新形势下加快知识产权强国建设的若干意见》重点任务分工方案的通知，提出创新知识产权投融资产品，探索知识产权证券化，完善知识产权信用担保机制，推动发展投贷联动、投保联动、投债联动等新模式。在全面创新改革试验区域引导天使投资、风险投资、私募基金加强对高技术领域的投资。 2016年5月19日，中共中央、国务院印发了《国家创新驱动发展战略纲要》，提出发展众创空间。依托移动互联网、大数据、云计算等现代信息技术，发展新型创业服务模式，建立一批低成本、便利化、开放式的众创空间和虚拟创新社区，建设多种形式的孵化机构，构建“孵化+创投”的创业模式，为创业者提供工作空间、网络空间、社交空间、共享空间，降低大众参与创新创业的成本和门槛。探索建立符合中国国情、适合科技创业企业发展的金融服务模式。鼓励银行业金融机构创新金融产品，拓展多层次资本市场支持创新的功能，积极发展天使投资，壮大创业投资规模，运用互联网金融支持创新。充分发挥科技成果转化、中小企业创新、新兴产业培育等方面基金的作用，引导带动社会资本投入创新。 2016年5月12日，国务院印发《国务院办公厅关于建设大众创业万众创新示范基地的实施意见》，提出落实鼓励创业投资发展的税收优惠政策，营造创业投资、天使投资发展的良好环境。 2016年4月15日，国务院印发《上海系统推进全面创新改革试验加快建设具有全球影响力的科技创新中心方案》，提出：鼓励创业投资基金和天使投资人群发展，对包括创业投资基金和天使投资人在内的上海市各类创业投资主体，上海市以不同方式给予有针对性的支持和引导，有效激发各类创业投资主体对处于种子期、初创期创业企业的投入。并且，按照国家税制改革的总体方向与要求，对包括天使投资在内的投向种子期、初创期等创新活动的投资，研究探索相关税收支持政策。 2016年2月18日，国务院印发《国务院办公厅关于加快众创空间发展服务实体经济转型升级的指导意见》，引导和鼓励各类天使投资、创业投资等与众创空间相结合，完善投融资模式。鼓励天使投资群体、创业投资基金入驻众创空间和双创基地开展业务。鼓励国家自主创新示范区、国家高新技术产业开发区设立天使投资基金，支持众创空间发展。 2015年6月16日，国务院印发《国务院关于大力推进大众创业万众创新若干政策措施的意见》，提出：按照税制改革方向和要求，对包括天使投资在内的投向种子期、初创期等创新活动的投资，统筹研究相关税收支持政策。 2015年3月11日，国务院印发《国务院办公厅关于发展众创空间推进大众创新创业的指导意见》，提出：规范和发展服务小微企业的区域性股权市场，促进科技初创企业融资，完善创业投资、天使投资退出和流转机制。发挥财税政策作用支持天使投资、创业投资发展，培育发展天使投资群体，推动大众创新创业。 2014年12月3日，国务院印发《关于深化中央财政科技计划（专项、基金等）管理改革的方案》，提出：通过市场机制引导社会资金和金融资本进入技术创新领域，形成天使投资、创业投资、风险补偿等政府引导的支持方式。

广东省相关文件

2018年5月28日，东莞市人民政府出台《关于进一步促进有效投资增长的实施意见》，提出搭建鼓励东莞市股权投资基金业发展的政策扶持体系，重点支持天使投资、创业投资、产业并购等全链条股权投资机构落户。

2018年3月6日，广东省科技厅、财政厅印发《关于科技企业孵化器、众创空间后补助试行办法（修订）》，该办法面向广东层面符合条件的孵化器，实行新增孵化面积、孵化器运营评价后补助。

2017年10月10日，佛山市人民政府出台《关于印发加快股权投资行业集聚发展实施办法的通知》，鼓励各区人民政府设立本行政区域股权投资风险补偿专项资金，对股权投资企业投资于本区域初创期创新型企业项目发生损失或所投企业破产清算的，按股权投资企业投资额的一定比例给予补偿。股权投资企业、股权投资管理企业举办具有一定影响的股权投资相关论坛、投资大会、产业峰会等活动的，由各区政府按照活动举办级别给予一定补助。

2017年8月2日，广州市黄埔区政府印发《广州开发区促进风险投资发展办法实施细则》，规定对投资本区种子期、初创期科技企业2年以上的，按照实际投资额的5%给予奖励，每投资1家企业最高奖励50万元，每家风险投资机构每年最高奖励500万元。对投资本区种子期、初创期科技企业2年以上的，按照实际投资亏损的30%给予补偿，每亏损1家企业最高补偿100万，每家风险投资机构每年最高补偿500万元。

2017年6月12日，深圳市南山区人民政府办公室出台《关于印发南山区鼓励和支持人才创新创业发展办法（试行）的通知》，对符合条件的创新创业人才、创新创业团队、创新创业人才载体和人才服务机构给予相应补贴。

2017年5月17日，广东省政府印发《广东省加快促进创业投资持续健康发展的实施方案》，积极鼓励包括天使投资人在内的各类个人从事创业投资活动。鼓励成立公益性天使投资人联盟等各类平台组织，培育和壮大天使投资人群体，促进天使投资人与创业企业及创业投资企业的信息交流与合作，推动天使投资事业发展。

2017年4月7日，广东省科学技术厅印发《关于发展普惠性科技金融的若干意见》，提出鼓励设立风险跟投资金，对确属科技型企业风险投资和天使投资的省内投资案例，按照一定比例予以直接跟投，并按本金退出让利，引导风险投资和天使投资资金投向种子期、初创期的科技企业。

2017年3月23日，珠海市政府印发《珠海高新区天使投资扶持办法》，以促进创新型小微企业发展，由珠海高新天使创业投资有限公司或其旗下投资机构为天使投资的投资主体，具体负责投资方案、退出方案的拟订和实施，并负责投资后管理等相关工作。为进一步加大对企业的扶持力度，区下属商业化投资机构可与高新天使一起对企业投资。

2017年3月23日，珠海高新区印发《珠海高新区天使投资资金管理办法》，珠海高新天使创业投资有限公司或其旗下投资机构是天使投资的投资主体，负责投资方案、退出方案的拟订和实施，并负责投资后管理等相关工作。

2015年2月15日，《广东省科学技术厅、广东省财政厅关于科技企业孵化器创业投资及信贷风险补偿资金试行细则》正式发布，其中，创业投资风险补偿资金的支持对象为：具有融资和投资功能，投资于科技企业孵化器内初创期科技型中小微企业的公司制或有限合伙制创业投资机构。同时，广东省科技厅副厅长杨军表示，对于面向科技企业孵化器的创业补偿金，主要是对天使投资失败的项目，可由省市财政按照一定比例补偿。省财政对单个项目的本金风险补偿金额不超过200万元。

2014年9月18日，珠海高新区印发《珠海高新区天使投资扶持办法（试行）》，为促进创新型小微企业发展，在区科技创新和产业扶持专项资金中设立天使投资资金，投资对象须符合高新区主园区“4+2”产业定位（软件和集成电路设计、互联网和移动互联网、智能电网、医疗器械四大战略性新兴产业，高端制造、文化创意两个产业领域）。

2013年7月29日，广东省发展改革委、省金融办印发《广东省关于发展创业投资促进产业转型升级的意见》，建立天使投资人备案登记制度。对于经备案登记的天使投资人，广东省战略性新兴产业创业投资引导基金可按程序对其投资且符合引导基金使用管理规定的种子期和初创期创新型企业进行跟进投资。

注：政策汇总在《广东省天使投资行业发展报告2017》的基础上整理得出

5.2 监管环境

早期投资的形式较多，其中自筹投资、天使投资是早期投资的主要方式，也有少量孵化器、风险投资涉及早期投资。早期投资生态系统的主体也较多，有个人投资者及其团队组织、早期投资机构、早期基金、孵化器等创新服务主体和初创企业等。因此，对早期投资生态系统的监管同样是多方位的监管。除了《公司法》《证券法》《合伙企业法》等综合性法律外，根据广东省早期投资的实际情况和监管部门划分，早期投资生态系统的监管环境主要包括证监监管和其他政府部门的监管。

5.2.1 证监监管

私募股权基金是重要的早期投资形式之一，因此我国证券监管部门对早期投资的监管也在对私募股权基金的监管中体现，主要表现在以下两个方面。

（1）行政监管

中国证监会及其派出机构依照《证券投资基金法》《私募投资基金监督管理暂行办法》及其他相关规定，对私募股权基金业务活动进行监督管理，行政监管的主要内容、形式与手段主要体现在以下方面。

适度监管原则。在市场准入环节，不对基金管理人和基金进行前置审批，而是在基金业协会备案后，进行事后风险监测和必要的检查等。在基金托管环节，除合同约定外，应当由基金托管人托管。在信息披露环节，规定了定期披露和重大事项披露，其他事项由基金出资人自行约定。在行业自律环节，主要以行业协会为主导，进行统计监测和纠纷调节等，并制定自我管理规则。

合格投资者要求。私募基金的合格投资者是指具备相应风险识别能力和风险承担能力，投资于单只私募基金的金额不低于100万元且符合下列相关标准的单位和个人：净资产不低于1000万元的单位；金融资产不低于300万元或者最近三年个人年均收入不低于50万元的个人。其中金融资产包括银行存款、股票、债券、基金份额、资产管理计划、银行理财产品、信托计划、保险产品、期货权益等

单只基金的投资者人数限制。公司型私募股权基金需要满足有限责任公司股东人数不超过50人，股份有限公司发起人不超过200人，且一半以上必须在中国境内有住所；有限合伙型私募股权基金的合伙人人数不得超过50人；契约型私募股权基金的自然人人数在单个信托计划中的上限为50人，但如果是超过300万元的单笔委托金额，则可以不受此限制。

宣传推介的方式。目前，我国私募股权基金采取非公开方式募集，管理人和销售机构不得通过报刊、电台、电视、互联网等公众媒体或讲座、报告会、传单等各类公开募集方式，向不特定对象宣传推介。但不禁止通过讲座、报告会、分析会、手机短信、微信、电子邮件等能够有效控制宣传推介对象和数量的方式，向事先已了解其风险识别能力和承担能力的“特定对象”宣传推介。

此外，证监会的其他监管原则、内容或手段，还包括基金份额转让对受让人的基本要求、不得向投资者承诺本金不受损失或者承诺最低收益、不得非法汇集他人资金投资私募投资基金、专业化管理原则、差异化监管等。

（2）行业自律管理

中国证券投资基金业协会（简称“基金业协会”）是我国股权投资基金行业的自律机构。2013年6月新修订的《证券投资基金法》增设了基金行业协会的内容，为基金业协会的地位和职责权限提供了基本的法律依据。2014年8月出台的《私募投资基金监督管理暂行办法》，明确基金业协会对股权投资开展行业自律，协调行业关系，提供行业服务，促进行业发展。基金业协会根据《证券投资基金法》《私募投资基金监督管理暂行办法》颁布了一系列自律性规范文件，对私募股权投资基金的管理主要体现在以下几方面。

登记备案。私募股权投资基金管理人应当在私募基金募集完后20个工作日内，通过私募基金登记备案系统进行备案。在材料完备的情况下，基金业协会自收齐材料起20个工作日内，以通过网站公示私募基金管理人基本情况的方式，为私募基金管理人办结登记手续。基金管理人未登记不得开展股权投资基金管理、募集等业务。

基金管理人的信息报送。基金管理人通过私募基金登记备案系统持续报送信息是实现行业自律监管的重要基础性措施之一。基金管理人应当通过私募基金登记备案系统及时履行股权投资基金管理人及其管理的股权投资基金的季度、年度和重大事项信息报送更新等信息报送义务。

提交年度财务报告。股权投资基金管理人应当于每年4月底前，通过私募基金登记备案系统填报经审计的年度财务报告。

此外，基金业协会出台了《私募投资基金募集行为管理办法》《信息披露管理办法》等规则，对基金募集和信息披露进行了规定。同时，基金业协会还对基金管理的内部控制、基金合同、基金业务外包、基金业务托管、从业人员等方面都制定了相关指引或规定。

5.2.2 其他政府部门监管

（1）发改委的政策指导

国家发展改革委等政府部门制定了一系列关于创业投资、股权投资的规范发展或鼓励的政策。2005年，国家发展改革委等多部委发布《创业投资企业管理暂行办法》。对创业投资企业进行了严格定义，并对创业投资企业的设立与备案、投资运作、政策扶持、监管进行了规定。2011年12月，国家发展改革委发布了《关于促进股权投资企业规范发展的通知》，对股权投资企业的设立、资本募集与投资领域、风险控制机制、管理机构的基本职责等方面进行了规范要求。此外，2013年3月出台的《关于进一步做好股权投资企业备案管理工作的通知》，2013年5月出台的《关于做好2013年度备案股权投资企业年检工作的通知》在备案管理、年检等方面做了进一步规定。

2016年12月，国家发展改革委发布《政府出资产业投资基金管理暂行办法》，对政府出资产业投资基金的基金管理人、合格投资者条件、投资运作原则、投资方向、投资方式、绩效评价体系、行业信用建设做了进一步规定。而后国家发展改革委于2017年发布了《政府出资产业投资基金信用信息登记指引（试行）》，2018年发布了《关于做好政府出资产业投资基金绩效评价有关工作的通知》等细则文件。

（2）财政部门的资金使用监管

广东省早期投资的部分资金来自政府引导基金，而政府引导基金中的政府资金一般情况下是由财政部门出资。因此财政体系对早期投资监管主要体现在对政府引导基金的监管，也是广东省早期投资生态系统的重要监管环境。

我国涉及财政资金可进入早期投资领域的法规政策，可追溯到2002年出台的《中小企业促进法》，该法明确规定中央财政预算应当设中小企业科目，安排扶持中小企业发展专项资金，地方人民政府应当根据实际情况为中小企业提供财政支持。而后于2005年11月15日由多部委联合颁布的《创业投资企业管理暂行办法》，规定国家与地方政府可以设立创业投资引导基金，通过参股和提供融资担保等方式扶持创业投资企业的设立与发展。2008年10月，国家发展改革委发布《关于创业投资引导基金规范设立与运作的指导意见》，规定了引导基金的性质与宗旨、设立与资金来源、运作原则与方式，明确了地市级以上人民政府有关部门可以根据创业投资发展的需要和财力状况设立引导基金，资金来源于支持创业投资企业发展的财政性专项资金。2015年11月，财政部颁布《政府投资基金暂行管理办法》，规定了政府产业投资基金的设立、运作和风险控制、终止和退出、预算管理、监督管理等事项，较为全面具体地规定了政府投资基金运作的框架性原则。

同样，在广东省层面也出台了相应的政策。2013年8月，广东省出台了《广东省战略性新兴产业创业投资引导基金管理暂行办法》，规定了引导基金的定义、资金来源、管理模式、运作方式、运作程序、申请条件、退出方式、风险控制、考核评估与监督等。2016年8月广东省财政厅印发《广东省政府投资基金管理实施办法》，规范广东省政府投资基金管理职责、设立、运作和风险控制、预算管理等工作。此外，为进一步清理规范省级财政出资政策性基金，2016年广东省先后出台了《省级财政出资政策性基金清理规范工作方案》《关于省级财政出资政策性基金清理规范的实施意见》，通过“停止撤销一批、优化整合一批、调整完善一批”等措施，规范整合现有基金，保留有行业特点的基金，从严控制新增基金，并进一步完善基金的组建架构、投资运作、规范管理和考核约束等。2017年，广东省财政厅还制定了《关于明确省财政出资基金管理费标准的通知》，针对基金的不同管理模式、金额、运行情况，对基金管理费的提取进行了明确。

（3）国资部门的绩效考核

目前，广东省早期投资生态系统的主体也不乏部分国有企业。因此广东省早期投资的监管环境中也有来自国资部门的监管，主要体现在国有资产的绩效考核方面。

2016年12月，国务院国资委出台了《中央企业负责人经营业绩考核办法》规定对央企进行分类考核，对主业处于充分竞争行业和领域的商业类企业，以增强国有经济活力、放大国有资本功能、实现国有资本保值增值为导向，重点考核企业经济效益、资本回报水平和市场竞争能力，引导企业提高资本运营效率，提升价值创造力。此外还规定了将企业年度利润总额、经济增加值指标目标值与考核计分、结果评级紧密结合。此外，广东省也出台了类似的考核办法。2016年11月，广东省国资委出台了《省属企业负责人经营业绩考核办法》规定对企业实施分类考核，并实施动态调整，对于竞争性企业，考核上强调经济效益，围绕出资人资本回报，重点考核反映赢利能力、资产质量、债务风险和经营增长状况的财务指标。

5.3　资金环境

资金环境对广东省早期投资生态系统的资金运转起到了至关重要的作用，这里从资金供求环境方面进行分析。测算广东省早期投资资金供求状况的思路如下：首先，分别计算广东科技创新中的金融需求和金融供给，从而得出广东科技创新中的融资缺口；其次，再根据企业各个发展阶段的融资结构，测算出企业各个发展阶段的融资缺口，进而得到广东省早期投资的融资缺口。需要特别说明的是，由于测算方法和某些数据的局限，本书的测算结果只具有近似意义。

（1）广东科技创新的金融需求测算

科技创新的金融需求包括高技术产业固定资产投资及全社会R&D（科学研究与试验发展）投入两部分，预测方法和步骤如下。

全社会R&D投入预测：根据2017年2月，广东省科学技术厅和广东省发展和改革委员会发布的《“十三五”广东省科技创新规划（2016—2020年）》相关发展目标设定，预测得出。

固定资产投资预测：首先，根据柯布-道格拉斯函数构建高技术产业增加值增速的公式，再将历年高技术产业的生产要素数据代入函数回归，求得各要素的投入产出系数。其次，根据相关方法估计出TFP（全要素生产率）、高技术产业从业人员及高技术产业R&D投入数据（高技术产业R&D投入预测：根据以往历年数据及广东省科技规划全社会的R&D投入目标值，采用向量自回归的方法进行预测得出），并参考往年高技术产业增加值增速数据，将以上数据代入柯布-道格拉斯生产函数，计算可得出各年份高技术产业资本存量的预测值。最后，通过历史数据回归所求出的高技术产业资本存量与新增固定资产投入之间的回归方程，可以求出各年份所需固定资产投资额。

A．广东科技创新的增速测算

由于高技术产业更加需要R&D投入，故除全要素生产率（TFP）、劳动力、资本存量这些因素外，知识存量（也可称作R&D存量）也是影响高技术产业发展的一个重要因素。参考蔡昉（2012）、吴延兵（2006）的模型设定，改进了柯布-道格拉斯生产函数。由方程回归的参数可知，在其他因素不变的情况下，资本存量增速每增加1个单位，高技术增加值增速将会增加0.430个单位；知识存量增速每增加1个单位，高技术增加值增速将会增加0.188个单位。（具体模型及推导过程见附录1）

要测算高技术产业发展的资金需求，首先要测算出高技术产业增加值增速情况。根据改进后的柯布-道格拉斯生产函数，先预测出2017—2020年广东劳动力增速、资本存量增速以及知识存量增速，如表1-5-3所示。其中，劳动力（即高技术产业从业人员）的平均增速为0.55%，资本存量的平均潜在增速为15.18%，知识存量的平均增速为15.87%。（详细预测的根据及推导过程见附录2）

表1-5-2 2017—2020年广东科技创新相关数据及增速预测

	2017年	2018年	2019年	2020年	年均增速度/%
高技术产业知识存量/亿元	4033.80	4685.80	5417.23	6231.58	15.87
高技术产业从业人员/人	3971034	3998831	4020425	4037311	0.55

根据上述测算的高技术产业的劳动力增速、R&D增速及资本存量平均潜在增速的值，代入方程后，可推导出2017—2020年广东潜在的高技术增加值平均增速约为10.73%。考虑这个增速所对应的均以2016年为基期的可比价增速，为了保持预计数据口径的一致，对该增速进行价格指数平减处理，得到2017—2020年广东高技术产业增加值平均增速为9.09%。根据优化后的生产函数模型，分别推算各年份固定资产资本存量状况，见表1-5-3。（具体推导过程见附录3）

表1-5-3 2017—2020年广东高技术产业增加值、资本存量测算

	2017年	2018年	2019年	2020年	年均增速度/%
高技术产业增加值/亿元	9619.21	10493.59	11447.46	12488.03	9.09
高技术产业资本存量/亿元	6200.26	6883.77	7659.20	8539.82	11.14

B. 广东科技创新中的金融需求测算

根据对广东高技术产业资本形成总额的测算结果，可以测算在不同增长情形下各年份所需要的固定资产投资额，见表1-5-4。（具体推导过程见附录4）

表1-5-4 2017—2020年广东高技术产业固定资产投资额测算

	2017年	2018年	2019年	2020年	年均增速度/%
高技术产业固定资产投资额/亿元	1916.03	2228.88	2593.81	3019.60	16.35

如上所述，广东科技创新投入主要来自高技术产业固定资产投资和全社会的R&D投入，二者相加即为金融总需求。根据广东省科学技术厅2017年2月出台的《“十三五”广东省科技创新规划》和广东省政府2016年4月发布的《广东省国民经济和社会发展第十三个五年规划纲要（2016—2020）》，广东到2020年R&D占地区生产总值比重要达到2.8%。根据此目标要求估算，2017—2020年广东各年份

的R&D经费分别为2231.06亿元、2484.22亿元、2757.49亿元、3080亿元。据此，2017—2020年广东科技创新中的金融需求分别为4147.09亿元、4713.10亿元、5351.30亿元和6099.60亿元，年均增长速度达到13.69%。详见表1-5-5。

表1-5-5　2017—2020年广东科技创新中的金融需求测算

	2017年	2018年	2019年	2020年	年均增速度/%
创新中的金融需求/亿元	4147.09	4713.10	5351.30	6099.60	13.69

（2）广东科技创新的金融供给测算

一定时期金融体系提供的新增融资额反映了社会的金融总供给，高技术产业的新增融资额可视为对创新的金融供给。金融供给主要由银行系统提供的间接融资和资本市场系统提供的直接融资两部分组成。首先对广东全社会的金融供给进行测算，然后再对金融体系提供给创新的金融供给进行测算。

A. 广东全社会金融供给测算

2002—2016年广东金融总供给情况。由于社会融资规模可以反映金融体系提供给社会经济活动的资金增量情况，故用社会融资规模代表社会的金融供给量。

由于我国分省级的年度社会融资规模统计数据的公布开始于2001年，故选取2001—2016年的广东社会融资规模数据。表1-5-6反映了广东2001—2016年金融总供给及金融结构情况。从中可见，一是社会融资规模快速增长，年均增长高达19.89%；二是直接融资比重总体呈增加态势；三是直接融资占比与我国股市行情大起大落密切相关而呈现出显著的波动性，即股市行情好时直接融资占比显著提升，反之则反是。

表1-5-6　2001—2016年广东金融总供给及金融结构

年份	金融总供给/亿元	直接融资额/亿元	直接融资占比/%
2001	1392.90	36.22	2.60
2002	2681.10	13.41	0.50
2003	3677.90	66.20	1.80
2004	2591.10	75.14	2.90
2005	2208.50	17.67	0.80
2006	3484.30	411.15	11.80
2007	6151.80	1439.52	23.40
2008	4856.70	859.64	17.70
2009	12069.70	1315.60	10.90
2010	9463.30	2176.56	23.00
2011	9253.90	2322.73	25.10
2012	10454.60	1986.37	19.00
2013	13826.00	788.08	5.70
2014	13173.00	1650	12.53
2015	14443.00	3269	22.63
2016	21154.68	6027.85	28.49

数据来源：中国人民银行http://www.pbc.gov.cn/diaochatongjisi/116219/index.html，Wind数据库

2017—2020年广东金融总供给测算。随着我国金融结构的优化，直接融资规模占比将会继续上升。借鉴郭丽虹等（2014）的相关研究，选取2001—2016年广东宏观经济数据为测算样本，分别建立广东地区生产总值与社会融资规模、直接融资规模的回归方程，得到2017—2020年广东金融总供给及相关数据的测算值（见表1-5-7）。（具体测算过程见附录5）可以发现到2020年，广东金融总供给将达到30649.45亿元，其中直接融资达到10020亿元，占32.69%，比2016年提高了4个多百分点。

表1-5-7　2017—2020年广东金融总供给及相关数据测算

年份	金融总供给/亿元	直接融资额/亿元	直接融资占比/%	间接融资额/亿元	间接融资占比/%
2017	21874.83	6716.48	30.60	15158.35	69.30
2018	24476.53	7678.95	31.37	16797.58	68.63
2019	27387.72	8773.65	32.03	18614.07	67.97
2020	30649.45	10020.00	32.69	20629.45	67.31

B. 广东科技创新中的金融供给测算

首先计算过往几年金融体系对广东科技创新的金融供给状况，然后预测2017—2020年广东科技创新中的金融供给量。

表1-5-8是2012—2016年广东科技创新中金融供给及结构情况。（具体核算方法及步骤见附录6）

表1-5-8　2012—2016年广东科技创新的金融供给及结构情况

年份	项目	间接融资	直接融资及结构				金融总供给
		银行贷款	A股融资	新三板融资	风险投资	直接融资	
2012	金额/亿元	48.81	332.81	—	—	332.81	381.62
	占比	12.79%	87.21%	—	—	87.21%	100%
2013	金额/亿元	51.98	349.85	—	274.08	623.93	675.91
	占比	7.69%	51.76%	—	40.55%	92.31%	100%
2014	金额/亿元	62.86	490.39	15.79	334	840.18	903.04
	占比	6.96%	54.30%	1.75%	36.99%	93.04%	100%
2015	金额/亿元	80.06	1216.7	308.79	553.75	2079.24	2159.3
	占比	3.71%	56.35%	14.30%	25.64%	96.29%	100%
2016	金额/亿元	82.88	1569.64	198.54	851.96	2620.14	2703.02
	占比	3.07%	58.07%	7.35%	31.52%	96.93%	100%

数据来源：基于Wind数据库、清科发布的《中国创投暨私募股权投资市场2012—2016》和《中国高技术统计年鉴2013—2016》《广东统计年鉴2013—2016》整理计算得出

从表1-5-8可见，银行体系对科技创新的资金供给不多，而且过去五年的占比呈下降态势，2016年只占3.07%；资本市场是科技创新的金融供给主体。在资本市

场中，近四年A股市场的融资占比基本维持在55%上下，这主要是由于主板市场的高门槛、上市辅导周期长等因素的制约，预计未来A股市场对科技创新的资金供给占比不会有大的提升甚至有可能下降；新三板市场正逐渐发挥作用，但由于市场不成熟、流动性差、易受A股行情影响等制约因素，其金融供给占比上下波动大，发挥的作用还比较有限，须进一步规范发展；风险投资市场（包括区域性股权交易市场）对创新的金融供给仅次于A股市场，已经并将继续发挥更重要的作用。

银行对科技创新的资金供给占比很低，显然不是因为广东的银行体系缺乏资金，如2016年末，广东的本外币各项存款余额达18万亿元（占全国的11.6%），各项贷款余额11万亿元，贷款占存款比仅为61.1%，远低于浙江的82.2%、江苏的73.8%以及全国平均的72.1%。这表明仅就广东区域内的金融资源而言，通过一定的方式和渠道将社会资金引入资本市场支持创新创业，还有很大空间。

2017—2020年广东科技创新的金融供给测算。借鉴"高技术产业投融资体系问题研究"课题组（2005）的研究，根据2012—2016年的统计数据计算，广东科技创新中的直接融资占全社会直接融资比例大约为50%，按照这个比例，在现行金融结构下2017—2020年广东科技创新中直接融资可分别达到3358.24亿元、3839.48亿元、4386.83亿元和5010.00亿元；从结构来看，2012—2016年A股融资、新三板融资及风险投资这三项分别占比平均为56%、7%以及37%，按照这个比例，可以测算每年直接融资中A股融资、新三板融资及风险投资的供给量，再加上银行系统的可供给资金，可得到2017—2020年对科技创新的金融总供给，见表1-5-9。（具体的测算方法及过程见附录7）

表1-5-9　2017—2020年广东科技创新的金融供给相关数据测算

年份	项目	间接融资	直接融资及结构				金融总供给
		银行贷款	A股融资	新三板融资	风险投资	直接融资	
2017	金额/亿元	89.48	1880.61	235.08	1242.55	3358.24	3447.72
	占比	2.60%	56%	7%	37%	97.50%	100%
2018	金额/亿元	96.51	2150.11	268.76	1420.61	3839.48	3935.99
	占比	2.45%	56%	7%	37%	97.64%	100%
2019	金额/亿元	104.01	2456.62	307.08	1623.13	4386.83	4490.84
	占比	2.32%	56%	7%	37%	97.77%	100%
2020	金额/亿元	112.33	2805.60	350.70	1853.70	5010.00	5122.33
	占比	2.19%	56%	7%	37%	97.89%	100%

（3）广东早期投资的资金缺口测算

广东科技创新发展中面临的资金缺口主要有两个方面：一是年度潜在金融需求与能够满足的金融需求之间的缺口；二是潜在金融需求与创新型企业在种子期、成长期、扩张期以及成熟期四个不同发展阶段中能够满足的金融需求之间的资金缺口。

高新技术企业在不同的成长阶段对资金的需求方式和需求量有较大差异，因此，分析不同成长阶段的资金缺口，可以了解金融缺口的结构，有助于提出更有针对性的解决方案。

通过搜集整理了广东2008—2016年接近3万家拟申请高新技术的企业及核准批复的高新技术企业名录，并将这些公司名录同2013年的中国工业企业数据库进行匹配，剔除一些重复样本，总共得到3293家高新技术企业数据。根据Berger和Udell（1998）、张捷和王霄（2002）与蒲祖河（2007）的研究，并结合我国经济发展特点，将高新技术企业发展阶段划分为种子期（0—3年），初创期（4—7年）、扩张期（8—13年）、成熟期（14年以上）。表1-5-10反映了广东高新技术企业在不同发展阶段的融资结构状况。

表1-5-10 广东高新技术企业融资结构（按企业年限分类）

	债务来源		权益资本来源				资本和负债总额/万元
	非流动负债	总负债	法人资本	个人资本	政府资本	全部股权资本	
0—3年	612.41	2395.73	403.51	277.82	15.95	1137.90	3533.63
比例	17.33%	67.80%	11.42%	7.86%	0.45%	32.2%	100%
4—7年	1133.76	13109.97	165.90	460.13	104.37	7596.52	20706.49
比例	5.48%	63.31%	8.01%	8.01%	0.50%	36.69%	100%
8—13年	2442.32	33819.29	3389.95	1844.08	287.51	29475.74	63295.04
比例	3.86%	53.43%	5.36%	2.91%	0.45%	46.57%	100%
14年以上	10880.00	76252.90	8582.80	3607.24	1625.47	55652.21	131905.11
比例	8.25%	57.81%	6.51%	2.73%	1.23%	42.19%	100%

参考以往企业各发展阶段的融资结构并进行测算（测算过程见附录8），得到广东2017—2020年高新技术企业在各个发展阶段的融资缺口值（见表1-5-11）。

表1-5-11　2017—2020年广东高新企业早期发展阶段的融资缺口

单位：亿元

年份	种子期	初创期
2017	20.00	50.00
2018	22.23	55.56
2019	24.61	61.52
2020	27.95	69.87

从表1-5-11可见，广东高新技术企业在早期发展阶段的融资缺口较大，2017—2020年的融资缺口依次为70亿元、77.79亿元、86.13亿元、97.82亿元，共计331.74亿元，由此说明，广东省还需不断加大对早期投资资金的投入。

（4）测算结果归纳

广东科技创新金融的需求测算结果。推导出2017—2020年广东潜在的高技术增加值增速，并对该增速进行价格指数平减处理后，求导出2017—2020年广东潜在的高技术产业固定资产投资额，将其与测算的2017—2020年全社会R&D相加，得出2017—2020年广东创新中的金融需求分别为4147.09亿元、4713.10亿元、5351.30亿元和6099.60亿元，年均增长速度达到13.69%。

广东科技创新金融供给测算结果。2017—2020年广东科技创新中的金融供给预计将分别为3447.72亿元、3935.99亿元、4490.84亿元、5122.33亿元，其中直接融资额分别为3358.24亿元、3839.48亿元、4386.83亿元、5010.00亿元。这个金融供给是指在现行银行主导的金融供给结构下，按正常发展情形可为广东创新提供的资金供给。

广东科技创新中的金融供需不匹配导致的缺口测算结果。广东省高新技术企业在早期发展阶段的融资缺口2017—2020年依次为70亿元、77.79亿元、86.13亿元、97.82亿元，共计331.74亿元。

5.4　市场环境

5.4.1　募资情况

早期投资的投资主体主要是个人投资者、早期投资组织团队、早期机构、早期基金、部分孵化器，早期投资的大部分资金来源也是这些主体。由于这些主体相关的资料大部分未公开，获取其资金相关信息难度较大。因此，采用私募通数据库中的早期基金的募集资金数据，分析广东省早期投资的募资情况。

截至2018年底，注册地在广东省的早期基金募集总数39只，募集金额39.76亿元，平均每只募集金额1.37亿元。从募集年份来看，2012年前没有早期基金募集，大部分早期基金在2014年以后募集，2014—2018年早期募集数量分别为6只、7只、4只、5只、13只；从募集金额来看，2015年和2018年两年的募集金额最多，分别为3.32亿元、27.17亿元，2016—2018年三年平均募集金额均超过1亿元，分别为1.12亿元、1.63亿元、2.26亿元。总体上看，广东省早期基金的总体募集金额39.76亿元，平均募集金额在1.37亿元，募集数量和金额占全国的比例均较低，见表1-5-12。另外，从募集轮次来看，38只基金A轮募资，1只基金B轮募资；从资本来源来看，37只本土基金，1只合资基金，1只外资基金；从币种来看，36只人民币基金，3只美元基金。

表1-5-12　广东省早期基金募集情况：依据年度划分

募集年份	数量/只	数量全国占比	募集金额/百万元	金额全国占比	平均募集金额/百万元
2018	13	33.33%	2717.00	68.41%	226.42
2017	5	12.82%	326.00	8.21%	163.00
2016	4	10.26%	225.50	5.68%	112.75
2015	7	17.95%	332.19	8.36%	83.05
2014	6	15.38%	211.86	5.33%	35.31
2013	3	7.69%	159.00	4%	53.00
其他	1	2.56%	—	0%	—

5.4.2　投资情况

从2008—2018年，广东省早期投资案例数总共为3465件，投资企业的总数2262家，总投资金额为320.91亿元，平均投资金额11.35百万元。从投资年份来看，2008—2015年，投资案例数量一直在增长，2015年达到峰值，为929件，但在2016—2018年出现回落。从投资金额来看，剔除2013年中国广核电力融资50.55亿元这一事件，2008—2015年总体上是一个增长的态势，2015年达到高点，为74.59亿元，而后2016—2018年出现快速回落，但大部分年份平均投资金额都是在1000万元以下。总体上看，广东省早期投资主要集中在2014年以后，投资数量、投资金额占比都较高，这与2014年国家实施创新驱动发展战略和倡导“大众创业万众创新”，民间投资热情高涨具有很大的关系。

表1-5-13　广东省早期投资的投资情况：依据年度划分

投资年份	数量/件	数量占比	金额/百万元	金额占比	平均金额/百万元
2018	556	16.05%	8012.13	24.97%	18.63
2017	631	18.21%	3629.53	11.31%	6.81
2016	749	21.62%	3858.51	12.02%	5.88
2015	929	26.81%	7458.74	23.24%	9.64
2014	369	10.65%	1035.52	3.23%	3.74
2013	82	2.37%	5204.19	16.22%	80.06
2012	49	1.41%	446.44	1.39%	13.13
2011	55	1.59%	2275.51	7.09%	63.21
2010	27	0.78%	43.01	0.13%	3.07
2009	16	0.46%	127.85	0.4%	15.98
2008	2	0.06%	—	0%	—

注：从清科私募通数据库的投资事件中，筛选出融资企业为种子期、初创期，投资轮次为种子轮、天使轮、Pre-A轮，融资企业总部在广东省，投资时间为2008—2018年

广东省早期投资的行业基本上都是技术壁垒较高或附加值较高的高新技术和战略性新兴产业，如互联网、IT、金融、电信及增值业务、娱乐传媒、生物技术/医疗健康等行业。从投资的细分行业看，广东省早期投资的行业数量共22个，投资金额在10亿元以上的行业有7个（互联网、IT、电信及增值业务、金融、娱乐传媒、生物医疗、其他）；投资数量在100件以上的行业有8个（互联网、IT、电信及增值业务、金融、娱乐传媒、生物医疗、其他、电子及光电设备）。剔除2013年中国广核电力融资事件，投资数量最多和投资金额最多的两个行业分别是互联网行业、IT行业，投资数量为1057件、707件，金额59.42亿元、40.51亿元。此外，与互联网密切相关的电信及增值业务、娱乐传媒、金融行业的投资事件和投资金额也较大，主要是因为我国互联网行业（包括P2P等互联网金融行业）近十几年来的爆发式增长引起的。

表1-5-14　广东省早期投资的投资情况：依据行业划分

行业	数量/件	数量占比	金额/百万元	金额占比	平均金额/百万元
互联网	1057	30.51%	5941.56	18.51%	6.60
IT	707	20.4%	4051.05	12.62%	7.18
电信及增值业务	344	9.93%	2146.75	6.69%	8.04
金融	273	7.88%	2495.68	7.78%	11.77
娱乐传媒	206	5.95%	2947.39	9.18%	16.94
生物医疗	187	5.4%	2169.51	6.76%	15.07
其他	167	4.82%	1604.70	5%	12.25
电子及光电设备	112	3.23%	576.75	1.8%	7.03
教育与培训	95	2.74%	362.93	1.13%	4.54
连锁及零售	86	2.48%	382.96	1.19%	4.85
物流	46	1.33%	734.36	2.29%	17.48
房地产	40	1.15%	2299.70	7.17%	65.71
汽车	31	0.89%	298.40	0.93%	9.95
机械制造	31	0.89%	294.58	0.92%	14.03
清洁技术	22	0.63%	5200.33	16.2%	400.03
化工原料及加工	17	0.49%	68.90	0.21%	5.74
建筑/工程	13	0.38%	330.25	1.03%	25.40
纺织及服装	10	0.29%	21.00	0.07%	2.10
半导体	8	0.23%	52.10	0.16%	7.44
食品&饮料	7	0.2%	71.00	0.22%	11.83
农/林/牧/渔	5	0.14%	41.50	0.13%	8.30
科技服务和地质勘查业	1	0.03%	—	0%	—

5.4.3　退出情况

早期投资的退出方式主要是股权转让、并购、IPO、回购等，其中对投资者和早期企业而言，以并购、IPO方式通过资本市场退出的投资回报率最高，也是早期投资最为理想的退出方式。

根据清科私募通数据库的相关统计数据，2008—2018年广东省早期投资退出案例数为57件，平均退出年限2.62年，平均回报倍数9.44倍。广东省早期投资的退出方式有股权转让、IPO、并购、回购四种，退出数量分别为44件、5件、4件、3件，其中退出的主要方式是股权转让，占比为77.19%，如表1-5-15所示。在退出年限方面，股权转让、并购较其他两种方式较短，平均退出年限分别为2.21年、2.44年。在退出回报倍数方面，股权转让、并购退出收益率较高，平均退出回报倍数分别为9.23倍、28.16倍。

表1-5-15 广东省早期投资的退出情况：依据退出方式划分

退出方式	数量/件	与总数量比	平均退出年限/年	与总平均退出年限比	平均回报倍数
股权转让	44	77.19%	2.21	84.05%	9.23
IPO	5	8.77%	4.58	174.67%	2
并购	4	7.02%	2.44	92.89%	28.16
回购	3	5.26%	4.11	156.67%	1.16
其他	1	1.75%	0.83	31.76%	0

注：此处采用清科中心私募通数据库的退出事件数据，从中筛选出退出事件中被退出企业在广东省、退出机构属于早期机构的事件

依据退出年度的统计，退出事件数量从2011年的1件上升至2018年的14件，总体上退出数量基本处于上升状态，大部分退出事件的时间都是在2014年以后，如表1-5-16所示。

表1-5-16 广东省早期投资的退出情况：依据退出年度划分

退出时间	数量/件	与总数量比	平均退出年限/年	平均回报倍数
2018年	14	24.56%	3.13	8.82
2017年	16	28.07%	2.29	9.5
2016年	7	12.28%	1.9	1.62
2015年	9	15.79%	—	—
2014年	6	10.53%	3.4	19
2013年	3	5.26%	2.75	3
2012年	1	1.75%	—	—
2011年	1	1.75%	2.08	—

依据回报金额统计，大部分投资退出的回报金额在0—100万元、100万—1000万元两个区间，退出数量分别为35件、17件，如表1-5-17所示。此外，从平均退出年限来看，退出金额越大的平均退出年限时间越长，从小到大四个回报金额区间的平均退出年限分别为2.54年、2.47年、3.21年、4.33年。而平均回报倍数较高的两个回报金额区间是100万—1000万元、1000万—1亿元，平均回报倍数为17.33倍、4倍。

表1-5-17　广东省2008—2017年早期投资的退出事件情况：按回报金额统计

回报金额	数量/件	与总数量比	平均退出年限/年	平均回报倍数
0—100万元	35	61.4%	2.54	2.71
100万—1000万元	17	29.82%	2.47	17.33
1000万—1亿元	4	7.02%	3.21	4
1亿—10亿元	1	1.75%	4.33	0

依据回报倍数统计，广东省2008—2018年早期投资的退出事件的回报倍数大部分在1倍以下。其中，1倍以下、1—10倍、10—50倍、50—100倍的退出事件数量分别为34件、18件、2件、3件，平均退出年限依次为2.92年、2.4年、2.21年、2.5年。

表1-5-18　广东省2008—2018年早期投资的退出事件情况：按回报倍数统计

回报倍数	数量/件	平均退出年限/年	平均回报倍数
1倍以下	34	2.92	0.79
1—10倍	18	2.4	3.64
10—50倍	2	2.21	21
50—100倍	3	2.5	59.55

综上所述，广东省早期投资的退出方式主要是股权转让，而收益率较高的IPO、并购退出较少；大部分投资退出的回报金额在0—100万元、100万—1000万元两个区间，说明广东省早期投资回报金额总体上并不高；广东省早期投资的退出事件回报倍数大部分在1倍以下，也就意味着大部分早期投资是亏损的，真正回报高的早期投资并不多。

5.5　科技环境

中国科学技术发展战略研究院发布的《中国区域科技创新评价报告2016—2017》显示，广东省的创新投入和产出能力引领全国，科技活动投资指数和科技促进经济社会发展排名全国第一位，高技术产业增加值占工业增加值比重居全国第一位。2017年，广东R&D人员达87.99万人，同比增长19.7%，规模居全国第一；新增“两院”院士5人、“千人计划”专家99人、“万人计划”专家90人；新引进创新创业团队63个、领军人才36名、博士3906人。总体上看，广东省早期投资的科技创新环境位居全国前列，不仅体现在企业的科研投入、专利技术应用等方面，而且体现在社会的科研基础设施和人才环境上。

从企业设置研究机构的情况来看，广东省有研究机构的企业数由2012年2601家增长至2017年13000家，在工业企业中的占比由6.88%上升为30.23%；2017年广东省全社会研发（R&D）经费投入支出约2343.63亿元，同比增长15.2%，R&D经费投入总额连续两年居全国第一。政府与高新技术企业对研发的高度重视，为早期投资提供了大量优质投资项目。

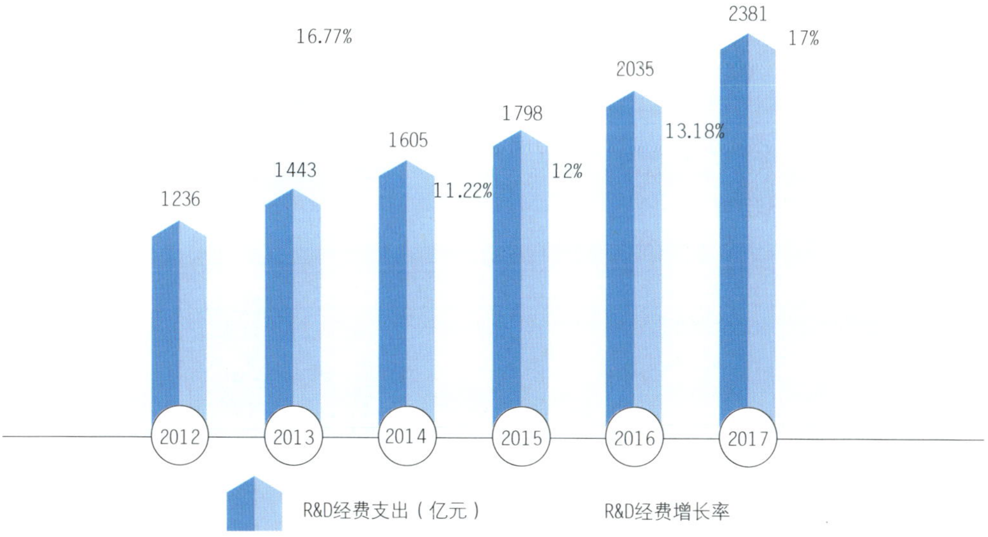

图1-5-1　2012—2017年广东省R&D经费支出额及其增长率

注：数据来源于广东省统计局

从科研成果及其市场应用来看，2018年上半年，广东省专利申请和授权量分别达到38.77万件和23.06万件，同比增长36.3%和58.8%，其中发明专利申请和授权量分别达到10.73万件和2.69万件，同比增长44.1%和23.7%。广东省PCT国际专利申请量突破1.07万件，占全国总量的46.5%，远高于北京（2800件）、江苏（2200件）等省市。每万人口发明专利拥有量达到20.8件，相当于全国平均水平（10.6件）的2倍。2018上半年，广东省共认定登记技术合同10641项，同比增长57.8%；合同成交总金额473亿元，同比增长20.4%；其中技术成果转化交易额448亿元，占技术合同成交金额的94.7%。持续增长的技术合同成交量，意味着越来越多的专利成果落地应用，为早期投资提供了更多的机会。

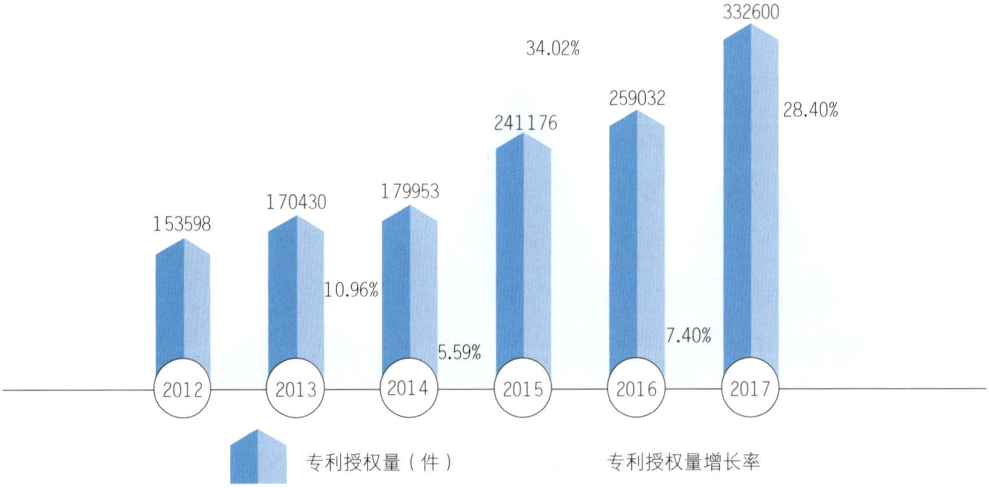

图1-5-2　2012—2017年广东省专利授权量及其增长率

注：数据来源于广东省统计局

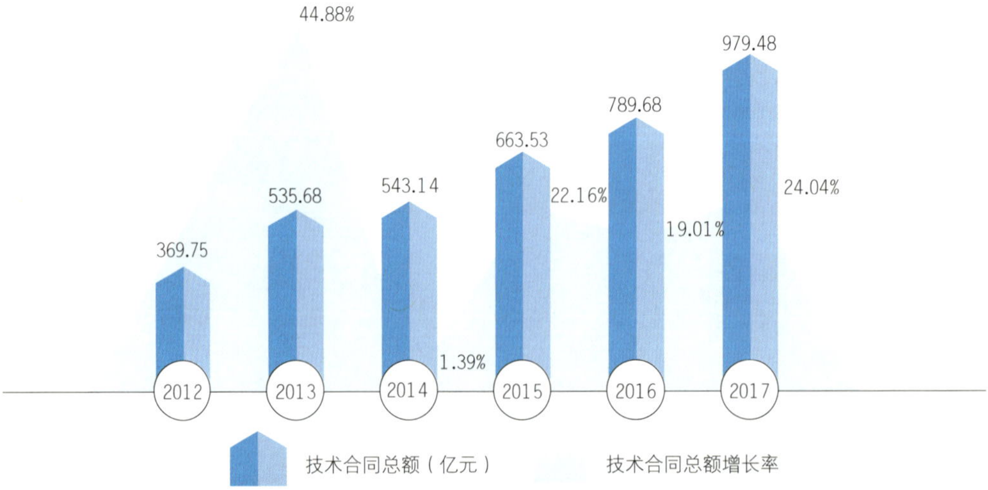

图1-5-3　2012—2017年广东省技术合同总额及其增长率

注：数据来源于广东省统计局

从高校的建设情况来看，广东省高校数量从2005年102所增加至2016的147所，增长44.1%；在校学生数从2005年87.5万增长至2017年192.6万，增长率达120.2%；高等学校教职工数从2005年9.1万增长至2016年14.9万，增长率达64.5%；高等学校预计毕业生数从2005年20.5万增长至2016年53.4万，增长率达160.3%。2005年至今，广东省高校数量、高校在校学生数、高校教职工数、高校预计毕业生数每年都在稳定增长，为创新创业不断输送人才。

表1-5-19　广东省高校及在校教职工和学生情况

年份	高等学校		高等学校在校学生		高等学校教职工		高等学校预计毕业生	
	数量/所	同比增长	数量/万人	同比增长	数量/万人	同比增长	数量/万人	同比增长
2017			192.6	1.7%				
2016	147	2.8%	189.3	4.4%	14.9	2.7%	53.4	5.0%
2015	143	1.4%	181.4	0.7%	14.5	3.6%	50.9	3.1%
2014	141	2.2%	180.1	4.8%	14.0	5.0%	49.3	8.5%
2013	138	0.7%	171.9	6.3%	13.4	2.8%	45.5	6.9%
2012	137	2.2%	161.7	5.9%	13.0	3.8%	42.5	2.1%
2011	134	2.3%	152.7	7.1%	12.5	3.3%	41.7	12.8%
2010	131	4.8%	142.7	6.9%	12.1	4.7%	36.9	7.1%
2009	125	0.0%	133.4	9.7%	11.6	5.4%	34.5	8.2%
2008	125	14.7%	121.6	8.6%	11.0	2.8%	31.9	9.5%
2007	109	3.8%	112.0	11.0%	10.7	6.7%	29.1	19.9%
2006	105	2.9%	100.9	15.3%	10.0	10.5%	24.3	18.4%
2005	102	—	87.5	—	9.1	—	20.5	—

注：数据来源于国家统计局

从专业技术人才来看，根据广东科技统计年鉴的最新数据，2015年底，广东省专业技术人才总量达490万人，较2010年底增长20.5%，占全国总量的9%，居全国前列；高层次人才总量达65万人，占广东省专业技术人才总量的13.3%，比全国均值高出2.3个百分点；高技能人才总量达267万人，比2010年底增长63.8%，居全国前列。广东省在项目带动、平台建设、服务保障等方面保障人才优势，如珠江人才计划、扬帆计划、广东特支计划、建立人才工作综合管理平台等。

从科技基础设施情况来看，根据广东省科技厅2015年对包括高校、科研院所及转制院所在内的78家单位的调查，截至2014年底，调查单位拥有研究实验基地225个，其中国家级32个、部属38个、省属154个、地（市）属1个；按照基地类别划分，包含实验室150个、工程（技术）研究中心26个、研发（技术）中心3个、分析测试中心3个、野外台站3个、其他基地40个；而且拥有单台（套）价值50万元以上的科学仪器设备共计910台（套），其中有396台（套）外部共享。相对完善的科研基础设施，可以为创业者或早期企业提供较好的创新基础设备。

从关键核心技术项目攻关情况看，广东省积极组织实施省重大科技专项，加快建设重大科研平台，重点攻关产业共性技术、核心技术和关键技术。截至2018年上半年，全省378个重点重大项目指标完成情况良好，突破了一批前沿关键技术，有32项达到或接近国际领先或先进水平，有128项达到或接近国内领先或先进水平。共申请发明专利2163件，已获授权发明专利324件，引进和培养人才6516人，新增销售收入305亿元。

5.6 文化环境

文化环境是广东省早期投资的重要外部环境。广东省拥有悠久的商业文化传统，近代以来粤商和华侨的经商足迹早已遍及全球，广州被誉为“千年商都”。改革开放后，广东一跃成为中国第一经济大省，经济市场化、国际化程度高，人员流动频繁，并孕育了众多知名的企业家，从而形成了广东省开放性、多元性、包容性、创新性、坚韧性和务实性等商业文化特征（张效民，2010）。此外，广东省一直大力实施创新驱动战略，积极开展各类科普活动，加强科技创新宣传，为建设创新型广东营造了良好的氛围。自1992年以来，广东每年举办本土科技活动品牌“科技进步活动月”，组织科技服务民生、科技下乡、主题科普展览、青少年科普教育、企业技术创新培训等内容丰富、形式多样的群众性科技普及活动，对广东省创新文化建设起到了示范带动作用。总之，悠久的商业文化和浓厚的创新氛围，为广东省创新企业和早期投资发展提供了优越的文化环境。

第六章　广东省早期投资的主要问题

6.1　早期投资主体存在的问题

6.1.1　早期投资主体比较单一

广东省潜在早期投资者种类多、基数大，但实际参与早期投资的主体较为单一，不利于形成多元化发展的早期投资市场，须进一步引导和培育各类早期投资主体。

在个人投资者方面。根据胡润研究院发布的《2018胡润财富报告》，广东省拥有600万元、1000万元、1亿元以上可投资资产的家庭数量分别为172万、103万、7.8万。贝恩公司和招商银行联合发布的《2017中国私人财富报告》显示，2016年中国个人可投资资产1000万元以上的高净值人群规模已达到158万人。然而根据中国证券投资基金业协会的统计数据，截至2018年6月底，投资于广东辖区私募机构管理的基金产品的投资者有17000多人（次），其中个人投资者约15000人（次）。也就意味着广东省具备天使投资资金条件的个人可以达到上百万人，而参与私募股权基金的个人则不超过15000人，在一定程度上也说明广东省参与早期基金或早期投资的个人数量较少。

在早期投资机构和早期基金方面。根据私募通数据库的数据，截至2018年底，注册地在广东省内的私募机构有11298家，而专注于早期投资的机构仅有111家，投资过早期投资项目的VC、PE机构分别仅有432、349家；私募股权基金数量达到16592只，而早期基金仅有52只。此外，截至2018年底，在深交所和上交所上市的广东省企业有608家，在新三板挂牌的广东省企业有1632家，而参与早期投资VC、PE以外的其他机构仅321家。说明广东省具备早期投资条件的机构中实际参与早期投资的比例极小。

另外，从早期投资的资金规模看，现阶段广东省的早期投资者主要是早期机构和早期基金，同时也有部分孵化器、少量上市公司、大型企业、金融机构等参与到早期投资活动中。特别是一些早期基金，其资金来源主要依靠国家和地方财政资金投入。而早期投资比较发达的美国、英国等区域，大部分早期投资资金来自个人投资者，而且参与早期投资的还包括孵化器、种子基金、天使基金和部分VC公司等多元化主体。

6.1.2 政府引导基金运作机制不够完善

广东省的早期基金中很大一部分是政府引导基金，而政府引导基金本身存在运作机制不完善等问题。

政府引导基金设立审批环节较多、时间较长。一方面，受主管部门重视程度、统筹指导力度、基金自身放大倍数要求等多种因素影响，新设基金仍存在审批环节多、耗时长、募集资金困难的问题。例如新设基金从确定受托管理机构到子基金开展投资运营经历9个环节，耗时甚至长达半年以上。另一方面，市场资金到位率低，部分基金募资难度较大，极大影响基金的组建效率。例如市场资金来源中银行等金融机构，由于内部审批、收益预期等因素影响，出资须经业务部门、风控部门等各部门审批，出资到位时间长，而且存在实缴出资与承诺出资存在较大差距的情况。

政府引导基金市场化运作机制不完善。与市场化基金相比，政府引导基金市场运行机制尚不完善，市场竞争优势不明显，对社会资本的引导作用有限。在激励约束机制方面，让利方式和比例尚未充分反映投资领域和投资项目的前景和风险，让利期限过长，资金成本优势不明显，缺乏市场吸引力。在约束机制方面，由于政府引导基金的政策性目标与社会资本的商业性目标存在冲突，缺乏有效的约束机制落实基金运营主体责任，使得部分基金更多追求短期、风险较小、相对成熟的项目，引导社会资金早期投资的功能并未完全发挥。

此外，政府引导基金存在退出机制、风险补偿机制不完善的情况。广东省政府引导基金的退出期限普遍在7—10年，而在退出方式上以大股东回购、协议转让为主，缺乏投资阶段、期限、回报率相匹配的方式，很难达到市场资金的预期。此外，实际操作中，政府主要要求财政资金的保值增值，一般会要求优先分配和优先清偿等权利，缺乏对社会资金的有效风险补偿机制，致使整个基金的投资风险偏好较低，很难达到提高对早期项目投资积极性的效果。

6.1.3 人员的专业水平有待提升

从国内外早期投资发展经验来看，早期投资者一般需要具备行业经验、金融财务知识及资本运作经验、企业经营管理能力、资源整合能力等方面的一种或几种能力，同时还需要具备成熟的投资心态和较强的风险识别能力。但由于我国早期投资起步较晚、专业人才数量较少等因素，目前广东省内乃至全国大部分早期投资人及相关服务人员对早期投资的资本特性、运作模式等理解不够透彻，实践经验比较欠缺，一定程度上制约了广东省早期投资的健康发展。

从私募基金个人投资者的情况来看（由于早期投资的个人投资者数据获取难度较大，同时早期投资的个人投资者与私募基金个人投资者两类群体高度重叠且高度相似，因此此处以私募基金个人投资者来说明早期投资的个人投资者情况），根据中国证监会广东监管局2017年对广东辖区私募基金个人投资者现状的调研报告，私募基金个人投资者存在以下问题：1．投资者对私募基金认知水平较低，大多数投资者对私募基金的认识了解不充分，很多仅仅是道听途说后就直接进行投资。2．私募基金投资者风险意识较为淡薄。绝大部分受访者表示对非法集资只有模糊认识或完全不清楚，整体上对非法集资的警惕性不高。3．私募基金投资者自我权益保护意识和契约意识较为薄弱。调研结果显示只有约12%的受访者表示在决定投资前会对私募机构和拟投资产品做深入研究，只有9%的受访者表示会仔细阅读投资合同，仅约39%受访者表示投资后偶尔会关注一下基金业绩。4．较大部分私募基金个人投资者不能理性对待权益受损，对于投资亏损，32%的受访者认为是由于监管部门监管不到位、私募机构未能勤勉尽责等造成的，能主动从自身找原因的只有不到10%。且有53%的受访者表示权益受损后首选向监管部门或行业协会反映，仅有19%的受访者表示权益受损后首选与私募基金管理机构协商解决。说明广东省私募基金个人投资者以及早期投资个人投资者的专业水平还有较大的提升空间。

另外，在孵化器从业人员方面，也存在人员专业能力不足、专业人才供给不足的问题。孵化器是近年来在国内兴起的新事物，目前管理和运营人员基本是转行而来，客观造成不少从业人员孵化意识和专业能力达不到相应要求，现有孵化器投资建设、经营管理、专业服务、创业导师等人才供给无法满足当前孵化器发展的需求。当前，广东省孵化器管理机构从业人员中接受专业培训的人员占比为40%，有待进一步提升。2017年广东省孵化器创业导师队伍近5800人，与广东省在孵企业、创业团队/企业的数量配比仅达到1：10，创业导师队伍有待进一步扩增。

6.1.4　企业孵化器运作亟待提质增效

孵化器等科技服务机构在早期投资生态系统中的作用十分重要，它们对初创企业具有辅导、培育和协助资源整合等功能。而目前广东省孵化器仍处于初级发展阶段，存在赢利能力较弱、区域发展不平衡、国际化程度不足等问题。

赢利能力较弱。目前有不少孵化器的运营还处于“二房东式”的低端形态，以出租场地和物业管理为主，辅以工商注册、政策咨询等基本服务，创业指导、投资服务等方面的增值服务能力比较弱，因此导致赢利能力较弱。平均每家孵化器收入偏低，2017年广东省孵化器总收入84.69亿元，平均每家孵化器收入为1084万元，远低于江苏的1709.84万元和北京的2591.51万元。同时，孵化器收入构成不够合理，2017年，广东省孵化器收入中物业收入仍占据超50%的比例，表明广东省孵化器收入仍以物业收入为主、综合服务收入为辅。而全国孵化器收入中，平均物业收入占比仅为33%，平均综合收入占比为37%。

区域发展不平衡。首先，孵化器数量地域分布不均衡，广东省近90%的孵化器、众创空间均集中在珠三角地区，超过一半的孵化器集中在广州、深圳两地。其次，在孵企业获得的风险投资地区分布极不均衡，广东省孵化器内在孵企业累计获得的风险投资主要集中在广州、深圳，两市占广东省比例超80%，珠三角地区占广东省比例为99.5%，粤东西北地区仅占比0.5%。最后，孵化基金地区分布极不均衡，广东省孵化器内获得孵化基金投资的在孵企业数量中，珠三角地区占比93.4%，粤东西北地区仅占6.6%。

国际化程度不足。目前广东省可提供国际交流合作服务的孵化载体比例偏低，孵化器在开展国际合作方面有待进一步提升。2017年广东省众创空间开展国际合作交流活动仅1500场，且超过一半集中在深圳地区。广东省孵化器缺乏与港澳地区和国际孵化器之间的深度合作，有待进一步加强国内外优势创新资源的整合能力，推动孵化器积极参与国际化竞争。

6.2 早期投资运作存在的问题

6.2.1 早期投资组织松散、信息沟通不通畅

从美国硅谷、英国苏格兰等地的早期投资发展经验来看，完善的信息沟通平台有助于提升早期投资人和初创企业的成功率。国内的北京、上海等地也形成了较为有效的行业组织和线上信息交流平台，例如天使汇等。目前，广东省的早期投资组织较为松散，并未形成一个较为成熟、稳定的交流网络，致使信息沟通不通畅。

一是天使投资组织数量较少，且各自为政。根据公开资料搜集情况来看，广东

省内早期投资的个人团体组织的数量并不多。虽然广东省内一些民间经济组织已经在尝试推出早期投资的中介服务，这类机构的数量仍是凤毛麟角，远远没有形成规模优势，并且这类组织提供的信息和服务非常有限，还存在不少缺陷，信息的真实性无法得到保证，这些组织并不能真正起到投资人与创业人的中介桥梁作用。

二是广东省缺少一个正规的电子网络信息交流平台，也没有出现真正意义上的服务中介机构，资金供给与需求双方在沟通与交流方面容易遇到障碍，早期投资者和初创企业在信息交流方面的效率较低。尽管近几年我国线上股权众筹平台行业快速发展，也有部分线上股权众筹平台运营良好，但整个行业仍处于探索发展阶段，大量平台被淘汰，赢利模式不清晰、中小投资者保护难度大等问题依然突出。而且现有的运营良好的股权众筹平台注册地均在北京、上海等区域，服务的早期投资者和初创企业面向全国各地，目前在广东省内具有影响力的优质股权众筹平台几乎没有。

三是孵化器的信息沟通功能有待进一步提升。大部分广东省孵化器都是以物业收入为主，创业指导、投资服务等方面的增值服务能力比较弱，与美国硅谷等咖啡厅交流、车库交流等信息高效沟通机制差距较大。大部分孵化器会提供工商注册、政策咨询等基本服务，也有少量孵化器会组织如行业论坛、投融资对接会等活动，但活动的信息沟通效果参差不齐。

6.2.2　投后管理环节薄弱

目前广东省早期投资的金额已达百亿级规模，但投后管理环节依然比较薄弱，影响了早期投资资金的后续退出。这也一定程度上说明了广东省早期投资的退出方式以股权转让为主、退出年限较短、退出回报率较低的原因。

第一，早期投资的投后管理人才不足，投后管理的专业能力有待提升。早期投资不仅需要专业的投资人才，同样需要投后管理的人才团队。对于早期投资的个人投资者而言，其个人的投后管理能力十分有限。而对于机构而言，广东大部分的早期机构没有专门的投后管理团队。《投中集团2015中国GP调查研究报告》显示，2015年，有42%的私募股权机构开始扩充现有投后管理团队，5%的机构开始新设投后管理团队。此外，我国大部分早期投资或风险投资投后管理的内容主要是投资项目的日常董事会、股东会议案处理、处理大股东回购项目、处理长期无法退出项目等，其投后增值服务的专业水平有待加强。

第二，对投后管理不够重视。我国早期投资乃至风险投资的投后管理主要还是投资团队负责制，对于投后管理始终保持比较被动的状态，只是例行查看企业报表等，很少积极主动参与到企业的经营与战略调整中去。有些早期机构或早期基金将大部分精力用于优质项目的争抢，投资企业的数量较多，无法对所有投资企业进行高质量的投后服务。甚至部分早期投资主体追求短期逐利，存在“投而不管”现象。

第三，投后管理的期限长且不确定性大。早期初创企业不像中后期企业那样具备较完善的组织结构和造血机制，其抗风险能力弱，技术落地、产品商业化、人才招揽、市场开拓等诸多方面都是在摸索中前进，资金只是企业发展的基本保证，但仍须多方面的资源聚合，才有可能扶持企业逐渐完善、从小到大。这就意味着早期投资者除了资金支持外，还需要对其提供管理规范、市场对接和资源整合等方面的支持。

6.2.3 投资主体之间的协同运作不足

通常早期投资生态系统的各类主体，可以通过信息共享、人才流动、资金互助、业务合作等方式，提升对创业企业的投资或服务效率。国内外已出现了不少创投机构与孵化器、上市公司与孵化器、银行信贷业务与投资业务等协同运作的案例。例如，美国的YC公司、硅谷银行和IDG、以色列的孵化器、青岛海尔集团、杭州市银江孵化器等，通过构建“孵化+投资+辅导成长”的业务模式，实现全链条、全方位的投资或服务覆盖。目前广东省在早期投资主体中也出现了少量协同运作案例，但大部分投资主体与孵化器、机构与初创企业等各类主体之间的合作意识还不强，需要进一步加强协同运作。以广东省孵化器与早期投资协同运作情况来看，主要存在以下问题：

孵化器的在孵企业获得投融资偏少。从获得投融资的在孵企业数量和累计获得的风险投资额两个指标看，广东省在孵企业获得外部投资均偏少。广东省孵化器内累计获得投融资的企业数量排名位居全国第二，占全国比例为9%，远低于江苏（占全国比例为16%）。《中国创业孵化发展报告2018》数据显示，广东省孵化器内在孵企业累计获得风险投资额排名位居全国第五，占全国10%，而北京、上海两地在孵企业累计获得风险投资额占全国比例分别为27%和21%。广东省孵化器内平均每家在孵企业获得风险投资额为530.08万元，略高于全国平均水平486.87万元，但远低于北京的1538.04万元和上海的945.43万元。

广东省孵化器投融资能力偏弱。2017年广东省孵化器投资总额306.25亿元，远低于江苏的437.5亿元；广东省平均每家孵化器获得投资额为3921.25万元，远低于江苏的7172.13万元。平均每家孵化器孵化基金偏少，2017年广东省781家孵化器孵化基金总额为120亿元，位居全国第一，但平均每家孵化器孵化基金为1536.49万元，低于北京的6212.26万元、上海的6540.34万元以及全国平均水平2051.29万元。获得孵化基金投资的在孵企业数量显著下降，2017年广东省获得孵化基金投资的在孵企业数量为895家，较2016年实现较明显的下滑（下降比例为21.2%）。

6.3　早期投资环境存在的问题

6.3.1　早期投资退出渠道有待进一步疏通

大部分早期投资者的投资目的是获取投资回报，而并非长期经营。我国早期投资者的退出方式主要包括IPO、企业并购、股权转让、管理层回购、破产清算等。其中通过IPO退出能够获得几十倍甚至上百倍的高额收益，投资回报率最高，是投资者最理想的退出方式。然后一般成功的初创企业发展至上市企业往往需要5—7年甚至更长的时间。因此，我国早期投资主要退出方式是股权转让和管理层回购，一般来说这两种方式投资者能够获得一定的投资回报，有的被并购项目的回报对于早期投资来说甚至是相当可观的。而至于破产清算退出，标志着初创企业创业失败，创业者和投资者都会遭受较大损失。

目前，我国的主板—中小板—创业板—新三板—区域股权交易市场的多层次资本市场发展起步较晚，部分市场功能相对不足。例如，从发行审核制度上看，在审核较为严格的时期，我国各级市场均存在制度规定与实际执行不统一的现象。例如，在对拟上市公司的资格审核中，主板市场的上市门槛为净利润5000万元，而实际执行标准却被提高到8000万元；中小板要求公司净利润达3000万元，但实际标准则是5000万元；创业板（允许多主业）要求公司净利润达1000万元，但实际标准为3000万元。此外，新三板、区域股权交易市场的流动性不足，单个市场及市场间协调转板等问题均是影响股权投资退出方式选择的重要因素。

从广东省早期投资退出的情况来看，广东省早期投资退出的数量并不多，退出方式以股权转让方式为主。随着我国新三板的扩容和广东省区域股权市场的发展，可以在一定程度上缓解广东省早期投资退出渠道狭窄的问题。但受企业IPO审核标准较高、上市公司并购重组和股票减持收紧、新三板与区域股权市场的流动性有限等因素影响，早期投资通过IPO方式和并购方式退出的难度仍然很大。因此，广东省需要积极探索多种方式，加快建设多层次资本市场体系，进一步疏通早期投资的退出渠道。

6.3.2 早期投资的信用体系有待完善

相比于欧美国家已经建立了较为完整的信用体系，我国关于企业和个人的信用体系尚不完善。我国初创企业或早期投资者对于失信行为需要付出的成本偏低，造成一些创业者和早期投资者的失信行为时有出现。部分创业者利用监管缺失、具有企业实际经营权等便利条件，私下转移资产或套现，不利于初创企业成长，使早期投资者的投资受到损失。也有部分初创企业在经营中虚造营业收入和利润数据，以获得吸引更多投资者或高估值的融资。企业遭遇破产清算时，在清算顺序上也时常会产生纠纷。

对于早期投资者而言，创业者过往的经历、初创企业的财务信息、诚信状况等难以了解或证实，加大了项目判断的难度。同样，初创企业在选择早期投资者时也存在类似的问题。目前我国并没有建立覆盖早期投资或风险投资主体的信用体系，广东省内也只有深圳市出台了《天使投资人备案登记制度》等相关制度，使得投资交易的成本较高，不利于早期投资的正常运作。

此外，相比较而言，在欧美等国家，知识产权制度体系健全，使得初创企业的创新积极性较高，知识产权和专利对初创企业而言是重要的无形资产，初创企业还可以通过专利质押进行融资，早期投资者也十分看重初创企业的知识产权。然而，我国知识产权保护体系及相关法规体系尚未完善，存在大量产品仿制和抄袭现象。初创企业的创新技术或模式极易被仿制者追随而来，致使部分早期投资者很难单方面通过专利或知识产权对初创企业进行判断。

6.3.3 早期投资的监管体系有待进一步提升

目前，我国对早期投资者和创业者还未形成完整的法规政策体系，无法提出有效指导和监管。具体早期投资的监管体系存在以下几个方面的问题：

监管法律体系不完善。近年来，我国早期投资和风险投资快速发展，数量和规模都在迅猛增长，而适用于早期投资的相关法律法规比较散乱、庞杂，分布较为广泛，同时不同部门出台的政策法规之间存在衔接困难；涉及部分实际具体问题时，又过于抽象，较笼统，或有矛盾冲突之处，在实践操作过程中，不利于集中查找和参考执行；还未制定形成一部完善的专门针对早期投资的法律法规，监管法律法规体系还有待进一步完善。

私募股权基金的登记备案制度有待进一步完善。（1）法律效力位阶较低。目前市场上依然存在部分基金管理人上报不实信息，甚至存在被注销私募基金管理人登记资格后仍然无视基金业协会做出的纪律处分继续经营。我国现行的登记备案制度欠缺一定的权威性，对私募基金管理人的约束力有待进一步提升。（2）标准单一不符合市场规律。我国私募股权基金的种类多种多样，采用统一标准不符合市场经济的具体情况和发展要求。尤其对规模较小的私募股权投资企业来说，增加了其运营成本，限制了该类型企业的市场活力。（3）缺乏有力追责等相关配套机制。私募股权基金的登记备案主要是事后监管，仅仅是私募基金管理企业的准入门槛，缺乏与其相匹配的追责机制，不利于保护投资者的合法权益。

国资考核指标不利于早期投资行业发展。现有国有资产或财政资金的管理与监督制度体系中，对投资、财务核算、业绩考核、薪酬与激励约束等相关制度，主要适用于成熟的、规模化的、产业型的企业。相关考核指标并不能完全适用于早期投资，这很大程度上制约了早期投资的发展。

6.3.4　创新创业的文化有待升华

从美国硅谷、英国苏格兰等国外区域早期投资发展经验来看，创新创业的文化是保障初创企业源源不断创新的重要条件之一，也是早期投资生态系统的重要环境。

总体而言，虽然广东省拥有浓厚的商业文化和创新氛围，为早期投资营造了良好的文化环境，但受科技教育水平和社会诚信体系建设等因素限制，无论是初创企业还是早期投资都存在严重的短期投机倾向，企业热衷于模式复制而不重技术创新、投资热衷于跟风炒作而不重增值服务，这些都与早期投资需要的鼓励创新、宽容失败、长期投资、增值服务的文化导向不相适应，须进一步培育和升华。

第七章　广东省早期投资的对策建议

7.1　丰富和提升早期投资相关主体

7.1.1　提升政府引导资金的引导效应，鼓励各级政府新设早期引导基金

借鉴以色列、北京、上海等区域的经验，发挥早期投资的政府引导基金的作用，吸收、撬动更多的民间资金进入早期投资中，盘活社会存量资本，强化杠杆效应，完善引导基金市场化管理运作。

（1）鼓励各级政府新增设立政府早期投资引导基金。建议梳理现有政府引导基金管理制度，优化相关审批流程。在保障财政资金合规使用的前提下，赋予政府引导基金管理公司一定的自主决策权，并凭基金董事会相关决议文件办理财政拨款，每年定期进行检查监督，确保基金投资符合引导早期投资的相关政策导向。同时建立和完善业务主管部门与基金运营机构的沟通联系、跟踪服务和信息反馈等机制，切实提升政府引导基金设立和运行效率。

（2）完善政府引导基金的市场化运作机制，增强基金竞争优势。选择专业的基金管理机构运营政府引导基金，并建立与运营管理绩效相挂钩的让利机制，根据绩效和贡献度确定让利比例，实现责权利统一，调动社会资本与基金管理团队积极性。支持基金管理机构实行员工持股或建立项目跟投制度，通过利益共享、风险共担机制激励基金管理团队寻求更多高质量投资。同时，为了更客观地评价政府引导基金带动社会资本早期投资的效果，建议将考核重点从基金募集放大倍数转向基金投资初创企业的投资带动效应。

（3）完善政府引导基金的投资运作，提升基金运行效果。一方面，发挥政府引导优势，搭建早期投资个人及团体、早期投资机构、各类市场机构及初创企业的信息服务平台，实现初创企业与基金投资机构的信息互通，拓展基金投资项目渠道。另一方面，健全风险补偿机制，在投资中做到与市场资金同步注资，在退出时放弃优先分配或优先清偿权利，适度解决市场资金的收益与风险不对等问题。此外，探索建立亏损补偿机制，综合考虑早期投资引导目标实现及早期投资项目盈亏

情况，对市场资金亏损进行一定补偿。

7.1.2　完善投资人组织及信息交流平台，提升早期投资人的专业能力

（1）建立具有区域性特征的早期投资组织。一方面，建立政府引导型组织，前期由政府主导，在早期投资者网络建设初期由政府提供资金资助，并利用政府力量吸引一批知名早期投资者、早期投资机构加入，政府机构与市场上民间早期投资组织共同合作，共享信息和资源，逐步培育出自发组织、运营模式稳定的早期投资组织。另一方面，支持民间主体自发组织成立早期投资协会、联盟、俱乐部等组织，为早期投资人搭建互动平台，分享资源，传授经验，扩大项目来源，促成项目对接，自发形成早期投资网络。

（2）支持各级地方政府探索发展早期基金小镇。基金小镇在我国是新生事物，对地方经济发展有深远影响，也对聚集各类早期投资主体、加强信息交流有重要的推动作用。目前广东省部分地方政府正在积极规划建设基金小镇，建议广东省加强与国内外知名早期基金、早期投资机构的合作，积极探索发展早期投资基金小镇，充分吸引丰富的早期投资主体、科技资源和产业资源落户，实现科技、产业、资本、智本的高度集聚。

（3）加强线上信息交流平台建设。一方面，由政府部门牵头设立具有广东区域特色的线上平台，借鉴国内天使汇等线上平台运营经验，通过借助线上平台推动单个早期项目由多个早期投资个人或机构联合投资，同时提供线上路演、对接国外平台、线上创业辅导、线上加速孵化等多方位服务，推动早期投资市场向专业化、规模化和市场化方向发展。另一方面，借鉴国内外同类线上平台发展的经验和做法，规范省内线上早期投资撮合平台，出台相关行业规范管理指引，促进广东省早期投资线上平台行业健康发展。

（4）不断完善早期投资人专业能力培训体系。借鉴硅谷、苏格兰等区域早期投资专业人才培训机制，以早期投资组织为平台为个人投资者提供培训，培养有行业经验和投资知识的专业投资人士。建议通过线上线下等方式，加强早期投资人的培训或经验交流平台建设，通过与知名的培训机构共同培育更多优秀的早期投资者，不断完善天使投资人培训体系，挖掘更多潜在的早期投资人并使其成为专业的早期投资者。

7.1.3 推动孵化器等科技服务机构提质增效

（1）因地制宜、促进创新，推动各地完善孵化育成服务链。首先推动广州、深圳建设一批标杆性品牌孵化器，辐射引领广东省孵化器发展。推动珠三角其他地市孵化器提升质量，推动粤东西北地区加大对孵化器基础建设的财政投入，把援建孵化器作为珠三角与粤东西北地区对口帮扶的重要内容，建成一批支撑地方主导产业发展的孵化体系。其次，国有企业、事业单位积极探索建设混合所有制孵化器。支持高校、研究院所、大型龙头企业建设专业孵化平台，搭建开放共享的工业互联网平台，为产业链相关的中小企业提供全链条、一体化服务。最后，建设一批各具特色的众创空间、孵化器、加速器，不断完善“众创空间+孵化器+加速器”的科技创业孵化育成链条，实现从团队孵化到企业孵化再到产业孵化的全链条、一体化服务。

（2）支持孵化器向专业化、精细化升级，发展地方特色支柱产业。第一，推动各地围绕当地的支柱产业、特色产业和战略性新兴产业，建设一批各具特色的产业孵化器。第二，依托科研院所和大型企业，建设专业孵化器。如广州华南新材料创新园依托上市公司金发科技打造新材料专业科技孵化器，松山湖华科产业孵化园依托华中科技大学工业技术研究院和智能机器人研究院打造新一代信息技术、高端装备领域的专业孵化器。第三，结合区域经济战略布局和当地产业发展实际，引导产业技术研究院、行业公共技术服务平台、产业创新联盟、技术转移机构等产业组织者共同建设产业孵化器群。

（3）加强孵化器专业人才培养。建立面向孵化器管理人员、服务人员、在孵企业及创业者的多层次孵化培训体系，统筹省内孵化器协会、骨干服务机构的培训资源，在广东省各地定期举办各类孵化器培训班，不断加强对孵化器从业人员管理水平和服务能力等专业素质的培养。同时，建立多层次创业导师体系。凝聚广东省创业导师力量，引导和鼓励成功创业者、知名企业家、天使和创业投资人、行业专家等担任创业导师。组织开展创业导师培训，培养一批高水平的创业导师队伍。开展创业导师登记备案，完善创业导师评价机制、激励机制、流动机制，建立广东省创业导师库。

（4）积极融入全球创业孵化网络，加快孵化器国际化发展。支持广东省孵化器与欧美、以色列等国的孵化器、科技园区建立合作关系，积极开展孵化服务交流、技术交易及国际技术转移服务等合作。通过参与和举办国际性的孵化器行业活动，促进全球创新创业要素的资源流动和跨国配置，搭建海外高端技术创业者向国内转移的服务平台。持续深化粤港澳台的合作与交流，加强与港澳台的创新创业资源对接与合作，提升面向港澳台青年的创业平台的服务水平，为粤港澳台地区创业提供更好支撑。

7.1.4　以战略性新兴产业为重点，引导相关产业资本参与早期投资

建议将广东省早期投资发展与广东创新驱动战略、粤港澳大湾区建设等重大战略的产业布局协同推进实施，以战略性新兴产业为重点加强早期投资生态系统建设。

（1）因地制宜，发挥区域产业优势特点。各市结合自身经济特点及产业优势，充分发挥龙头企业的产业引领作用，围绕若干重点战略性新兴产业建设早期投资生态系统。如佛山市把智能制造作为主攻方向，鼓励大型企业、上市公司、国有企业、金融机构等参与智能制造行业的早期投资，重点推进智能制造行业的孵化器、众创空间建设，加强当地高校的相关学科建设及产学研合作，加快做强做大先进装备制造业集群。

（2）引导企业进入新兴产业领域，壮大新兴产业初创企业队伍。一是积极推进新旧产业的有序衔接，构建传统产业向新兴产业过渡的接口，引导企业进入生物技术、先进装备制造、新材料、新能源、节能环保、新一代信息技术等广东省战略新兴产业领域，形成新兴产业新的产业延伸点。二是构建“核心技术—战略产品—工程与规模应用”的创新价值链，支持产业链上下游协同创新合作，提高新兴产业初创企业专业化配套能力和发展水平。三是引导初创企业将智能制造、互联网、云计算和物联网技术嫁接到新兴产业领域，形成新的产业增值环节。四是引导初创企业专注新兴产业特定领域进行突破性创新，形成突破性成果，打造新兴产业特定领域的竞争优势。

（3）设立新兴产业早期投资引导基金，放松杠杆和盈利要求，延长期限，引导资金投向战略新兴产业的优质初创企业。建议放松新兴产业早期投资引导基金的杠杆和盈利要求，延长投资期限，按照“市场化运作，政府引导”原则运作，灵活运用风险补偿、阶段参股、跟进投资等多元化运作模式，鼓励引导投资生物制药、新材料、高端装备制造等战略新兴产业的优质初创企业。

7.2 加强资源整合，提高早期投资运行效率

7.2.1 加强早期投资的资源对接，充分发挥中介服务机构的作用

（1）推动孵化器与早期投资全面对接。依托广东省科技企业孵化器协会创业投资专委会，集聚更多的早期投资和风险投资，开展早期投资主体、创业投资机构与科技企业孵化器的全面对接，实现广东省孵化器创业投资、早期投资服务的全覆盖，筛选优秀在孵企业，加大对在孵企业的风险投资力度。同时，支持孵化器充分利用政府创业投资引导基金，联合其他社会资本共同设立细分产业早期投资基金。

（2）推动各类主体参与“天使+孵化”模式。一是大力支持早期投资主体和机构设立或共同设立创新型孵化器，积极引导社会金融资本参与和支持孵化器建设，推进“孵化器+天使投资+创业企业”的持股孵化模式。二是鼓励高校、各类产业技术研究机构、产业集群群体、孵化器设立早期投资基金，利用技术领域优势，提高孵化创业成功率。三是鼓励开展其他技术成果交易或转化的服务机构设立早期投资基金，发挥信息获取优势，挖掘具有规模化价值的项目资源。

（3）建立早期投资与政府项目对接机制。开放广东省双创示范基地、国家高新区、产业（技术）创新中心、科技企业孵化器、众创空间等项目（企业）资源，发布企业银行信用信息、企业收入与纳税情况，公示初创期和成长期企业名单和需要投资融资的企业名单，同时为企业披露投资机构排名、信用情况、备案登记情况，为早期投资主体和初创企业搭建投融资信息共享平台。此外，不断完善高新技术企业库、初创型科技企业库等企业库建设，推动科技创新的同时，持续为早期投资提供优质项目来源。

（4）促进早期投资与中介机构的合作共赢。支持与早期投资相关的会计、征信、信息、托管、法律、咨询、教育培训等类的中介机构发展，鼓励中介服务机构参与早期投资或对接投融资资源，疏通早期投资人与市场中介服务机构的资源对接。

7.2.2 聚集或打造一批参与早期投资的国内外知名创投机构

建议着力聚集或打造一批有影响力和有品牌的国内外知名创投机构或早期机构参与到广东省的早期投资，并带动和影响省内本土的其他机构，形成早期投资良性业态。

（1）鼓励国内外知名创投机构到早期投资活跃度较低地区设立分支机构。通

过政府引导基金参股子基金的方式，引进国内外知名创投机构在深圳、广州以外的珠三角地区和粤东西北地区注册设立早期基金，机构总部继续承担基金募集、投资决策、内控管理和项目退出等重大决策，分支机构负责当地的项目选择和投后管理，充分发挥知名机构为当地初创企业提供增值服务的作用。

（2）支持国有创业投资机构开展混合所有制改革，为其参与早期投资创造条件。建议借鉴深创投、江苏高投、达晨创投等国有创投机构实行混合所有制改革的成功经验，允许广东省国有创投企业进行混合所有制改革，引入各类战略投资者，优化股权结构，完善公司治理，并引入合伙人制度、项目跟投市场化激励约束机制。同时，调整对国有创投机构的利润规模、净资产收益率、投资规模等方面的考核，将考核重点放在是否发挥引导科技创新、社会资本引导效应等方面。

（3）聚集或打造一批知名的早期投资机构。一方面，采用税收优惠、人才补贴等措施，引进一些国内外知名早期投资机构，发挥其行业地位及其品牌效应，带动广东省早期投资的发展。另一方面，鼓励早期投资的个人和团体组织向机构化运作发展，并采用引导基金、风险补偿基金等方式引导其发展成为成熟的早期投资机构，进而逐渐培育出具有市场影响力的本土早期投资机构。

7.2.3　探索建立股债联动、投保联动等创新模式，完善科技金融服务链条

借鉴硅谷、上海等区域的发展经验，推动发展股债联动、投保联动等创新业务模式，进一步实施知识产权质押融资，完善风险救助专项资金等政策，支持担保机构对高新技术企业或高新技术成功转化的担保，不断加大对科技型初创企业的投融资支持，同时探索建立股债联动、投保联动等创新模式，完善科技金融服务链条。

（1）完善银行等信贷机构科技金融服务。一是鼓励银行业金融机构新设或改造设立从事创新创业金融服务的专业或特色机构，提供科技信贷、融资担保、知识产权质押、股权质押、场外交易市场及新三板挂牌、企业上市辅导等科技金融服务。二是积极发展广东省内科技小贷、融资担保、融资租赁、资产管理等科技小微金融业态，鼓励科技金融组织、科技金融业态和科技金融产品创新，探索发展“投担贷”“投租贷”等金融服务模式，提高综合金融服务能力。三是加快探索并建设早期基金与科技信贷相结合的科技银行模式，力争成立具有法人主体的科技银行，打造全国知名的科技信贷品牌。

（2）加强保险行业对科技金融支持。一是鼓励具备条件的大型保险机构与孵

化器、早期投资机构探索合作设立科技保险基金，前期探索为初创企业提供科技保险服务，待业务模式成熟择机设立独立运营的科技保险机构。二是进一步加大保险资金投资早期基金或初创企业股权的力度，为早期投资和初创企业创新注入稳定资金来源。三是鼓励保险机构与银行、创投机构共同探索“投保”“投保贷”等金融服务模式，进一步探索科技金融的创新服务模式。

（3）提升和完善孵化器的科技金融服务体系、服务功能，推动区域性股权市场、“中国青创板”综合金融服务平台等广东省金融服务平台与孵化器无缝对接，同时加大科技企业孵化器与银行、担保等金融机构的合作力度，为在孵企业提供多元化的科技金融对接服务。

（4）加强科技金融专业人员队伍建设。加强科技金融专业人才引进和培训，建立具备专业技术识别能力的金融服务团队，为数据网络、电子通信、软件服务等轻资产高新技术初创企业或其他科技创新企业提供个性化科技金融支持。

7.3 加强市场体系和制度文化建设，营造良好外部环境

7.3.1 构建多层次资本市场体系，畅通早期投资退出渠道

通过探索建立私募二级市场基金、提高区域股权市场流动性等方式，进一步畅通早期投资退出渠道。

（1）探索建立由政府主导出资的私募二级市场基金，私募二级市场基金作为私募股权二级市场的买方，从基金管理机构购买私募基金中的部分或全部投资组合，另外也会参与LP在基金中份额的转让。利用政府平台提供的相关信息资源，盘活早期投资市场存量资金，也为早期投资对接项目资源，有利于缓解对企业盈利性要求较高而使市场主体参与度较低的问题。

（2）提高区域股权市场流动性。积极推动区域股权交易市场规范发展，创新交易品种和方式，健全融资、并购、交易等多元化服务功能；加强与其他省份区域股权市场的合作，建立广东省乃至华南地区的区域股权交易市场网络交流平台；建立不同区域股权市场的转板机制，集中优质资源为优秀的企业提供服务。

（3）建立区域股权市场外部对接机制，引导初创企业进入区域股权市场。建立与全国中小企业股份转让系统和机构间私募产品报价与服务系统的合作机制，推动创新创业型中小微企业挂牌交易；建立工商登记部门与区域性股权市场的股权登

记对接机制，支持创业企业开展股权质押融资，积极争取股权众筹融资试点，拓展创业企业融资渠道；搭建创业投资与中小企业信息共享平台，健全技术产权交易市场，拓宽创业投资退出渠道。

7.3.2 完善广东省早期投资监管和政策环境

（1）制定针对早期投资的监管法律制度。通过建立针对早期投资的法律法规，对早期投资的募资、投资、运营管理、风险控制等方面进行规范，明确各部门之间的监管权限和职责范围，规定监管机构的合规性监管手段和程序。同时，建立早期投资行业自律组织，制定自律监管的基本原则，确立和完善业务规则体系，强化依法运作意识，营造良好的行业自律氛围。

（2）进一步完善私募股权基金的登记备案制度。一是探索制定差异化登记制度，对不同类型或不同规模的私募股权基金或管理人实施差异化备案制度，如对于中小私募股权管理人或基金可以实行相对简单的登记制度，而对规模较大的私募股权基金或管理人实行严格和细致的登记备案标准；二是建立违法违规追责制度，从登记备案阶段到后续的运营阶段涉及的主体很多，应当在明确基金管理人、基金出资者、会计师事务所、律师事务所等相关主体责任的基础上，建立更科学的、分主体分层次的事后追责机制，进而加强相关违规行为的警示作用；三是提升法律位阶，建议在《证券投资基金法》或其他法律中规定私募基金登记备案制度，提高基金业协会自律性规则的权威性。

（3）优化对国有创投机构或财政资金的绩效考核机制。制定更适合早期投资或风险投资行业特点的考核指标体系。对于符合实施跟投条件的国有创投机构，经主管部门批准和履行国资监管职责的机构备案，可以建立项目跟投制度。对进入早期投资或风险投资领域的国有资本或财政资金，降低最低预期回报率考核，可在基金到期后按基金存续期进行结算考核，可把考核重点放在引导社会资本投资和推动科技创新的效应上。

（4）统筹研究鼓励创新创业企业、早期投资和早期投资组织发展的优惠政策。进一步完善鼓励投资种子期、初创期等早期科技型企业的税收支持政策，加大投资抵扣税收优惠政策扶持力度，探索早期投资中个人所得税优惠政策。以普惠性政策支持、营造公平竞争环境为导向，出台支持早期投资行业协会、联盟、俱乐部等的政策，培育早期投资行业组织团体。

（5）通过宣传、制定法规等多种方式提高初创企业和早期投资相关主体的知识产权自我保护意识。早期投资组织或机构可以通过对初创企业辅导，鼓励创业者及时申请专利、著作权等保障自身权益。同时，进一步完善对初创企业和早期投资者在初创公司股权及相关产品和知识产权方面的立法和执行。

7.3.3 建立早期投资登记制度，强化区域信用体系建设

（1）引导早期投资主体进行登记备案，建立信用服务系统。培育和发展早期投资信用服务机构，进行信息服务机构登记备案，组织早期投资信用评级，推进信用服务业发展；明确信用中介机构的市场准入与退出条件、运营规则、从业人员资格以及信用失真应承担的责任，保障信用服务市场规范运行；制定具体信用评级细则，规范初创企业的经营行为，促进初创企业诚信经营。

（2）参照国家信用标准、银行征信标准，研究制定符合早期投资实际的创业企业基础信用信息征集技术标准和接口规范，促进地区之间数据资源交换与共享。对创业企业信用信息进行记录、汇集和应用，建立健全信息档案。制定早期投资信用信息共享和使用规定，明确创业企业基础信用信息查询程序、安全保密和监管责任，制定早期投资主体获取基础信用信息的范围、方式、途径和程序，保障初创企业基础信用信息资源开放共享。

（3）发挥政府信用主管机关作用。政府有关部门在工商年检、税费管理、政府采购等方面给予必要的政策性鼓励，逐步规范初创企业和个人的信用行为。此外，发挥信用信息行业协会的作用，完善信息公示和警示制度，建立创业投资严重失信黑名单制度，提高失信成本，同时鼓励有关社会组织探索建立守信红名单制度，对信用良好的初创企业和早期投资主体进行鼓励表彰或给予政策优惠。

7.3.4 营造崇尚创新、宽容失败的创新创业文化氛围

（1）发挥政府部门在制度建设、宣传引导方面的积极作用。构建有利于创新文化发展的人才流动机制、知识产权保护机制和成熟的融资机制等，加强科学技术普及，提高全民科学素养。同时，创新文化建设过程中以宣传引导为主，避免过多的行政干预，大力宣传广大科技工作者爱国奉献、勇攀高峰的感人事迹，在全社会形成鼓励创造、追求卓越的创新文化。

（2）积极培育初创企业创新文化，营造良好的创新文化氛围。鼓励初创企

业、科技企业以人本管理为主，为创业创新团队营造宽松环境，培养员工的创新意识和创新思维，同时加大对企业创新的激励，建立鼓励创新、宽容失败的容错纠错机制，激发员工创新积极性，逐渐形成广东省企业敢为人先、勇于冒尖、大胆质疑的创新文化。

（3）鼓励成立公益性早期投资人联盟等各类平台组织，培育和壮大专业早期投资人群体，促进早期投资人与初创企业的信息交流与合作，逐渐营造出良好的早期投资氛围，为广东省早期投资资本、前沿技术和创新集聚营造文化环境。

附录：广东省科技创新资金供求缺口测算过程

1. 柯布–道格拉斯生产函数

采用的生产函数模型如下：

$$Y_t=A_tL_t^{\alpha}K_t^{\beta}R_t^{\lambda} \quad (1)$$

其中Y_t是高技术产业增加值，A_t是全要素生产率（TFP），L_t是高技术行业全部就业人员年平均人数，K_t代表资本存量，R_t代表知识存量。

关于资本存量，经“永续盘存法”测算，测算公式为$K_t=(1-\delta)\times K_{t-1}+\frac{I_t}{P_t}$，其中$K_t$为当期的物质资本存量，$K_{t-1}$为上一期的物质资本存量，$I_t$为当期的高技术产业固定资产形成额，$P_t$为以2003年为基期的当前资本价格指数，即固定资产数据均经过指数平减，δ为固定资产折旧率。参照张军等（2004）、刘志迎等（2006）、范凌钧等（2011）的研究，设定δ=15%。参照张军等（2004）的研究，基期的高技术产业固定资产投资确定，主要通过计算2003—2016年间的高技术产业固定资产指数平均增长率得到g值，根据公式$K_{2003}=\frac{I_{2003}}{g+\delta}$，即可算出2003年基期的固定资产资本存量。

创新所需要的知识存量也采用“永续盘存法”来衡量，测算公式为$E_t=(1-\delta)\times E_{t-1}+\frac{I_t}{P_t}$，其中$R_t$为当期的R&D资本存量，$R_{t-1}$为上一期的R&D资本存量，$I_t$为当期的R&D支出，$P_t$为以2003年为基期的当期R&D价格指数，数据也经过指数平减，δ为R&D资产折旧率。参照吴延兵（2006）的知识函数模型，考虑到高技术产业R&D折旧损耗较大，折旧率取15%。基期的R&D存量资本核算，亦采用$E_{2003}=\frac{I_{2003}}{g+\delta}$，算出2003年基期的R&D资本存量。

假设$\alpha+\beta+\lambda=\mu$，将方程（1）两边除以进而推断出高技术产业劳动生产率，并取对数，可得出方程（2）：

$$\ln(\frac{Y_t}{L_t})=\ln(A_t)+\beta\ln(\frac{K_t}{L_t})+\lambda\ln(\frac{R_t}{L_t})+(\mu-1)\ln(L_t) \quad (2)$$

在方程（2）中，高技术产业劳动生产率$\frac{Y_t}{L_t}$（设为y）是由TFP、资本存量–劳动力占比$\frac{K_t}{L_t}$（设为k）、知识存量–劳动力占比$\frac{R_t}{L_t}$（设为r）以及劳动力L_t（设为l）构成。也即得到$\ln(y)=\ln(A_t)+\beta\ln(k)+\lambda\ln(r)+(\mu-1)\ln(l)$，将该方程进行一定转化可以得到方程（3）。在这些多变量方程中，高技术产业劳动生产率增长率可以通过方程（3）进行预测和推断：

$$\frac{\Delta y_t}{y_{t-1}}=\frac{\Delta A_t}{A_{t-1}}+\beta\frac{\Delta k_t}{k_{t-1}}+\lambda\frac{\Delta r_t}{r_{t-1}}+(\mu-1)\frac{\Delta l_t}{l_{t-1}}+\varepsilon_t \tag{3}$$

在方程（3）中，$\frac{\Delta y_t}{y_{t-1}}$是因变量，$\frac{\Delta k_t}{k_{t-1}}$、$\frac{\Delta r_t}{r_{t-1}}$以及$\frac{\Delta l_t}{l_{t-1}}$是自变量。通过OLS回归，可以估计到资本边际回报率（$\hat{\beta}$）、知识资本边际回报率（$\hat{\lambda}$）以及劳动力边际回报率（$\hat{\mu}-1$）。使用STATA软件，得到以下回归结果，结果显示R方达到0.7798，整个回归F值通过0.0001检验，这说明变量解释力度比较好，较为合理。

$$\frac{\Delta y_t}{y_{t-1}}=\underset{(0.11)}{0.012}+\underset{(0.93)}{0.430}\times\frac{\Delta k_t}{k_{t-1}}+\underset{(0.55)}{0.188}\times\frac{\Delta r_t}{r_{t-1}}-\underset{(0.47)}{0.200}\times\frac{\Delta l_t}{l_{t-1}}\quad\text{（括号内为}t\text{值）}$$

根据$\frac{\Delta y_t}{y_{t-1}}$、$\frac{\Delta k_t}{k_{t-1}}$、$\frac{\Delta r_t}{r_{t-1}}$以及$\frac{\Delta l_t}{l_{t-1}}$的时间序列以及它们的参数，可以基于方程（4）推断出全要素生产率的增长率($\frac{\hat{\Delta A_t}}{A_{t-1}}$)，并且通过使用MATLAB软件进行滤波分析消除误差项（ε_t），得到的趋势项即全要素生产率增长率。

$$\frac{\hat{\Delta A_t}}{A_{t-1}}+\varepsilon_t=\frac{\Delta y_t}{y_{t-1}}-\hat{\beta}\frac{\Delta k_t}{k_{t-1}}-\hat{\lambda}\frac{\Delta r_t}{r_{t-1}}-(\hat{\mu}-1)\frac{\Delta l_t}{l_{t-1}} \tag{4}$$

前面所做的推理都是为基于广东未来潜在的资本存量、知识存量、劳动力以及全要素生产率增速的情形，从而预测出未来高技术产业增加值的潜在增长率情况。进一步，公式（3）经过一定转化可以得到方程（5），基于此模型，可以预测出高技术产业增加值增速。

$$(\frac{\Delta Y_t}{Y_{t-1}})^{*}=(\frac{\Delta y_t}{y_{t-1}}+1)\times(\frac{L_t}{L_{t-1}})-1 \tag{5}$$

2. 生产要素的测算

根据经转化后的生产函数：G_Y=0.188×G_R+0.182×G_L+0.430×G_K+0.012。

可以算出G_R、G_L、G_K以及全要素生产率对高技术增加值增速G_Y贡献分别为$0.188\times\frac{G_R}{G_Y}$、$0.182\times\frac{G_L}{G_Y}$、$0.430\times\frac{G_K}{G_Y}$、$1-0.430\times\frac{G_K}{G_Y}-0.188\times\frac{G_R}{G_Y}-0.182\times\frac{G_L}{G_Y}$。其中$G_K$、$G_Y$、$G_L$、$G_R$分别表示资本存量、高技术增加值、劳动力、知识存量的增速。

可以测算出历年资本存量增速、知识存量增速、人力资本增速以及全要素生产率增速对广东高技术产业增长的贡献程度。图1-8-1反映了这一结果，得出以下发现：第一，固定资产投资一直都对广东高技术产业增加值增长贡献很重要，2010—2016年平均贡献达到67.28%，2015年甚至达到91.93%。第二，人力资本在2010—2014年间对高技术产业增长贡献程度还是比较大，平均贡献达到5.71%，但随后回落，2016年贡献度仅有1.81%；第三，以全要素生产率和代表技术水平的知识存量对高技术产业一直贡献很重要作用，尽管全要素生产率在某些年份是负的（2013年为最低值，达到37.53%），但是知识存量对高技术产业增长2010—2016年平均贡献34.19%的作用。

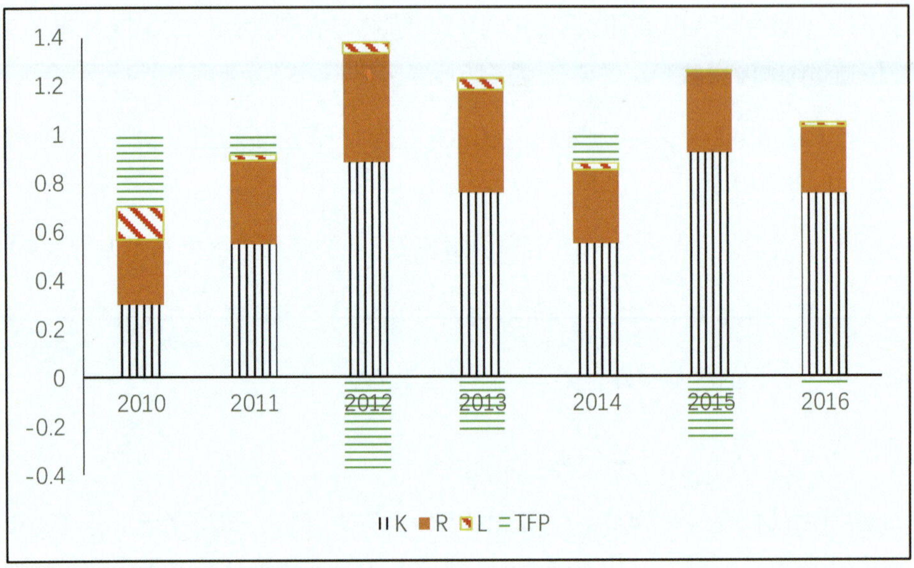

图1-8-1　资本存量、知识存量、人力资本以及全要素生产率对高技术产业增速贡献

注：其中K为资本存量，R为知识存量，L为有效劳动力，TFP为全要素生产率
数据来源：基于《中国高技术统计年鉴2004—2016》、广东科技厅http://www.gdstc.gov.cn/、广东统计信息网http://www.gdstats.gov.cn/相关数据的整理，使用Stata14.0测算得到

广东高技术产业发展中将会因过去行之有效的人力资本和资本存量的两大重要生产要素的逐渐式微而面临增速放缓。这种传统生产要素的式微在“十二五”期间已有反映。在人力资本方面，高技术产业从业人员由于基数较大、经济周期等因素，增速在2008年后迅速衰减，“十二五”期间增速仅有1.8%，近些年来更是录得负增长。本书认为在广东人口红利衰减和人口结构老年化的两大因素背景下，预测2017—2020年间这种减慢的趋势仍将持续，平均增速将降至0.55%；在资本存量方面，一方面“十二五”期间增速平均高达18.65%，增速已经处于相当高的位置，另一方面2016年资本存量对高技术产业增长贡献相比2015年下降了16%，但仍能达到75%的水平（见图1-8-1），投资对高技术产业增长的贡献度再维持这种高位的可能性不大，贡献度呈下降趋势将是大概率事件。因此，基于已有的资本存量增速情况以及经济周期背景下，预测未来资本存量还想保持“十二五”以来的高增长的可能性比较小，2017—2020年高技术资本存量平均潜在增速预计为15.18%。

未来，广东在高技术产业发展上继续保持较高增速发展，那么全要素生产率的提升和对技术研究的投入将是广东高技术产业保持稳定增长的主要动力来源。鉴于此，同时根据广东省科学技术厅2017年2月出台的《“十三五”广东省科技创新规划》、广东省政府2016年4月发布的《广东省国民经济和社会发展第十三个五年规划纲要》及历史发展数据对高技术产业部分生产要素进行预测；在资金投入方面，广东到2020年R&D占地区生产总值比重达到2.8%，根据地区生产总值未来平均增速达7%，2020年将达到11万亿元规模，因此，根据此目标要求，2020年广东R&D经费将达到3080亿元，经平均增速测算可以估计2017—2020年广东各年份的R&D经费分别为2231.06亿元、2484.22亿元、2757.49亿元、3080亿元。参照全社会R&D投入增速情况，选取广东2000—2016年高技术产业研发投入（R&D）增速数据（扣除价格因素的影响），使用向量自回归（ARMA）的方法，从而预测出2017—2020年广东高技术产业R&D投入情况，结果显示到2020年高技术产业R&D经费预计为1626.94亿元，占全社会R&D经费的52.82%，相比2015年的45.32%有较大提升，预计期间平均增速达14.11%。

3. 资本存量的测算

方程（5）经过转化，得到方程（6），基于此公式和估计出的参数值可以测算出资本存量增速

$$(G_K)^* = [(G_Y)^* - (-0.2+1-1-\lambda-\beta) \times G_L - \alpha G_R - C]/\beta \qquad (6)$$

其中G_K、G_Y、G_L、G_R和C分别表示资本存量、高技术增加值、劳动力、知识存量的增速和常数项。

4. 高技术产业固定资产投资的测算

为保证数据的一致性，故选取的是《中国高技术统计年鉴》中2003—2016年的广东高技术固定资产投资的时序数据。从2003—2016年广东高技术资本存量、固定资产投资的增速变化看，二者呈高度一致的变动趋势，为此，构造一个基于资本存量增速作为自变量，每年新增固定资产投资额增速作为因变量的回归方程（扣除价格因素），采用2003—2016年广东样本构建回归方程，得到如下式方程（7）：

$$\underset{}{G_I} = \underset{(8.26)}{0.143} + \underset{(2.86)}{0.184} \times G_K \qquad (7)$$

$$R^2 = 0.43 \quad D.W. = 0.81$$

G_I表示为高技术产业固定资产投资增速。

5. 广东全社会金融供给的测算

借鉴郭丽虹等（2014）的相关研究，选取2001—2016年广东宏观经济数据为测算样本，分别建立广东国内生产总值与社会融资规模、直接融资规模的一元方程，为保证系列数据的分布更加均匀，采用Census-X12方法对所有的原始数据进行季节调整，剔除了长期趋势要素。即：

$$\ln gdp_t = \beta_0 + \beta_1 \ln fin_t$$

$$\ln gdp_t = \alpha_0 + \alpha_1 \ln Credit_t$$

其中，t表示年度，因变量为广东国内生产总值并取对数，解释变量ln fin为广东社会融资增量规模，也即广东金融总供给，并取对数，ln $Credit$为广东社会间接融资额并取对数，β_0、α_0为常数项。使用Stata 14.0软件，采用最小二乘法回归得出以下两式结果，回归结果显示拟合程度较好，结果比较可靠。

$$\ln gdp_t = 4.15 + 0.72 \ln fin_t$$

$$(6.87) \quad (10.48)$$

$$R^2\_a = 0.88 \quad D.W. = 1.06$$

$$\ln gdp_t = 3.76 + 0.79 \ln fin_t$$

$$(5.03) \quad (9.00)$$

$$R^2\_a = 0.84 \quad D.W. = 1.68$$

6. 广东科技创新中金融供给的核算

广东科技创新中的金融供给主要分为间接融资、直接融资，故在核算中从这两个方面展开。

（1）间接融资。其核算方法及思路如下：全社会的R&D投入基本都是企业自身筹集，因此针对创新，银行的支持主要体现在对高技术产业固定资产投资发放银行贷款上。固定投资的资金来源包括国家预算资金、银行贷款、利用外资、自筹资金以及其他资金。高技术产业企业的主体属于制造业，故其固定资产投资资金来源结构应与制造业构成比较类似，由于高技术产业固定资产投资来源数据的缺失，将制造业固定资产投资的银行贷款占比等同于高技术产业固定资产投资的占比。2010至2015年制造业固定资产投资的银行贷款占比分别为12.18%、8.38%、5.62%、5.64%、6.35%和5.80%。从历年数据可知，银行贷款提供资金占比逐年减少。

（2）直接融资。主要为多层次资本市场融资额，包括国内A股上市的高技术企业IPO融资及再融资、新三板高技术企业的融资、风险资本市场融资（包括天使投资、创业投资及私募股权投资）、债券融资。其中第二部分计算可以通过相关数据直接获得，但一方面由于无法获得高技术企业的数据，另一方面企业发债门槛较高，同时债券融资更加青睐房地产、基建等大型项目，故没有将债券融资数据计算在内。

7. 广东科技创新中金融供给的测算

关于广东科技创新中金融供给的测算，主要从间接融资和直接融资两方面分析。

间接融资预测：第一步，根据广东往年固定资产投资中银行贷款占比，使用灰色预测法进行预测未来银行贷款的占比，结果显示2017—2020年银行贷款占高技术产业固定资产投资比例分别为4.67%、4.33%、4.01%，3.72%；第二步，选取前文测算中的2017—2020年固定资产投资的数据，相乘可得2017—2020年金融市场对广东创新的间接融资额。

直接融资预测：借鉴“高技术产业投融资体系问题研究”课题组（2005）的研究，根据2012—2016年的统计数据计算，2017—2020年广东创新中的直接融资占全社会直接融资比例分别为16.75%、79.17%、50.92%、63.60%和43.47%，年均大约50%，按照这个比例，将其与测算出的2017—2020年的年度直接融资相乘，即可得到广东创新中的直接融资额，进一步将其与广东创新中的银行贷款相加即可得到广东创新中的金融供给。

8. 高新技术企业各融资阶段面临的金融缺口测算

就社会总体中股权资本在高新技术企业发展的各个阶段分布比例来看，如表1-8-1所示，广东成熟期资本市场融资具有 较大优势，占比高达59.29%，发育期仅为1.21%。考虑到成熟企业在融资中面临的约束较小，初创企业在融资方面则面临较大歧视，对资本市场资金的需求理论上应该相对较大。根据Berger 和 Udell（1998）发现，美国对种子期阶段企业股权资本权益资金达到2.54%，同时考虑到广东省近些年新企业成立状况，据此调整了资本市场应当给予高新技术企业在初期阶段比例，并假定调整后的融资分布状况是广东高新技术企业总体上各个阶段融资状况比例状况。

表 1-8-1　广东高新技术企业总体上各个发展阶段融资比例

	种子期	初创期	扩张期	成熟期
资本市场在企业各发展阶段融资比例	1.21%	8.09%	31.4%	59.29%
调整后的比例	2.86%	7.15%	31%	58.99%

根据以上比例，通过将这种融资比例与各个年度的金融缺口值相乘，可以得出广东2017—2020年高新技术企业在各个发展阶段融资面临的缺口值。

第二篇

广东省企业孵化器发展现状与对策

第一章　企业孵化器概述

1.1　企业孵化器的定义

1.1.1　定义

企业孵化器是一种逐渐进化和发展的服务机构，在不同地区、不同时期对其有着不同的定义和认识。美国全国企业孵化器协会（NBIA）将企业孵化器定义为：在向企业提供便宜而富有灵活性的场地的同时，通过提供各种支持性服务，比如为它们与商业、技术服务机构和投资机构建立联系牵线搭桥，从而达到促进企业成长和发展的目的。欧洲企业孵化器网络（EBN）把企业孵化器网络认定为创业者和创新型中小企业的支持机构。它们是由当地的主要经济促进机构从公共利益服务的角度设立的，通过向创新型中小企业提供综合性质的指导与扶持服务，以促进当地和区域经济发展。从国内看，2003年科技部在《关于进一步提高科技企业孵化器运行质量的若干意见》提出，科技企业孵化器是培育和扶植高新技术中小企业的服务机构；2010年在《科技企业孵化器认定和管理办法》中，科技企业孵化器被认定为以促进科技成果转化、培养高新技术企业和企业家为宗旨的科技创业服务载体。

通过梳理国内外对企业孵化器的定义，本书认为企业孵化器是一种新型的社会经济组织，主要功能是围绕创业企业成长需求，集聚配置各类要素资源，提供包括创业场地、共享设施、技术服务、投资融资、创业辅导、资源对接、政策咨询等创业服务，以便降低创业成本，提高创业成功率，促进科技成果转化，培育企业家精神，构建开放融通的创新创业环境，服务大众创新创业。

2017年，广东省科技厅印发的《广东省科技孵化育成体系提质增效行动方案（2017—2020年）》提出，要大力推动“众创空间—孵化器—加速器”科技孵化育成链条建设。其中，企业孵化器是这一链条中的关键环节。众创空间是以科技型创业项目为主要服务对象，以团队孵化为主要任务，通过提供联合办公和“前孵化”服务，提高创业团队素质和技能，降低创业成本和门槛，引导和帮助创业团队将科技创业点子转化为实业创业的各类科技创新创业场所。科技企业加速器是以高成长科技企业为主要服务对象，通过创新服务模式满足高成长科技企业个性化需求，快速实现企业做大做强，形成创新性产业集群的空间载体和服务网络。

1.1.2　企业孵化器的构成

企业孵化器的基本构成要素包括四类：人、资源、服务和孵化对象，如图2-1-1所示。人是构成孵化器的主体要素，也是最具能动性的要素，既包括由不同人才组成的各种创业团队也包括由管理、技术和财务人员组成的孵化管理团队。资源是构成孵化器的物质要素，包括办公场所、硬件设施、资金、技术等，这些孵化资源以共享的方式提供给在孵企业使用。服务是构成孵化器的功能要素，是依托孵化资源而形成的孵化器特有的功能服务，具体包括管理咨询、投融资服务、法律支持等。提供优质的孵化服务是保障科技企业快速健康发展的重要手段之一。孵化对象是构成孵化服务的客体要素，可分为已注册公司的创业企业、具有较高应用价值的科技研究项目、可产业化的高新技术成果等。孵化器主要是围绕孵化对象的成长而展开运营的。

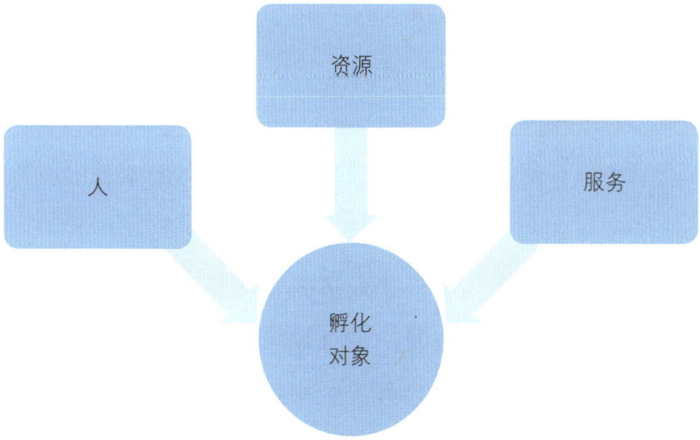

图2-1-1　孵化器的基本构成

孵化器的发展不是孤立存在，离不开外部环境。孵化器需要对外部环境的各种资源进行吸收与优化以形成孵化资源，同时也在孵化对象与外部环境之间构建了一个高效、顺畅的中介桥梁，实现孵化对象与外部环境形成密切交流。一个功能健全的孵化器环境包括：政策、科技、资金和管理环境。其中，政策环境是孵化器发展的外部推动力和方向的指向灯；科技和资金环境是孵化器从外部吸取资源形成孵化服务的主要场所；最后，管理环境是实现孵化器良性运行发展的外部保障。

1.2 企业孵化器的功能

从国内外的实践来看，企业孵化器的主要功能就是专门培育中小型科技企业，通过推动在孵企业开展技术创新，推动区域创新体系的形成，并连续不断提升这一体系的竞争优势。主要表现在：

1.2.1 有效聚集创业资源

集聚创业资源是孵化器的本质特征，包括在内部聚集创业家，形成创业文化；在外部集聚创业服务资源，提高创业扶持的效率和效益。中小企业的成长，需要多方面的资源支持，不同类型的企业需要不同的资源，而处于不同成长阶段的企业对资源的要求也各不相同。因此，对这些资源的整合方式、整合力度、整合技巧的要求非常高。单个初创企业很少有能力去完成这么大的工作量，即使有能力去整合也要付出高昂的成本。而企业孵化器却具有明显的优势，它能以优化的方式将各类创业资源整合起来，再以较低的成本提供给在孵企业。

1.2.2 降低创业门槛

企业孵化器主要是从节约创业成本和提供创业服务两个方面降低了创业者的门槛。市场化运作的孵化器在为企业服务时，非常重视“经济”或“节约”的原则，它们会对创业资源进行归类和集成，让众多的企业同时分享到这些资源，在很大程度上减少了单个在孵企业所需的资源，也有效防止了初创企业对资源的浪费，从而起到了节约资源和降低成本的作用。有了企业孵化器的保驾护航，创业者可以更加专注于产品与市场，减少其他因素的干扰与精力分散。

1.2.3 培育科技创业企业

培育科技创新企业是我国发展孵化器的主要目的之一。孵化器要综合考虑哪些企业具备孵化价值，将孵化资源提供给有发展潜力的科技创业企业更为合理。孵化器不仅推动在孵企业的技术创新，还帮助它们的创业活动，通过提供服务，直接或间接地参与企业的创业过程。孵化器培育了众多高新技术企业群体，在百余家国家级高新区内新认定的高新技术企业中，60%多来自孵化器毕业企业。因此，企业孵化器不仅是创新的平台，也是科技创业的平台。

1.2.4　推动企业集群化发展

企业孵化器在现实中首先表现为一栋栋的楼宇，其次是在这些楼宇基础上的区域集成。在每栋楼宇里数量不等的企业，实际上构成了一个小企业集群。现代区域经济理论认为，小企业集群对于区域经济的发展起积极作用，是区域竞争优势的重要源泉。特别是专业孵化器，由于聚集的是以专业化分工和协作为基础的同一产业的科技型中小企业群，这些企业相互学习相互竞争，逐渐形成创新群落，体现了孵化器推动企业集群化发展的特征。

1.3　企业孵化器的理论

1.3.1　企业创业理论

1755年，法国经济学家Cantillon首次将创业者和经济中承担的风险联系在一起，即创业代表着承担风险。无论是初创型幼小企业还是处于成长阶段的公司集团，创业活动过程中都伴随着风险的存在。一些学者就通过研究创业过程中规模和影响因素来寻找降低风险的方法，比如罗伯特·希斯里奇等（2006）就创业企业成功或失败的相关因素进行了系统分析和研究。赵敏等（2007）对科技创业企业的成长过程及规律进行了分析，探讨了创业企业管理能力、内部研发投入增长率及外部市场增长率等控制参数与创业企业投资回报率之间存在的混沌经济规律，为创业企业的成长规律研究和过程控制提供了科学依据。

降低创业风险，需要外部力量的支持，于是企业孵化器便应运而生。孵化器的主要服务对象是科技型初创企业，企业规模小、员工少，而且资产较少，以知识性资产为主。孵化器通过聚集一定数量的初创企业，以较低的成本为企业提供基本的办公服务，降低企业的创业成本，促进企业间的信息交流和优势互补；通过聚集风险投资、技术资源等创业资源，为企业提供各种类型的创业服务，有效降低初创企业的创业风险，促进企业成长壮大。

1.3.2　企业生命周期理论

企业生命周期理论把企业当作具有生命周期特征的生物体，企业在成长中需要经历出生、成长和死亡的生命过程，而且生命过程的各个阶段具有不同的特征。一般而言，企业生命周期分为四个阶段：种子期、初创期、扩张期和成熟期。企业孵化器服务的对象一般是科技型中小企业，它们以科技创新创业为核心活动，既遵循着一般企业的成长规律，又有其特殊性。Tornarzky和Fleischer（1990）提出的科技创新“管线模型”认为，科技型企业的科技创新过程一般包括研究阶段、产品开发阶段、试销推广阶段、产品成长期和产品成熟期五个阶段。其中，第三阶段是关键性阶段，它是连接“高校科研模式”和“产业加工模式”的桥梁与纽带，也是科技成果转化的关键环节。初创企业在不同成长阶段的投入、生产、市场、风险情况以及企业特征也都会有所差异。所以，针对企业的不同成长阶段，要有不同的应对措施，要尽量减少初创企业的淘汰率和死亡率。

企业孵化器存在的根本原因与价值所在就是给科技创业企业提供良好的创业环境与孵化服务。科技创业企业在不同的成长阶段，其企业资源与服务需求的数量、质量、种类都有所差异。但各孵化器由于资源与服务的有限性，无法满足所有孵化企业及其不同发展阶段的需求，这就迫使孵化器根据企业的各个成长阶段的要素与服务需求，去不断寻求其他机构与组织的支持，由此企业孵化器网络就应运而生。企业孵化器网络通过整合各种资源，为不同性质的孵化企业和不同发展阶段的孵化企业提供所需的各种资源，帮助初创企业茁壮成长。

1.3.3 企业资源理论

彭罗斯（2007）提出企业是建立在一种管理性框架内的各种资源的集合体，企业成长主要取决于能否更有效地利用现有资源，特别是尚未充分利用的资源。企业资源理论主要由资源基础理论和资源依存理论组成。资源基础理论认为，资源的特殊异质性是企业竞争优势的来源，资源的不可模仿性使企业的竞争优势具有持续性，因此要注重能为企业带来竞争优势的特殊资源的获取与管理。常林朝，邵俊岗等（2007）认为，资源依存理论的原理是某一组织通过获取所需的外部资源，可以减少对于其他组织的依赖，或者是增加其他组织对于本组织的依赖。资源依存理论强调要善于从外部生态系统中获取对自己有利的资源，但是一定要掌控核心资源。

企业资源理论对孵化器运作有以下指导意义：（1）初创企业或幼小型企业之所以进入企业孵化器网络接受孵化与培养，其主要目的是希望在企业孵化器网络中比较快捷、低成本、高质量地捕捉到企业发展所需要的资源与服务。（2）孵化器可以帮助创业企业与外界生态系统形成一个网络关系，获取所需的各种资源。同时，企业孵化器网络中的孵化器结点作为网络枢纽，尽可能地根据自身情况与客户需求去不断寻求所需资源，形成自身的核心资源与竞争实力，这也是企业孵化器网络结构不断演变的动力之一。（3）孵化器的主要功能和职责是为孵化企业提供所缺失的相关资源，并逐步培养其获取创业资源的能力。因此，企业资源理论在企业孵化器网络组成和结构模型构建、企业服务机制和孵化能力建设等方面很有借鉴和指导意义。

1.3.4　经济增长极理论

经济增长极理论认为，在经济增长过程中，某些主导产业通过生产要素的集中使用，在一些地区形成具有规模经济效应、自身增长迅速并能对邻近地区产生强大辐射作用的“增长极”，以此来推动空间经济优化发展。经济增长极理论是企业孵化器成立的理论基础之一，对于一个城市经济而言，高新区就是城市的增长极，而企业孵化器则是增长极中的极点。因此企业孵化器网络的构建其实就是一个培育区域增长极的过程。

把有限的资源和资金集中起来，构建企业孵化器网络，并以此为增长极带动整个地区的产业发展。企业孵化器培育的一般都是科技型中小微企业，具有科技含量高、产业前景好等特点，能通过乘数效应（即支配效应、极化效应和扩散效应），带动其他相关产业的发展。极化效应与规模经济是相辅相成的，企业孵化器网络的建立，使经济活动与经济要素不断向企业孵化器网络集聚，必然形成规模经济，而规模经济又进一步增强企业孵化器网络的极化效应，从而加快其增长速度和扩大其吸引范围。增长极的扩散效应表现为生产要素不断向外围转移，当企业孵化器网络发展到一定程度后，就会带动周边产业和地区的发展。

1.4　企业孵化器的效应

企业孵化器将相同或相近行业企业聚集到一起，这些行业企业由于存在相互联系和相互作用，产生了推动区域经济发展并带动周围地方高技术经济进步的效应，即聚集经济效应。孵化器的聚集经济效应主要包括小企业集聚效应、产业聚集效应、信息聚集效应。此外，孵化器还具有中介平台效应。

1.4.1 小企业集聚效应

小企业集聚效应是指孵化器提供小企业成长的物理空间，使众多小企业聚集在一起，产生集聚效应，降低小企业的运行成本。孵化器为入孵企业提供覆盖其基本生存空间的综合服务，包括互联网、文讯、会议室、培训教室等共享硬件以及法律、会计、市场、技术等咨询服务体系。这些软硬件服务的总成本由孵化器里的所有小企业共同分担，这样单个小企业初创时的固定投资就会大大降低，特别是对于高新技术小企业来说，由于其产品的技术要求，需要技术研究与咨询、实验室、检测室等服务及设施，单个小企业可能支付不起咨询费用，也建不起这些设施；而由孵化器来承办或与外界合办公共设施，聘请顾问来进行咨询，小企业只是分担费用，那么小企业就能把更多的资金用在产品改进和技术创新上。

1.4.2 产业集聚效应

产业聚集效应是指通过一定时期的发展，集中大量专业相似的高新技术小企业，高新技术产业聚集度较高，具有一定的产业优势。这种优势吸引了更多的高素质生产要素和高新技术小型企业流入孵化器，从而进一步提高了孵化器在高新产业上的聚集度，使产业优势更加突出；而这又将增强孵化器对高新企业的吸引力，再一次强化产业聚集优势，由此形成一种正反馈。

1.4.3 信息集聚效应

孵化器的信息聚集效应能够帮助创业企业克服获得外部信息和向外传递自身信息过程中的障碍，降低信息成本。孵化器可以通过建立相关的信息网，并引进信息检索机构，为在孵企业提供所需的信息。在孵企业的产业聚集性和关联度也能产生信息聚集效应。一方面，孵化器能够集中邀请相关专家授课或座谈，向企业传递最新的产品信息技术信息和用户信息；另一方面，在孵企业之间的信息交流容易形成企业对技术创新的联动，上游企业产品技术的发展与创新、下游企业对上游企业产品技术的要求，以及同业企业的经营理念与发展计划等，对企业形成一种信息反馈，传递给企业，能够促进企业的创新和发展。

1.4.4 中介平台效应

孵化器的中介平台效应是指孵化器充当创业投资公司与创业企业交易的中介，

为创业融资提供交易平台，缓解交易双方信息不对称的程度，从而降低创业风险和创业投资风险。孵化器通过对其中的创业企业及其创业企业家每天的观察和了解，可以获得创业企业具体、详细、真实的信息和创业企业家真实的创业动机。以孵化器为中介平台，创业投资公司及其创业投资家可以了解到这些信息，据以判断创业企业的投资价值并做出投资决策。而优秀的创业企业也可以通过孵化器的中介平台更容易地找到创业投资。

第二章　国内外企业孵化器的发展经验

企业孵化器在20世纪50年代发源于美国，并伴随着新技术产业革命的兴起而发展起来，对于推动高新技术产业的发展，孵化和培育中小科技型企业，以及振兴区域经济，培养新的经济增长点等方面发挥了巨大作用。

2.1　国外企业孵化器的发展经验

2.1.1　美国

美国企业孵化器发源于1959年美国纽约州巴蒂亚小镇，并在纽约贝特维亚（Batavia）建立起全球第一家企业孵化器——贝特维亚工业中心。美国孵化器的发展过程大致可以划分为四个阶段，见表2-2-1。

表2-2-1　美国孵化器四个发展阶段特征表

阶段	主要特征	主要目标	服务功能	具体表现
着眼于企业组织创立	政府和社区合作建立，大多数以非营利性机构和混合型孵化器为主	降低社区的高失业率	提供场所和基本设备，配备基本的企业管理职能，代理部分政府职能	降低创建企业组织的成本，推动企业组织的创立和正常运作
单个孵化器向孵化系统转变	政府提供信息和网络的支持，经营主体多元化	保证孵化企业的生存与发展	提供创业教育和培训服务种子资金和启动资金，增加区域技术供给，扩大新创企业的社会影响	政府部门、企业界、研究教育机构和社会团体全面写作，专业技术孵化器和虚拟孵化器是系统化的标志
孵化器的企业运作	具有企业管理经验的管理者经营，以不断满足客户的需求来调整自己的服务	保证孵化器自身的正常运转和持续经营	按企业运作的要求招聘工作人员，以无形的智力成果支持企业的价值创造	服务对象由内向外扩张，经营专业化，服务形式多样化
创业孵化集团	由成功的创业者主导孵化新创企业，能吸引高素质人才，具备独立的投资功能	追求孵化企业的发展速度和竞争力，以获得最终成功	融合了风险投资，多元化控股和孵化器的功能，重点提供企业发展的战略、品牌经营等	充当在孵企业风险投资的投资人，连锁经营，运作方式突破以往孵化器的大多数限制

据全美孵化器协会的统计，截至2015年，美国科技企业孵化器数量已经超过1400家，平均每个孵化器容纳约20个新创企业，经营7年以上的孵化器平均每年毕业企业3.1个。总结美国企业孵化器的发展经验，可归纳为如下几点：

（1）根植于本地经济，依托于科研院所资源。对于孵化器而言，根植于本地经济可从供需两个方面受益：从需求角度讲，相对于那些几百英里之外的孵化器，本地孵化器更容易获得创业者的了解和认可，更容易在社区活动中互动，更容易形成人际间的网络关系，也就容易成为创业者的选择；从供给角度讲，孵化器更易获得当地外部资源，尤其是那些与科研院所紧密关联的孵化器，能够便利地从科研院所获得专家和技术资源。因此，这样的孵化器能够更深地嵌入本地社会网络，而社会资本是成功孵化的关键因素之一。

（2）在运营上追求精简与高效。强调精简与高效是经济紧缩背景下美国孵化器运营方面表现出的最突出特征，首先体现在孵化场地面积精简的同时，服务了更多创业企业。在维持人员精简的同时，服务时数不但没有减少反而增加。每个孵化项目的全职服务人员逐渐减少，但平均每周孵化服务时数上升。此外，以短、频、快为主要特征的“种子加速器”大量涌现。一个“种子企业”能停留在孵化器里面的时间很短，通常是3—6个月。在如此短的时间内，种子企业要做出足够成绩以证明其商业价值，以获取后续资金支持。最后，在对入驻企业的股权投资方面，“撒面式”的股权投资减少，“选择性”的股权投资比例增加。

（3）服务对象上倾向高新技术企业，服务内容上商务服务与资源服务并重。创业者一般更多地瞄准新经济领域，以降低承受的竞争压力，寻求高成长空间。孵化器在服务对象选择上追随这一趋势，产业聚焦程度提高，更多服务于高新技术企业，能源、环保技术这些近期的创业热点成为排名前五的服务对象，以传统产业为主要服务对象的孵化器逐渐减少。在服务内容上，一方面孵化器重视为创业者提供实惠、高效的商务服务，如办公场所、高速网络接入、商务会议、工商税务会计协助等，以降低创业者在这方面的时间消耗和经济负担；另一方面，孵化器也非常重视为创业者提供资金、技术和市场等方面的资源服务，这些资源是决定创业成功率的关键因素。

2.1.2　以色列

自20世纪90年代中期以来，以色列高科技产业的发展成就引人瞩目，其高科技创新企业数基本稳定在3000多家，每年都有约200家新兴公司涌现。在促进以色列科技创新企业快速发展的诸多因素中，企业孵化器是发挥作用最大的一个。以色列政府自1991年制定了“孵化器计划”，并创建了“舍弃利益，共担风险”的独特的政府风险资金运营和管理办法。风险投资业与科技企业孵化器同步发展，实现了“高新科技”和“风险投资”的良性循环和互为补充。以色列企业孵化器的建设既借鉴了美国的经验，同时又根据本国实际进行了改进，与美国孵化器的最大不同在于它采取了政府直接参与企业孵化全过程的做法。具体经验总结如下：

（1）成立创新与孵化的官方管理结构，负责指导孵化器的运作和协调。1974年，以色列成立首席科学家办公室（OCS），2016年更名为以色列国家创新局。首席科学家办公室下设立科技孵化器规划委员会，负责孵化器项目的审批和政策的制定，而科技孵化器管理局具体负责全国孵化器的运作和协调。首席科学家出任孵化器规划委员会主席。委员会由高科技行业代表、大学教授、孵化毕业企业代表以及科技孵化器管理局长组成，其主要职责包括制定孵化器政策、设计孵化器中项目实施的程序和步骤、确定孵化项目、审批孵化器的预算、检测孵化企业的进展、决定中止对孵化失败企业的孵化进程等。

（2）严格的入孵项目遴选程序。项目或企业入驻，要经过孵化器管理机构的逐级筛选。以色列科技企业孵化器每年大概收到200—300个申请，通过率只有5%左右。这是以色列科技孵化器孵化成功率高的原因之一。孵化项目入驻以后，孵化器为发明者或创业者提供全方位的服务，包括申请经费资助，寻找配套资金，提供管理支持、专业指导，组建创业团队，扶持项目公司运作并走向正轨。

（3）独特的入孵企业股权激励政策。以色列政府规定，进入孵化初始阶段的企业的股权分配为：创业者（往往为科学家或技术人员）持有50%，公司其他人员持有10%，政府以外的出资人（可以是创业者本人）获得20%，而政府的孵化器企业可得到20%的股权。但在两年的孵化期内，无论企业是否赢利，创业者和公司其他人员都能得到政府提供的工资。如果创业企业经过两年的孵化仍不能看到成功的希望，政府将宣布解散企业，创业者无须向政府支付任何费用。以色列政府还规定，在创业企业获得成功后的5年内的任何时候，创业者本人或其他风险投资者都可以从孵化器企业那里购得政府所持有的股权，并解除向孵化器纳税的义务。只要企业提出购买要求，政府不能以任何理由拒绝。股权的价格仅为政府对创业企业的实际投入加上利息。

（4）中后期广泛引入社会资本，提升孵化器实力。政府牵头成立的科技企业孵化器在几年后的成熟期进行全面私有化，以提升市场效率。私有化改革后，更多的风险投资公司开始投资孵化器。资金上，以色列孵化器与风险投资同步，互相促进，共同支撑高科技产业发展。孵化器计划的实施，为风险资本介入早期投资创造了条件，为高技术产业的发展提供了技术源；风险投资公司则为孵化企业提供了进一步发展所需的资金。企业孵化器充分利用现有资源，扩大延伸服务范围，为更多新建企业提供创业指导，减少创业过程中的决策错误，提高企业存活率。

2.1.3　英国

英国是欧洲最早建立企业孵化器的国家，也是欧洲企业创新文化最为浓厚、环境最为适宜的国家之一。在英国的整个孵化体系中，大学起着核心的作用。由于孵化器的母体是大学，孵化器的产生、发展和成长都与英国的大学有着密切的联系。1971年建立的剑桥科学园，是英国最早的企业孵化器。1998年英国贸易与工业部成立了英国企业孵化中心（UKBI），与科学园协会一起成为企业孵化的推进器。UKBI是一个领先的企业孵化网络，可以提供高质量的服务、专业技能、技巧等，组织大量的知识或者高科技的活动。在UKBI的推动下，英国企业孵化器出现了迅猛发展。英国孵化器的发展经验总结如下：

（1）政府制定鼓励创新的法律制度，保证孵化器的市场化运作。尽管英国孵化器是政府政策的产物，但是孵化器的经营和管理则按照市场经济的规律，实施市场化运作模式，政府很少直接干预。孵化器是以提供基础设施和创业服务而赢利的企业，政府面对复杂的技术创新和高科技企业管理缺乏经验和快速反应的机制，政府直接参与具体事务管理就会限制入驻企业的发展自由和创新活力。因此，政府工作重心由硬件建设转向软件建设，通过制定鼓励创新的法律和制度，包括多元化的投资融资渠道和风险投资机制，促进技术转移、保护知识产权的法律保障，以及面向中小高科技企业的创新基金资助和税收优惠政策，为孵化器和中小科技企业创造良好的发展环境。

（2）发挥大学学科优势，强化孵化器的产业特色。英国一些企业孵化器紧密依靠大学的重点学科优势，培育和发展特色产业集群。高水平大学在基础研究、应用研究上具有的学科优势，有利于产生重大自主创新成果、攻克行业关键技术和孵化知识密集型高新企业。英国的经验表明，孵化器的成功要充分考虑到所依托大学的科研优势和各自不同的地理位置、技术资源和自然资源，结合所在区域经济发展和所在行业技术创新的重大需求，建立具有鲜明特色的孵化器，加速孵化器企业特色产业集群的形成。

（3）构建区域创新网络，实现孵化器的可持续发展。英国孵化器的经验表明，传统的孵化器模式已经不能适应快速变化的时代背景，孵化器的核心理念正在发生变革，创新网络正在成为孵化器新的特色。孵化器作为创新网络，实质上是特定的社会网络、专业网络和商业网络在大学周围的集聚，实现具有地域特征的集体学习、知识生产和技术创新活动。通过孵化器的枢纽作用，大学与企业实现优势互补、资源共享，并与金融组织和科技中介等服务创新主体紧密合作，将传统的技术转移为整合研究、开发和市场的集成创新过程，将传统的孵化器转变成为政产学研密切合作实现协同效应的创新网络。这是大学孵化器获得和保持可持续竞争优势的关键。

2.2　国内企业孵化器的发展经验

2.2.1　我国企业孵化器的发展历程

我国企业孵化期发展大致经历了探索发展、蓬勃发展、迅猛发展三个阶段。

（1）探索发展阶段（1987—1999年）

1987年6月，我国第一家科技企业孵化器——武汉东湖新技术创业者中心诞生。同年，深圳科技工业园也建立了创业中心。1987年11月，国家科委下发《关于开展科技创业服务中心可行性研究的通知》，在武汉、天津、广州、深圳、上海和西安进行建设孵化器可行性研究。其间，国家科委提出了“服务为主、开发为辅”的工作方针，以项目为主的科技孵化工作开始出现。1988年，经国务院批准“火炬计划”正式实施，科技企业孵化器被列为“火炬计划”的重要内容，开始在中国大地落地生根。到1999年底，全国建立了116家企业孵化器。

（2）蓬勃发展阶段（2000—2013年）

2001年7月，科技部颁布了《中国科技企业孵化器“十五”期间发展纲要》，这是我国第一个孵化器发展五年规划。2013年9月，科技部火炬中心出台《“苗圃—孵化器—加速器”科技创业孵化链条建设指南》，在全国启动孵化链条的建设工作，首批11家孵化链条建设示范单位开始运作。在此期间，孵化器的数量从2000年的164家增长到2013年的1468家。随着市场经济体系进一步完善，创业投资、创业教育快速发展，国家和各地方将孵化器纳入创新战略，孵化器行业管理和促进更加体系化，企业孵化器发展的外部环境得到改善。此后，民营孵化器异军突起，国企孵化器大量涌现，大学科技园发挥独特作用，留学人员创业园进入成熟发展阶段，各地的孵化器行业组织开始建立并发挥作用。

（3）迅猛发展阶段（2014年至今）

2014年国家倡导的“大众创业万众创新”极大地激发了民众的创业潜能，孵化器、众创空间等创业孵化机构蓬勃发展，中国的科技创新创业大潮汹涌而起。截至2016年底，全国有超过7000家的创业孵化机构，当年共服务创业团队和初创企业超过40万家，带动就业超过200万人，实现了创新、创业、就业的有机结合与良性循环。

据国家“火炬计划”统计，2017年全国科技企业孵化器总数已达4069家，如图2-2-1所示，在孵科技型中小企业17.5万家，累计毕业企业11.1万家，培育高新技术企业1.1万家，占全国高新技术企业的8.2%。累计帮助4万家企业获得1940亿元的风险投资。毕业后上市和挂牌企业达到2777家，占创业板上市企业的1/7，占新三板挂牌企业的1/10。

在这个阶段，我国孵化器的发展呈现专业化和国际化的特征。专业孵化器热潮是在专业化分工与孵化器自身功能提升的要求下，在有效整合专业资源的基础上探索出来的一种有效孵化机制。同时，孵化器积极对接国际资源和市场，参与构建全球创新链，促成海内外互动孵化的新局面。我国孵化器在创新创业活跃的主要国家开办了数十家海外孵化器，与国外创新创业机构联合开展研发、跨国技术转移、跨国天使投资、跨境孵化加速等合作。外国孵化机构在华开展业务更加踊跃，带来孵化器发展新理念、新模式，促进了国际技术、人才、创业投资等要素的引进、交流和转化。

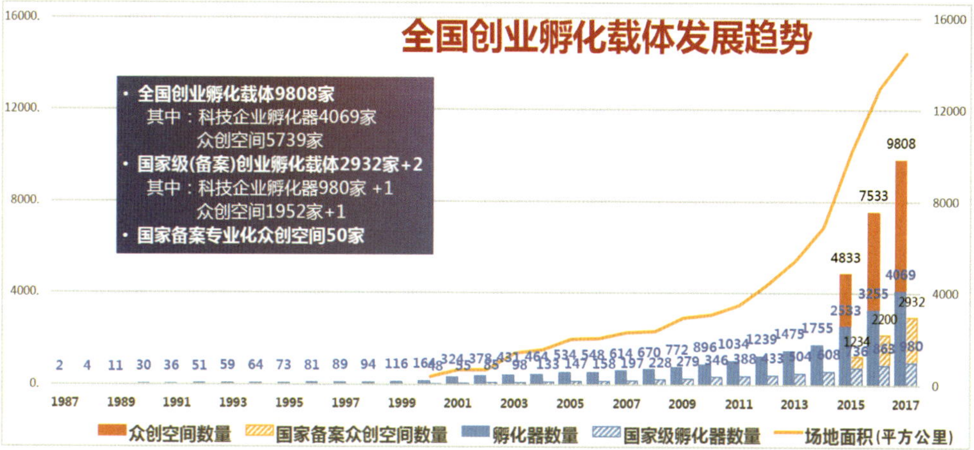

图2-2-1　全国孵化器发展基本概况（1987—2017年）

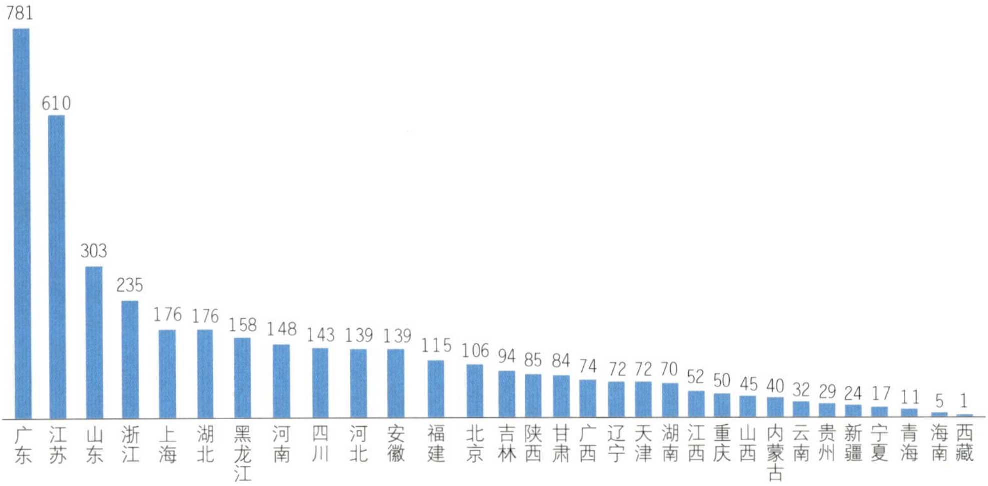

图2-2-2　全国各地区孵化器数量（2017年）

2.2.2　北京企业孵化器的发展经验

经历近30年的发展，北京已基本形成了以科技企业孵化器和大学科技园为支撑，以战略性新兴产业孵育基地为引领的科技孵化体系，各类科技孵化机构之间正在形成更强的学习机制、合作模式和利益纽带。北京是全国民营孵化器最为活跃的地区之一，大量民间资本参与孵化器发展，孵化器建设高度市场化，已经成为中国孵化器行业的一支重要引导力量。截至2017年，北京市共有106家孵化器，其中国家级孵化器55家，占比51.89%；孵化面积2.5平方公里，管理机构从业人员2391人，总收入27.47亿元，孵化基金65.85亿元，在孵企业从业人员116544人。北京孵化器的发展经验可归纳为：

（1）依托大量且集中化的创新资源。北京是全球创新资源最集中的城市之一，高等院校、科研院所和科技人才高度集聚，科技创新优势明显。上百所高校和科研院所集聚在北京，沿科研院所带的孵化器如雨后春笋般茁壮成长。

（2）积极引导社会资本参与孵化器建设。北京市科委自2005年起设立孵化体系建设促进专项资金，着重引导孵化器提升投融资服务能力；北京市经信委、中关村管委会等也分别从扶持中小企业发展、吸引留学人员创业、支持孵化模式创新等方面支持孵化器建设。2017年，北京市平均每个孵化器拥有孵化基金0.62亿元，位居全国第二。

（3）坚持走专业化的发展道路。随着北京市各区域产业功能不断细化，各区县结合自身产业布局不断加强专业型孵化器的建设，一批软件、生物、新材料、纳米、制造业高新技术、多媒体、环保、集成电路设计等专业特色极为鲜明的专业孵化器应运而生，有力地促进了相关产业发展。

（4）实现创新创业资源的国际化配置。清华科技园、厚德创新谷、瀚海孵化器、车库咖啡先后在美国硅谷建立孵化器，其中瀚海孵化器在德国慕尼黑、加拿大安大略省等地区也建立了孵化器，搭建了海外高端创业者向国内转移的服务平台；高创国际孵化器建设“中意企业创新孵化器”，为中意技术转移开展服务；中关村软件园孵化器与芬兰、以色列等国的孵化器、科技园区、技术转移服务器等建立合作关系；美国知名的PnP、QB3孵化器等机构也已经或计划在北京建立孵化服务机构。

2.2.3 上海企业孵化器的发展经验

上海是我国重要科技创新城市，也是国际金融中心之一，该市充分发挥科技与金融融合发展优势，支持企业孵化器走专业化、国际化发展道路。截至2017年底，上海市共有176家孵化器，其中国家级孵化器49家，占比27.84%；孵化面积2.34平方公里，管理机构从业人员2394人，总收入18.33亿元，孵化基金115.11亿元，在孵企业从业人员91650人。优秀毕业企业以分众传媒、华平、展迅、微创、天天果园等为代表，已经成为具备上市资质的行业翘楚。总结上海孵化器发展经验如下：

（1）推进孵化器与金融融合发展。上海建立了从天使投资、持股孵化到科技金融的资金支持体系，推进孵化器与金融融合发展，解决科技型初创企业的融资难题。一是大力发展天使投资。上海孵化器发挥引导基金对早期创业企业的支持作用，大力发展天使投资基金，让政府引导基金和天使投资成为培育早期创业项目的种子基金，成为新兴产业的孵化基金。二是创新发展科技信贷。上海市科技创业中心完善“3+X”科技信贷体系和科技金融信息服务平台，探索微贷通“小额、批量化”模式，提高信贷增量。截至2015年底，在沪银行共为4820家科技型中小企业提供表内外授信710亿元。有9家银行通过“投贷联动”模式，为105户早期型科技中小企业提供融资，余额达10.2亿元。三是创新科技保险产品。上海保险业推出科技履约贷、微贷通等保险产品，为小微企业量身定制保险方案，提供保证险、责任险等一揽子保险解决方案，助力科技创新企业融资。例如，太平洋产险联合张江高科技园区携手推出创业保障保险——“科创E保”，为创业者在创业过程中的相关费用提供补偿。

（2）坚持“引进来”与“走出去”相结合的国际化发展路线。上海积极参与和融入全球创新网络，促进国际科技创新创业资源对接，不仅涌现出一批积极走出国门在海外建园设点的孵化器，同时也出现了一批立足上海的有海外背景的孵化器。例如，目前张江已持续引进全球科技创新发达区域机构在园区兴办或联合兴办国际孵化载体30余个，包括中以上海创新中心、PLUG&PLAY、ISPACE、上海芬华创新中心有限公司等。此外，上海还积极探索离岸模式、双边孵化等新型孵化模式。

（3）结合产业优势发展专业孵化器。上海有效地发挥政府引导和服务创新创业的职能作用，不断优化创新创业生态环境。上海市科委提出结合“一区一业”“一业特强”“市区联动”的指导思想，建立与地区经济发展相结合的专业孵化器，配套构建专业技术平台，逐步形成具有“专业孵化定位、专业技术平台、专业孵化服务队伍”的特色孵化器群体。目前，已形成长宁多媒体、张江生物医药、徐汇纳米、杨浦环保、黄浦集成电路设计、黄浦都市工业设计、奉贤都市农业等专业孵化器群。

2.2.4 杭州企业孵化器的发展经验

杭州是我国创新创业最为活跃的城市之一，目前已形成以创业服务中心、大学科技园、留学生创业园、大学生创业园等为载体，投资主体多元、类型多样、功能互补的科技企业孵化器网络体系。据统计，目前杭州拥有科技企业孵化器113家，占浙江省的48.09%；其中国家级孵化器32家，占浙江省的47.06%，连续5年居全国省会城市和副省级城市第一位。同时，孵化出来的明星企业不断涌现，杭州西湖区蒋村孵化器已培育出了14家“独角兽”及“准独角兽”企业，包括51信用卡、菜鸟、钉钉、闪电购等明星企业。杭州市孵化器发展经验可以总结为“政府创新、民营助推、人才支撑、资本加速”。

（1）政府创新为孵化器建设创造优越环境。杭州市委、市政府高度重视科技企业孵化器建设，对孵化器建设给予极大关注和支持。杭州市用于孵化器平台建设、奖励和种子资金的财政科技经费逐年增加。

（2）民营助推为孵化器建设引入新机制。杭州从政策上积极鼓励民营企业参与科技企业孵化器建设与发展。民营化发展成为杭州科技企业孵化器建设的特色之一，如银江科技股份公司投资创办的银江孵化器。

（3）人才支撑为孵化器建设提供第一资源。一方面，杭州市出台大学生创业企业资助办法和房租补贴政策，大力推进大学生创业，为孵化器带来了源源不断的创新项目和创业人才。另一方面，杭州推动创业导师行动，为孵化器内创业者和企业家提供创业辅导。

（4）资本加速为孵化器建设提供动力引擎。杭州市政府参照硅谷银行模式组建了杭州银行科技支行，以基准利率向中小科技企业放贷，并提供一系列具有创新性的金融产品。利用科技经费成立总额10亿元的杭州市创业投资引导基金，与深创投、赛伯乐等知名风投机构合作，引导这些基金投向中小科技企业。

第三章　广东省企业孵化器的发展现状

自1991年广东省成立了第一家科技企业孵化器——广州市高新技术创业服务中心以来，广东省企业孵化器已经历近30年的发展历程。其间，各级政府高度重视孵化器建设，将孵化育成体系建设作为实施创新驱动发展的重要抓手。首都科技发展战略研究院发布的《中国城市创孵指数2018》显示，深圳、广州的城市创孵指数排名分别位居全国第三和第四位，引领全国创业孵化事业发展。

3.1　广东省企业孵化器的发展现状

3.1.1　企业孵化器总体情况

（1）孵化器数量由高速增长向平稳增长过渡，总量位居全国第一。2015、2016年广东省孵化器数量基本实现翻倍增长，2016年数量跃居全国第一。截至2017

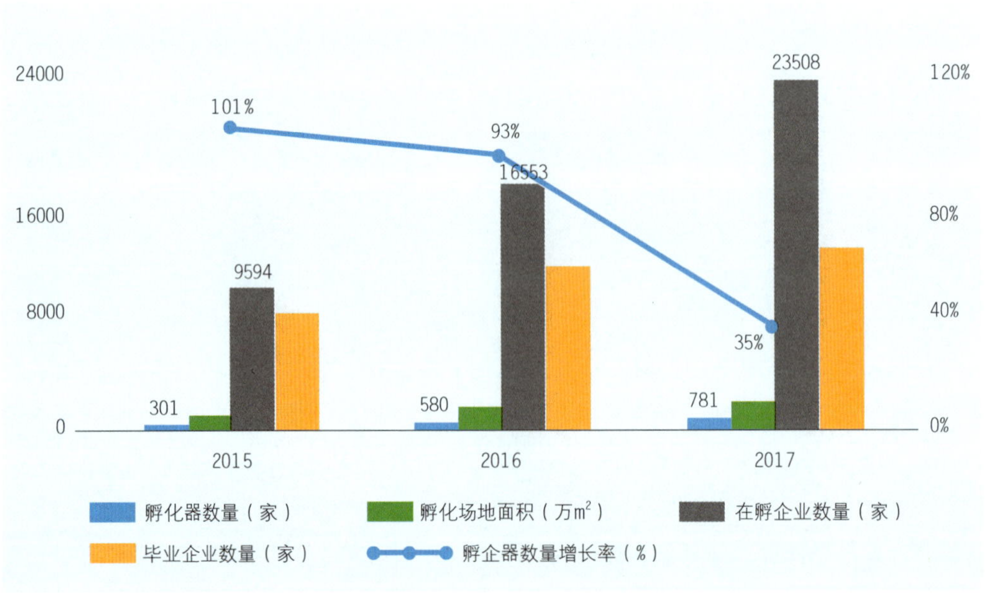

图2-3-1　广东孵化器总体情况

年底，广东省孵化器数量达781家，较2016年增长35%，继续位列全国第一位。截至2018年6月底，广东省科技企业孵化器总数达到868家，其中国家级科技企业孵化器已突破100家，总数达到110家，数量位居全国第二。

（2）孵化器九成集中在珠三角，广深占据半数。广东省孵化器九成集中在珠三角地区，其中广州239家，深圳150家，广州、深圳的孵化器数量占据广东省的比例近50%，粤东西北地区仅占10%。2017年，珠三角县区80%以上实现孵化器全覆盖，粤东西北地区实现全覆盖。

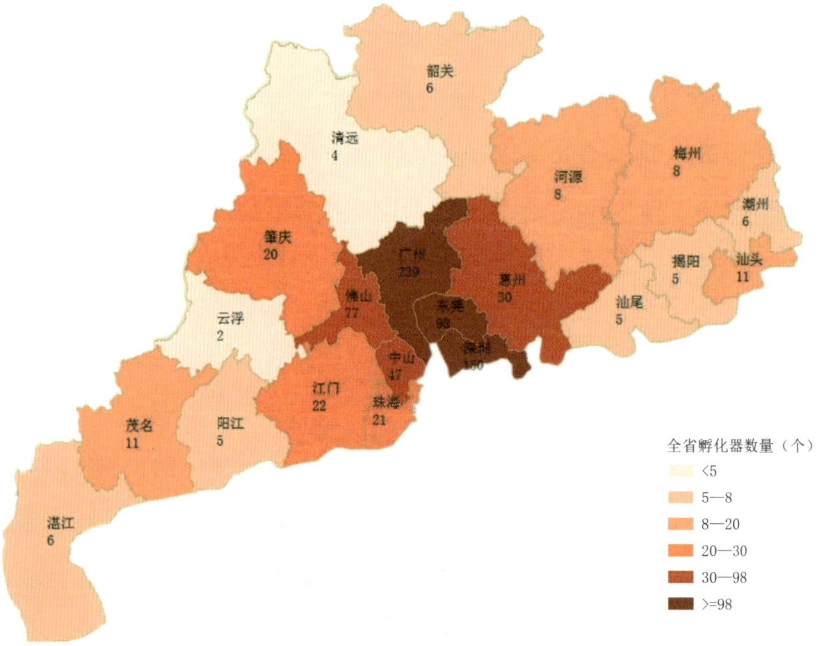

图2-3-2　广东省孵化器分布情况

（3）广东省在孵企业数量增长迅速。截至2017年底，广东省孵化器在孵企业数量超2.3万家，较2016年同比增长42%，平均每家孵化器在孵企业约30家。广东省孵化器累计毕业企业达1.2万家，较2016年同比增长11%；2017年广东省孵化器内当年上市（挂牌）的企业有174家，累计上市（挂牌）企业数量434家。2018年中国创新创业大赛报名参赛企业广东省共有5465家，其中广东赛区3833家、深圳赛区1632家，排名全国第二（上海5820家）。

表2-3-1　广东省毕业企业情况表

单位：家

	2016年	2017年
累计毕业企业	10982	12231
毕业企业累计上市（挂牌）企业	325	434
当年毕业企业	2202	2668
当年上市（挂牌）企业	140	174
当年被兼并和收购企业	104	133
当年营业收入超过5000万元企业	207	312

3.1.2　企业孵化器自身建设情况

（1）孵化器收入快速增长，以物业收入为主。2017年广东省孵化器总收入84.69亿元，比2016年增长43.7%。物业收入仍占据超1/2的比例，其次是综合服务收入，表明广东省孵化器收入仍以物业收入为主、综合服务收入为辅，投资收入有待提升。

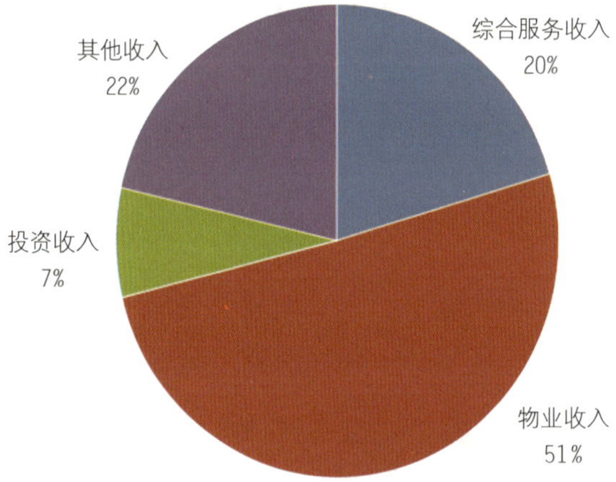

图2-3-3　2017年广东省孵化器收入组成情况

（2）场地费用和管理费用占孵化器运营成本的一半。2017年广东省孵化器总运营成本为54.65亿元，其中场地费用占比最高，其次是管理费用，两项费用之和占总运营成本之比超过50%，纳税5.67亿元。

（3）孵化器管理人员平稳增长，专业化水平有待提高。2017年广东省孵化器管理机构从业人员共有9912人，较2016年增长16.2%，平均每家孵化器从业人员约

13人。其中，接受专业培训人员占比为39.4%。

（4）孵化器创业培训次数和导师数量逐年增加。2017年广东省共培训在孵企业49.69万余人次，较2016年增长29.7%；开展创业教育培训活动1.57万场，同比增长58.9%；创业导师数量有序增长，达到0.58万人，增长15.9%。

3.1.3　创业孵化成效明显

广东省孵化器近年取得显著的成绩，具体体现在：一是孵化企业成长良好。截至2017年底，广东省孵化器在孵企业数量超2.3万家，较2016年同比增长42%，平均每家孵化器在孵企业约30家。广东省孵化器累计毕业企业达1.2万家，较2016年同比增长11%；累计上市（挂牌）企业数量434家。广东省孵化器内在孵企业累计获得的风险投资额为187.65亿元，累计获得投融资的企业数量为3540家。二是孵化创新能力加强。2017年底，广东省在孵企业拥有的有效知识产权数为5.3万件，较2016年增长60.8%，其中发明专利1.1万件，同比增长49.4%。三是带动就业作用明显。截至2017年底，广东省孵化器在孵企业创造的就业岗位达到31.6万个，以创业带动就业作用明显，成为解决就业的重要途径。四是孵化育成体系覆盖多个重点前沿领域。从技术领域来看，广东省孵化器主要分布在综合类、电子信息、生物医药、新材料以及先进制造与自动化等新兴技术。

表2-3-2　广东省孵化器内在孵企业获得知识产权情况表

单位：件

	当年知识产权申请数	拥有有效知识产权数				
		总数	发明专利	软件著作权	植物新品种	集成电路布图
2016年	20369	33011	7372	10649	278	32
2017年	34085	53094	11013	20490	67	424

3.2　广东省企业孵化器的发展模式

广东省孵化器建设已逐步形成了政府主导、民营主导、龙头企业主导、政府企业共建、政产学研等几种典型的发展模式。

3.2.1　政府主导型孵化器

政府主导型孵化器由科技主管部门或高新技术产业开发区管委会投资兴建并运

作，主要是为创业者和创业企业提供公益性科技创业孵化服务，不以赢利为目的，是贯彻执行政府科技政策和法规的一种手段。这类孵化器受到政府的优惠政策和资金支持，拥有庞大的区域网络和广泛的信息联系，能够以较低的成本向创业者和创业公司提供大量有价值的信息和资源。但由于孵化器管理人员大多缺乏企业管理经验和技术经验，孵化器运营初期易存在经济效率低、管理方式局限、创新活动不足等问题。

广东省政府主导型孵化器以广东拓思软件科学园有限公司为代表，该孵化器成立于2002年6月，是经广东省人民政府批准设立的国有独资企业，是软件产业公共技术资源服务机构、软件企业孵化创新服务机构。目前孵化器建成了完善的公共事务服务体系，包含政府服务平台、投融资服务平台、培训服务平台、中介服务平台、科技交流服务平台、后勤保障服务平台等，可为在孵企业提供入孵资金，加大对种子期、初创期企业的培育力度。

3.2.2 民营主导型孵化器

民营主导型孵化器由民营资本投资建设，并全面负责孵化器的运营管理，以赢利为目的，为创业者和创业公司提供科技创业孵化服务。相对于政府主导型孵化器，这类孵化器坚持市场导向，运营者具有丰富的企业管理经验和技术经验，体制机制灵活，经济效率高，但运营成本也相对较高。广东省民营经济发达，民营资本投资孵化器非常活跃，目前已成为孵化器建设的主力军。

广东省民营主导型孵化器以天安数码为代表，该孵化器定位为“创新企业生态圈运营商”，致力于为成长型创新企业打造一个全生命周期的孵化平台，已在全国13个城市打造了14个天安数码城项目，其中深圳天安、番禺节能科技园、南海天安、东莞天安、江苏常州、江阴天安、重庆天安数码城等综合科技产业园区，已成为当地产业发展和城市价值提升的重要动力之一。

3.2.3 龙头企业主导型孵化器

龙头企业主导型孵化器是由行业龙头企业创办和运营的孵化器。这类孵化器积极发挥龙头企业在技术、人才、资金等方面的优势，通过聚合企业内部与外部、线上与线下资源，搭建研发、管理、销售等开放式、嵌合式孵化平台，推动创新资源、生产能力、市场需求精准对接，形成大中小企业优势互补、相互服务、利益共享的产业生态。该类孵化器有利于激发市场活力和社会创造力，提升企业效益和竞争力，因此越来越多的龙头企业开始创办孵化器。

广东省龙头企业主导型孵化器以达安孵化器为代表，该孵化器通过打造线上“互联网+”服务平台和线下“创业谷·达安茶舍”企业家俱乐部，积极整合外部资源、开放内部资源平台，构建起“聚合—连接—分享—赋能”的创业孵化链条，专注服务大健康领域的创业项目及中小型企业。目前，达安创谷以产业相互孵化的模式聚集具有自主创新能力的大健康中小企业达280余家，其中新三板挂牌企业13家，打造了具有达安创谷特色的大健康产业生态圈，有效推动达安创谷与大健康中小企业的协同发展。

3.2.4 政府企业共建型孵化器

政府企业共建型孵化器由政府和企业共建，一般是由政府提供场地等扶持，由企业进行市场化运营。这类孵化器一方面有利于获得政府更多扶持，降低运营成本和风险；另一方面采取市场化运作，有利于发挥运营企业积极性，提高孵化器服务水平，为创业者和创业企业提供更多创业服务，更好地发挥孵化科技企业的作用。

广东省政府企业共建型孵化器以广东工业设计城为代表，该孵化器采取政府扶持、企业主导、市场化运营的方式，立足于顺德乃至广东省家电、家具、机械、服装、模具等支柱产业，为其提供工业设计服务。该设计城以工业设计外包服务产业化集群为特色，以顺德庞大的制造业市场为对象，立足于广东和珠三角产业升级优化的大背景，为顺德庞大的制造业提供工业设计服务。

3.2.5 政产学研型孵化器

政产学研型孵化器是对政府、企业、高校、科研机构等要素资源进行有机整合，实现各方优势互补，推进制度化合作而共同建设的孵化器。这类孵化器充分发挥政府的宏观调控导向作用和企业的市场化、产业化优势，对高校、科研院所的研发成果进行充分孵化，进而推进先进科研成果的市场化和产业化。这类孵化器有如下特点：一是强调整体性，即政产学研作为一种创新生态系统存在，是内在要素的有机集合而非简单相加，特别是在系统存在的方式、目标、功能等方面都表现出整体性；二是动态性，指协同创新生态系统的内在要素及其结合方式处于不断变化的动态之中。

广东省政产学研型孵化器以广工大数控装备孵化器为代表，该孵化器围绕广东省产业转型升级和珠江西岸先进装备产业带建设的重大需求，重点建设精密装备、智能机器人、3D打印等创新创业中心，集聚全球高端创新资源，突破一批行业关键技术和产品。同时，瞄准创新链和企业成长需求，搭建数控装备孵化服务平台，培育和引进一批国内领先的创新创业团队，孵化一批科技型企业，推动产业转型升级和区域创新体系建设。

3.3 广东省企业孵化器的发展特点

（1）孵化器市场化程度逐步加深

2017年广东省孵化器按性质分类，民营企业占比接近3/4，成为广东省孵化器建设的重要主体，充分体现了广东省民营经济活跃的特征。2017年广东省孵化器投资总额达312.5亿元，相比2016年增长了12.6%。其中，企业投资总金额达242.7亿元，增长22.9%，占比78%，企业投资占据绝对优势。

（2）孵化器提质增效加快推进

2016年广东省科技厅发布了《广东省科技孵化育成体系提质增效行动方案（2017—2020年）》，广东省孵化器建设进入提质增效新阶段，孵化器全链条化、专业化、精细化发展趋势明显。珠三角地区孵化器实现数量和质量双提升，80%以上县区建有孵化器等孵化载体；粤东西北地区孵化器建设呈现良好局面，截至2017年底，粤东西北地区拥有孵化器77家，孵化场地面积95.8万平方米，在孵企业超1800家。广东省超过30%的孵化器建成科技创业孵化链条，专业孵化器占比接近30%；国家级孵化器70%以上具有天使投资和持股孵化功能。孵化器从业人员结构持续提升，截至2017年底，广东省接受专业培训的人员近40%，大专以上学历占比近90%。

（3）孵化器成为“四新经济”培育主战场

广东省孵化器围绕战略性新兴产业源头培育和传统产业转型升级，实现了从注重载体建设向注重主体培育的转变、从注重企业集聚向注重产业培育的转变，成为经济社会发展不可或缺的“创富源”和“就业源”。2017年新增毕业企业近2600家，其中毕业当年收入超过1000万元的企业达30%以上，累计上市（新三板挂牌）企业超过430家。广东省的80%以上国家“千人计划”创业人才落户孵化器。出现了一批专注于互联网、生物医药、机器人与智能制造、新材料、文化创意等战略性新兴产业的专业孵化器，带动了一批行业龙头企业围绕自身产业链建设专业孵化器，不断催生出新产品、新产业、新服务、新业态，源源不断为经济发展带来新活力。

（4）孵化器服务创新驱动发展能力全面提升

广东省孵化器围绕创新驱动发展需要，注重培育增值服务，注重构建科技创业孵化的全链条，全面提升孵化器服务创新驱动发展的能力，孵化器的社会影响力、带动力持续提升。2017年，广东省孵化器吸纳就业人数达到31.6万人，其中吸纳大学生3.6万人；当年孵化服务企业及团队4万家（个），其中在孵企业2.36万家；创业导师数量达到5800人，对接辅导创业企业1.5万余家。孵化器自身的孵化基金总额达到120亿元，三年累计获得投资的在孵企业达3000家。中国创新创业大赛广东赛区已经连续成功举办六届，服务了2万多个参赛企业和创业团队，带动社会融资超过20亿元、银行授信50亿元。

（5）孵化器行业协会桥梁纽带作用有效发挥

广东省积极建立和完善省孵化器行业联盟和区域性行业组织，推进省、市孵化器行业协会建设，充分发挥各级孵化器协会的纽带作用，加强行业合作，规范行业行为，促进行业发展。2013年，广东省科技企业孵化器协会成立，大大提升和加强广东省孵化器的组织管理，推进了广东省孵化器的交流与合作，提高从业人员业务素质及管理服务水平，全面提升广东省科技企业孵化器的孵育能力。目前省孵化器协会共有会员325家，理事以上单位57家，会员单位覆盖广东省21个地级以上市。2016年10月，在广东省孵化器协会下正式成立了广东省科技企业孵化器协会创业投资专委会、广东省科技企业孵化器协会众创空间专业委员会，进一步推动广东省创业投资及众创空间发展，营造良好的行业生态环境。

第四章　广东省企业孵化器的发展环境

孵化器的外部环境是指影响孵化器生存与发展的各种因素的总称，本章主要分析了影响广东省孵化器发展的政策、科技、资金和管理环境。随着国家和广东省进一步完善支持孵化器发展的政策体系，科技创新体系不断优化，广东省企业孵化器发展的外部环境日益改善。

4.1　广东省企业孵化器的政策环境

4.1.1　主要政策梳理

我国企业孵化器的诞生是政府行为的产物，早期基本由政府主导建设，呈现准政府、公益性科技服务单位的性质，目前正在谋求从“政府推进”向“市场化运作”转型。广东省各级政府一直以来将推动孵化器发展作为实施创新驱动的重要抓手，尤其是近几年来，各级政府及科技部门均高度重视创新创业，积极出台各类政策，清除孵化器发展的障碍，营造良好的政策环境。

（1）各级政府高度重视创新创业，大力推动孵化器建设

早在2005年，广东省就开始关注前孵化器、创业苗圃、预孵化园等新型创业服务平台的建设发展，并推动条件成熟的孵化器开展“创业苗圃—孵化器—加速器”全孵化链条建设。2012年，广东省组织开展前孵化器建设的专题调研，形成了《广东省“前孵化器”发展研究报告》。2013年，广东省出台《关于大力发展前孵化器促进科技成果转化的指导意见》，启动了前孵化器等新型孵化服务平台认定试点工作。2014年省政府工作报告提出“规划建设一批民营小微科技企业孵化器、前孵化器、加速器等创新平台”。2015年7月，广东省科技企业孵化器建设工作现场会提出，要把科技企业孵化器作为实施创新驱动发展战略的重要抓手来抓。在省委、省政府的积极动员下，各级政府均把孵化育成体系建设摆在更加突出的位置，将孵化育成体系建设纳入创新驱动考核中。

（2）积极出台各类孵化政策，破解孵化器发展的障碍

2014年，广东省委、省政府出台了《关于全面深化科技体制改革加快创新驱动发展的决定》（粤发〔2014〕12号），提出激发中小微企业创新活力，重点支持建设一批面向中小微企业的综合性前孵化器、大型孵化器，形成网络化的创新服务体系。2015年，广东省政府出台《关于加快科技创新的若干政策意见》（粤府〔2015〕1号），相关政策措施中有五条含金量高的孵化器政策，包括工业用地建设孵化器可实现产权分割、新增孵化面积后补助、孵化器运营评价后补助、孵化器天使投资风险补偿、孵化器企业信贷风险补偿。随后，广东省科技厅、省财政厅、省金融办先后出台了《关于科技企业孵化器、众创空间后补助试行办法（修订）》（粤科规范字〔2018〕1号）、《关于科技企业孵化器天使投资及信贷风险补偿资金实施细则》、《关于发展科技股权众筹建设众创空间促进创新创业的意见》（粤科规财字〔2015〕04号），并督促各地落实科技企业孵化器用地政策，完善科技企业孵化器支持措施。大部分市也出台了科技企业孵化器用地具体政策和特色扶持政策，广东省创新创业政策环境不断优化。2016年，省政府办公厅出台了《关于加快众创空间发展服务实体经济转型升级的实施意见》，并制定了《广东省科技孵化育成体系建设“十三五”专项规划》，加强对广东省孵化器建设的顶层设计和规划引导，并将孵化器建设纳入创新驱动发展工作考核指标以及创新驱动八大举措指标监测体系，进一步激发了各市推动孵化器建设工作的积极性和主动性。

（3）设立孵化育成科技专项资金，对孵化器建设给予大力支持

为了推动孵化育成体系发展，省科技厅设立了孵化育成体系专项资金。该专项围绕孵化育成体系建设关键环节，择优对培育科技型企业、发展高新技术产业、支撑区域经济社会发展做出较大贡献，具有明显公益属性的科技企业孵化器给予后补助，旨在降低公益性创业服务的成本，推进孵化规模扩张、孵化育成体系完善和孵化育成体系层次的提高。

2014—2017年每年安排资金不低于1亿元，设立了新增孵化面积建设补助、孵化育成体系专项建设、孵化器倍增计划、众创空间建设等子课题，累计支持项目240项，支持专项经费共3.2亿元。其中2014年支持21项，共支持2100万元，重点支持前孵化器（创业苗圃）建设后补助、孵化器建设后补助；2015年共支持42项，支持经费9040万元，重点支持前孵化器（创业苗圃）、孵化器、加速器、大型综合孵化器运营、面向广东省的孵化服务平台、国际大型孵化器建设后补助；2016年共资助项目76个，支持金额达1.1亿元，重点支持新增孵化面积建设补助、孵化育成体

系专项建设、孵化器倍增计划、众创空间建设五个方向；2017年累计支持101项，支持金额1亿元，重点支持专业化、国际化、港澳台共建及大中型企业或投融资机构创办专业化、市场化众创空间，同时支持孵化器公共服务平台建设与服务，及科技创业孵化育成链条建设。

4.1.2 政策的主要特征

（1）孵化器政策体系已经形成

广东省孵化器政策体系逐渐形成，形成的专项政策包括《广东省科技企业认定和管理办法》《科技企业孵化器后补助试行办法》《科技企业孵化器创业投资及信贷风险补偿资金试行细则》等，涉及孵化器建设支持、运营评价及补贴、税收优惠、投融资支持等多方面。目前整体上处于鼓励和支持孵化器建设和运营、增加孵化器数量的阶段。

（2）财政直接投入是支持孵化器发展的主要手段

国家层面对于孵化器的政策优惠主要是税收减免，税收优惠主体多针对特定孵化器类型如国家级孵化器，而广东省主要是通过财政投入方式支持孵化器发展，建立起以资格认定和绩效评价为基础的补贴、奖励和专项资金支持制度。目前广东省已建立了孵化器评价体系，通过专家打分等方式进行认定和运营绩效等级划分，并按资质和评级进行资助和奖励。

（3）孵化器服务能力建设主要集中于投融资能力提升

广东省孵化器投融资服务能力建设支持政策包括完善担保贷款政策、发行孵化专项债券、设立科技孵化基金、设立天使投资基金和风险补偿金、开展众创众筹等，以保障投融资活动的合法性、创新投融资方式。但对于信息支持、基础设施建设、人才培养和技术服务支持的政策十分有限，支持力度明显不足，对具有公共属性的基础设施如研发仪器和设备的支持几乎没有。

（4）对孵化器产业链的全环节支持政策不断细化

广东省政府印发的《实施珠三角规划纲要2015年重点工作任务》是最早提及支持众创空间的政策文件，随后在多项政策中将孵化器作为创新体系的重要部分，鼓励打造完善的“众创空间—孵化器—加速器”科技创业孵化育成链条和体系，并对孵化链条中的不同体系实现分类扶持和管理，鼓励现有孵化器向孵化链条两端延伸，并可同时享受不同链条环节的政策优惠。

4.2　广东省企业孵化器的科技环境

（1）广东不断优化科技创新环境并出台相关配套政策

2006年1月，全国科学技术大会发布的《国家中长期科学和技术发展规划纲要（2006—2020年）》提出，对国家大学科技园、科技企业孵化基地、生产力促进中心、技术转移中心等科技中介服务机构开展的技术开发与服务活动给予政策扶持。在国家层面的科技促进政策的指引下，广东省在2015年前后也出台多项加快科技创新的配套政策，具体包括应用政府购买制度激励科技创新，保障科技企业孵化器建设用地和允许房屋分割转让，补助科技企业孵化器建设发展，建立风险补偿金支持科技企业孵化器建设，扶持新型研发机构发展的财税等系列政策，赋予高等学校科研机构科技成果自主处置权，深化科技成果转化收益权改革，对科技成果转化的股权奖励可进行股权确认，完善科技人员职称评审政策，多种途径解决高层次人才安居问题等。

（2）广东高新技术产业持续快速增长，技术创新能力不断提升

2018年上半年，广东省高新技术产业持续快速增长，高新技术企业量质齐升，重大科技创新平台加快建设，科技创新环境不断优化，有力支撑广东省经济转型升级和持续发展。一方面，广东深入落实高新技术企业培育计划，认真落实认定新政策，高标准开展认定和培育，广东省高新技术企业量质齐升。2017年广东省高新技术企业净增1.3万多家，总量达到33073家，位居全国第一，对北京（20183家）、江苏（13920家）的领先优势进一步扩大。2018年上半年，广东省第一批申报高新技术企业的有18263家，其中珠三角地区17683家（见表2-4-1）；进入高新技术企业培育库企业9756家，其中珠三角地区9523家（见表2-4-2）。另一方面，广东省把培育壮大科技型中小企业群体作为新的经济增长点，开展科技型中小企业评价工作，截至目前广东省通过评价的科技型中小企业有27130家，数量居全国首位，占全国总量的23.5%。

广东省重大科技创新平台建设取得阶段性成果。一是重大科技基础设施加快建设。目前建有国家超级计算广州中心、中国（深圳）基因库、中国（东莞）散裂中子源（CSNS）等8个国家重大科学装置工程，分布在深圳、广州、东莞、惠州、江门等地，领域涵盖粒子和核物理、信息工程、生命科学等。二是新型研发机构加速崛起。截至2017年底，广东的省级新型研发机构总数达到219家，研发人员超过2.7万人，成果转化收入超过600亿元，有效发明专利11756件，同比增长59.6%，发表

论文数达6480篇，同比增长13.4%，涌现出深圳清华大学研究院、华大基因生命健康研究院、广东华中科技大学制造工程研究院等国内顶尖新型研发机构。

广东省在科技成果转化基础平台建设方面取得重大突破。近年来，广东继续深化“三部两院一省”产学研合作机制，组织实施一批产学研协同创新成果转化项目，加快科技成果与产业对接，积极组织本省企业与省外高校、科研院所的产学研对接活动。加快建设“广东省重大科技成果转化数据库”，目前入库的科研单位共有105个，其中大学73所、科研机构32个，企业723个，已征集入库的重大科技成果及需求超过1万项。华南技术转移中心建设项目加速推进，计划年底正式投入运营。2018年5月在惠州举办的第二届科交会，会议围绕“促进产学深度融合 携手创新共赢发展”的主题，上万项高校科技成果、350所国内外高校、3000多家企业聚集惠州，293所高校与626家企业成功牵手，签约科技成果交易项目732宗，总金额40.6亿元，超过了首届科交会。

表2-4-1 2018年上半年广东各市高新技术企业第一批申报数量

单位：家

城市	申报企业数	城市	申报企业数
广州	2871	中山	266
深圳	9978	江门	557
珠海	648	阳江	22
汕头	134	湛江	62
佛山	1353	茂名	29
韶关	44	肇庆	146
河源	48	清远	89
梅州	70	潮州	23
惠州	267	揭阳	34
汕尾	8	云浮	17
东莞	1597	合计	18263

表2-4-2 2018年上半年广东各市高新技术企业培育入库企业数量

单位：家

城市	入库企业数	城市	入库企业数
广州	1069	中山	180
深圳	7200	江门	97
珠海	152	阳江	16
汕头	50	湛江	19
佛山	329	茂名	20
韶关	20	肇庆	23
河源	20	清远	17
梅州	19	潮州	10
惠州	77	揭阳	17
汕尾	10	云浮	15
东莞	396	合计	9756

（3）孵化器已成为广东省科技创新的载体之一

从技术领域来看，科技企业孵化器主要分布在综合类、电子信息、生物医药、新材料以及先进制造与自动化。可见，科技孵化育成体系已覆盖至省内多个重点前沿领域，为这些技术领域的科技成果转移转化提供有效的创业载体支撑。

从知识产权情况看，孵化器已成为高层次创业人才的集聚地和培育战略性新兴产业领军人才的摇篮，成为中央“千人计划”创业类人才的主要聚集地。2017年底，广东省在孵企业拥有的有效知识产权数为5.3万件，较2016年增长60.8%，其中发明专利1.1万件，同比增长49.4%。拥有有效知识产权排名靠前的四个市分别为广州、深圳、东莞、佛山，其中深圳平均每家孵化器拥有有效知识产权数近100件。广东省80%以上的中央“千人计划”创业人才落户孵化器。

4.3 广东省企业孵化器的资金环境

资金是科技创业的重要条件，也是制约企业孵化的重要因素。孵化器和在孵企业在发展过程中都面临资金的需求，国内大部分孵化器因赢利能力不足导致资金短缺，园内在孵企业在资金需求方面也很难获取孵化器的支持。广东省针对上述问题，推出了相关措施，帮助孵化器和在孵企业解决部分资金需求。

（1）广东省推出相关举措缓解资金短缺问题

广东省孵化器产业当前所面临的资金环境如下：在孵企业所面临的创业投融资体系有待完善，科技企业孵化载体需国家层面的资金引导支持，社会资本参与早期创业投资的力度和深度仍显不足等。面对上述问题，广东省积极推出相关举措来缓解孵化器及在孵企业的资金短缺问题：首先，发挥省创新创业基金的引导作用，重点投向初创期、早中期创新型企业，引导更多社会资金助推创新创业。引导基金作为财政资金转变支持方式的一项创新政策工具，旨在借助创业投资的专业化、市场化的运作方式，吸引社会资本的积极投入，鼓励创业投资机构投资和培育科技型中小企业，不断优化有利于创新、创业的投融资环境。此外，开展投贷联动等融资服务模式创新，打造国际风投创投中心。积极争取广东省成为国家第二批投贷联动试点地区。支持银行机构探索投贷联动业务，加强与创业投资、股权投资机构的合作，推动科技创新企业的发展。支持银行机构参与设立各类产业投资基金，对基金所投企业提供贷款融资。探索建立天使投资风险补偿制度，引导创业投资更多向创业企业起步成长前段延伸。最后，在着力缓解中小微企业融资难、融资贵方面，广东推进政策性融资担保和再担保机构建设，截至2016年底，广东省已设立或正在筹建的政策性融资担保和再担保机构共26家，投入资金达80多亿元。

为推动科技企业孵化器体系发展，广东省设立孵化育成体系专项资金，2014—2017年每年安排资金不低于1亿元，并设立了新增孵化面积建设补助、孵化育成体系专项建设、孵化器倍增计划、众创空间建设等子课题，累计支持项目240项，支持专项经费共3.2亿元。广东省创新基金规模扩大的同时，也提高了基金的影响力和中小企业申报的热情，为中小企业技术创新提供了强大的资金后盾。

（2）广东省孵化器和在孵企业外部获取资金情况

2017年广东省孵化器孵化基金总额120亿元，位居全国第一位，其中深圳为广东省孵化器平均孵化基金最高的城市。广东省获得孵化基金投资的在孵企业数量为895家，其中深圳排名第一。广东省孵化器内在孵企业累计获得的风险投资额为187.65亿元，累计获得投融资的企业数量为3540家，主要集中在广州、深圳两市。

2017年广东省孵化器投资总额达312.5亿元，相比2016年增长了12.6%。其中，企业投资总金额达242.7亿元，增长22.9%，占比78%，企业投资占据绝对优势。民营企业投资又是企业投资的主要来源。2017年广东省孵化器按性质分类，民营企业占比接近3/4，成为广东省孵化器建设的重要主体，充分体现了广东省民营企业对解决孵化器资金需求的重大贡献。

4.4　广东省企业孵化器的管理环境

自2015年7月广东省委、省政府召开广东省科技企业孵化器建设工作现场会以来，广东省把孵化育成体系建设摆在更加突出的位置。在广东省委、省政府的大力推动下，广东省各级政府均高度重视孵化育成体系建设，创新创业呈现蓬勃发展的良好势头。截至2016年底，广东省纳入创新驱动考核统计的科技企业孵化器达634家，数量位居全国第一，较上年同比增长59%；其中国家级孵化器83家，数量跃居全国第二，国家级孵化器培育单位64家。

广东孵化器载体高质量发展，首先来自于广东省各级政府对孵化器管理工作的重视，注重加强对孵化器载体的管理和引导工作。关于孵化器管理方面，具体措施包括开展孵化器运营评价工作，积极开展省级孵化器、众创空间认定，建设广东孵化在线平台，建设“广东创新创业孵化在线”微信平台等。广东省科学技术厅委托广东省科技企业孵化器协会每年开展广东省科技企业孵化器运营评价工作。广东省科技企业孵化器运营评价指标体系具体包括孵化器管理、孵化服务能力、孵化绩效、社会贡献和特别加分项目五大类。为进一步加强对广东省科技企业孵化器建设的引导，促进其健康发展，提高科技企业孵化器建设的质量水平，广东省科技厅制定了《关于进一步提升广东省科技企业孵化器质量水平的工作方案》《广东省科技孵化育成体系提质增效行动方案（2017—2020年）》。上述方案规范了广东省孵化器的管理，避免粗放建设，进一步提升孵化器发展建设水平，不断增强对创新驱动源头企业的孵化能力。广东省于2016年上半年完成孵化器数量倍增后，孵化器行业进入提质增效阶段，广东省孵化器建设呈现新格局。

其次，广东省积极建立和完善省孵化器行业联盟和区域性行业组织，推进省、市孵化器行业协会建设，充分发挥各级孵化器协会的纽带作用，加强行业合作，规范行业行为，促进行业发展。2013年，广东省科技企业孵化器协会成立，大大提升和加强了广东省孵化器的组织管理，推进了广东省孵化器的交流与合作，提高从业人员业务素质及管理服务水平，全面提升广东省科技企业孵化器的孵育能力。目前，省孵化器协会共有会员325家，理事以上单位57家，会员单位覆盖广东省21个地级以上市。2016年10月，在广东省孵化器协会下正式成立了广东省科技企业孵化器协会创业投资专委会、广东省科技企业孵化器协会众创空间专业委员会，进一步推动广东省创业投资及众创空间发展，营造良好的行业生态环境。截止到2017年底，广东省科技企业孵化器协会累计举办各类行业交流、培训活动100多场，多次组织协会会员前往北京、天津、杭州等地进行学习考察，搭建了广东省孵化器交流和沟通的桥梁，推动孵化器之间优势互补、资源共享。

第五章　广东省企业孵化器存在的问题与对策建议

5.1　广东省企业孵化器存在的问题

2017年广东省共有781家企业孵化器，位居全国第一。但是，在孵化器投融资、赢利能力、区域分布、专业化国际化等方面仍然存在不足，迫切需要进一步提质增效。

5.1.1　在孵企业获得的投融资偏少

从获得投融资的在孵企业数量和累计获得的风险投资额两个指标看，广东省在孵企业获得外部投资均偏少。广东省孵化器内累计获得投融资的企业数量排名位居全国第二，占全国比例为9%，远低于江苏（占全国比例为16%）。《中国创业孵化发展报告2018》数据显示，广东省孵化器内在孵企业累计获得风险投资额排名位居全国第五，占全国10%，而北京、上海两地在孵企业累计获得风险投资额占全国比例分别为27%和21%。广东省孵化器内平均每家在孵企业获得风险投资额为530.08万元，略高于全国平均水平486.87万元，但远低于北京的1538.04万元和上海的945.43万元。

5.1.2　孵化器投融资能力偏弱

广东省孵化器获得投资偏少，2017年广东省孵化器投资总额306.25亿元，远低于江苏的437.5亿元；广东省平均每家孵化器获得投资额为3921.25万元，远低于江苏的7172.13万元。平均每家孵化器孵化基金偏少，2017年广东省781家孵化器孵化基金总额为120亿元，位居全国第一，但平均每家孵化器孵化基金为1536.49万元，低于北京的6212.26万元、上海的6540.34万元以及全国平均水平2051.29万元。获得孵化基金投资的在孵企业数量显著下降，2017年广东省获得孵化基金投资的在孵企业数量为895家，较2016年实现较明显的下滑（下降比例为21.2%）。

5.1.3 孵化器赢利能力较弱

目前有不少孵化器的运营还处于“二房东式”的低端形态，以出租场地和物业管理为主，辅以工商注册、政策咨询等基本服务，创业指导、投资服务等方面的增值服务能力比较弱，因此导致赢利能力较弱。平均每家孵化器收入偏低，2017年广东省孵化器总收入84.69亿元，平均每家孵化器收入为1084万元，远低于江苏的1709.84万元和北京的2591.51万元。同时，孵化器收入构成不够合理，2017年，广东省孵化器收入中物业收入仍占据超50%的比例，表明广东省孵化器收入仍以物业收入为主、综合服务收入为辅。而全国孵化器收入中，平均物业收入占比仅为33%，平均综合收入占比为37%。

5.1.4 孵化器区域发展不平衡

首先，孵化器数量地域分布不均衡，广东省近90%的孵化器、众创空间均集中在珠三角地区，超过一半的孵化器集中在广州、深圳两地。其次，在孵企业获得的风险投资地区分布极不均衡，广东省孵化器内在孵企业累计获得的风险投资主要集中在广州、深圳，两市占广东省比例超80%，珠三角地区占广东省比例为99.5%，粤东西北地区仅占比0.5%。最后，孵化基金地区分布极不均衡，广东省孵化器内获得孵化基金投资的在孵企业数量中，珠三角地区占比93.4%，粤东西北地区仅占6.6%。

5.1.5 孵化器专业人才不足

孵化器投资建设、经营管理、专业服务、创业导师等人才供给无法满足当前孵化器发展的需求。孵化器是近年来在国内兴起的新事物，目前管理和运营人员基本是转行而来，客观造成不少从业人员孵化意识和专业能力达不到相应要求。当前，广东省孵化器管理机构从业人员中接受专业培训人员占比为40%，有待进一步提升。2017年广东省孵化器创业导师队伍近5800人，与广东省在孵企业、创业团队/企业的数量配比仅达到1：10，创业导师队伍有待进一步扩增。

5.1.6 孵化器国际化程度不足

目前广东省可提供国际交流合作服务的孵化载体比例偏低，孵化器在开展国际合作方面有待进一步提升。2017年广东省众创空间开展国际合作交流活动仅1500场，且超过一半集中在深圳地区。广东省孵化器缺乏与港澳地区和国际孵化器之间的深度合作，有待进一步加强对国内外优势创新资源的整合能力，推动孵化器积极参与国际化竞争。

5.2 广东省企业孵化器发展的对策建议

5.2.1 因地制宜、促进创新，推动各地完善孵化育成服务链

分类指导各地孵化器建设。推动广州、深圳建设一批标杆性品牌孵化器，辐射引领广东省孵化器发展。推动珠三角其他地市孵化器提升质量，推动粤东西北地区加大对孵化器基础建设的财政投入，把援建孵化器作为珠三角与粤东西北地区对口帮扶重要内容，建成一批支撑地方主导产业发展的孵化体系。其次，促进孵化器组织和模式创新。国有企业、事业单位积极探索，建设混合所有制孵化器，集体经济利用农村经济发展留用地和物业建设或合作建设孵化器。高校院所建设专业孵化平台，探索实践虚拟孵化、异地孵化等新型孵化形态。特别是支持大型龙头企业建设专业孵化平台，搭建开放共享的工业互联网平台，通过“双创”加强协同研发，广泛开展定制化生产，为产业链相关的中小企业提供全链条、一体化服务，实现大中小企业多方面资源共享、优势互补、融通发展，形成立体式、无边界协作的新型产业生态圈。最后，打造“众创空间—孵化器—加速器”全孵化育成服务链。建设一批各具特色的众创空间、孵化器、加速器，营造创新创业的良好环境，打造完善的“众创空间—孵化器—加速器”科技创业孵化育成链条，实现从团队孵化到企业孵化再到产业孵化的全链条、一体化服务。因此，各地市要因地制宜，选择适合自身的孵化器发展模式，完善孵化育成服务链。

5.2.2 支持孵化器专业化、精细化，发展地方特色支柱产业

目前广东省专业型孵化器占比不到1/3，而国家级孵化器中专业型占比却超过一半，说明专业化、精细化是孵化载体提升发展的重要方向。因此，广东省应进一步支持孵化器向专业化、精细化方向升级，布局建设专业孵化器，壮大当地特色产业、发展战略性新兴产业。一是围绕地方特色支柱产业建设专业孵化器。推动各地围绕当地的支柱产业、特色产业和战略性新兴产业，建设一批各具特色的专业孵化器，营造创新创业的良好环境。推动专业孵化器成为重大科技成果转化落地的重要载体，真正实现从团队孵化到企业孵化，加快促进科技企业迅速成长壮大。二是依

托科研院所和产业平台，建设专业孵化器。如广州华南新材料创新园依托产业平台打造新材料专业科技孵化器，松山湖华科产业孵化园依托广东华中科技大学工业技术研究院和广东省智能机器人研究院打造新一代信息技术、高端装备领域的专业孵化器。三是建设专业孵化器群。在国家高新技术产业开发区、国家级经济技术开发区、国家现代农业示范区、高新技术产业化基地等区域，结合战略布局和当地产业发展实际，引导产业技术研究院、行业公共技术服务平台、产业创新联盟、技术转移机构等产业组织者建设专业孵化器，形成产业发展需要的孵化器群。

5.2.3　积极融入全球创业孵化网络，加快孵化器国际化发展

广东省孵化器要坚持“引进来”和“走出去”相结合的国际化发展战略，积极参与和融入全球创新网络之中，一方面要积极引入国外科技创新创业资源和有海外背景的孵化器，另一方面鼓励一批有实力的孵化器尝试走出国门在海外建园设点。支持广东省孵化器与欧美、以色列等国的孵化器、科技园区建立合作关系，积极开展孵化服务交流、技术交易及国际技术转移服务等合作。通过参与和举办国际性的孵化器行业活动，促进全球创新创业要素的资源流动和跨国配置，搭建海外高端技术创业者向国内转移的服务平台。持续深化粤港澳台合作与交流，加强与港澳台的创新创业资源对接与合作，提升面向港澳台青年创业平台的服务水平，为粤港澳台创业提供更好支撑。

5.2.4　加强专业人才培养，提高孵化器运营的效率

首先，加强创业孵化人才培训。建立面向孵化器管理人员、孵化服务人员、在孵企业及创业者的多层次孵化培训体系，统筹省内孵化器协会、骨干服务机构的培训资源，在广东省各地定期举办各类孵化器培训班，不断加强对孵化器从业人员管理水平和服务能力等专业素质的培养，形成职业化的人才队伍。其次，建立多层次创业导师体系。凝聚广东省创业导师力量，引导和鼓励成功创业者、知名企业家、天使和创业投资人、行业专家等担任创业导师；组织开展创业导师培训，培养一批高水平的创业导师队伍。开展创业导师登记备案，完善创业导师评价机制、激励机制、流动机制，建立广东省创业导师库。遴选面向广东省大学生的创新创业导师，建立广东省大学生创新创业导师库。开展广东省创业导师评选工作，对拥有丰富创业辅导经验和创业资源的创业导师，经评选后授予广东省创业导师。最后，提高孵

化器运营的效率。美国孵化器运营方面最突出的特征就是精简与高效，主要体现在：孵化场地面积精简的同时却服务了更多的企业，在维持人员精简的同时却增加了孵化服务时数。以色列孵化器则注重把好入孵企业质量关，项目或企业入驻，要经过孵化器管理机构的评审。每年大约可收到200多个申请，但最终通过的比例仅有5%左右。

5.2.5 以创业者需求为导向，提升增值服务能力

引导孵化器围绕创业企业实际需求，提供定制化的高附加值服务。不断加强项目诊断、创业咨询、团队搭建、产品改进、财务顾问、市场拓展等创业辅导服务，积极拓展技术成果评估、科学实验、试制与检测、科技情报等创新支撑服务。推动创业服务利用新技术、应用新理念、开创新模式，以创业者需求为核心，主动整合创意与市场需求，实现创业机会和资源供给的有机结合。强化孵化器与知识产权、法律、会计、咨询等第三方专业服务机构的合作，提升孵化服务综合能力。

5.2.6 构建梯度孵化投资体系，提升孵化器投融资服务能力

建立由孵化器自有资本和外部资本共同构成的多层次创业孵化投融资服务体系，满足不同阶段的创业企业对资金的需求，深化“投资+孵化”发展模式。一是完善科技金融服务。提升和完善广东省科技金融服务体系服务功能，推动区域性股权市场、“中国青创板”综合金融服务平台等广东省金融服务平台与孵化器无缝对接。加大科技企业孵化器与银行、担保等金融机构的合作力度，鼓励银行业金融机构新设或改造设立从事创新创业金融服务的专业或特色机构，提供科技信贷、融资担保、知识产权质押、股权质押、场外交易市场及新三板挂牌、企业上市辅导等科技金融服务。二是推动孵化器与创业投资全面对接。依托广东省科技企业孵化器协会创业投资专委会，集聚更多的创业投资机构，开展创业投资机构与科技企业孵化器的全面对接，实现广东省孵化器创业投资服务的全覆盖，筛选优秀在孵企业，加大对在孵企业的风险投资力度。支持孵化器充分利用政府创业投资引导基金，联合其他社会资本共同设立细分产业创投基金。大力支持以风险资本为主导设立孵化器，积极引导社会金融资本参与和支持孵化器建设，推进“孵化器+天使投资+创业企业”持股孵化模式。三是落实天使投资风险补偿政策。落实《广东省科技企业孵化器创业投资及信贷风险补偿资金实施细则》，对孵化器内创业投资失败项目，风

险补偿金按不超过项目投资实际损失金额一定比例直接对创业投资机构给予补偿，促进孵化器内中小企业融资发展。

5.2.7 支持孵化器改革创新，促进孵化器可持续发展

一方面，继续推动国有孵化器改革创新。鼓励事业单位性质孵化器转制。鼓励国有企业孵化器创新体制机制，探索所有权和经营权分离，推进实施现代企业管理制度和职业经理人制，通过政府购买服务等方式引导孵化器提供公共服务。支持外资和民营资本参与创办混合所有制孵化器。探索建立国有孵化器管理人员绩效奖励机制，调动从业人员积极性。另一方面，鼓励孵化器不断创新孵化模式。鼓励品牌孵化器通过连锁经营、品牌输出、一器多基地等模式创新实现规模化发展，扩大辐射范围，塑造创业服务品牌。鼓励孵化器以促进技术转移转化、新产品研发、传统业务转型和开放式协同创新等为切入点，融入龙头骨干企业、高校和科研院所创新创业生态圈，形成资源共享和收益分享的联动发展机制。

引导孵化器探索可持续发展模式。鼓励孵化器形成政府采购服务、场地租金、增值服务和股权投资收益相结合的多元收入模式。支持孵化器以自有资金、应收房屋租金或增值服务费等入股优质企业，分享企业成长发展收益。鼓励孵化器建立毕业企业反哺机制，引导毕业企业通过捐赠、设立种子基金、担任创业导师、共建服务平台等方式反哺孵化器。

5.2.8 强化自律规范，形成孵化行业健康发展的良好氛围

积极推进孵化器和众创空间登记以及相关资质认定工作，强化落实广东省各市责任目标，督查各市完成孵化器建设任务。加强创新创业载体监测评价，科学引导各创新创业载体健康发展。充分发挥省、市科技企业孵化器协会的平台作用，加强对从业人员的培训，开展对接和学习交流活动，提升孵化管理服务人员的水平。健全完善孵化器行业标准，涵盖孵化器类型标准、服务内容标准、服务流程标准等孵化行业标准体系。

附件：国家和广东省有关企业孵化器的政策

时间	部门	政策名称	主要内容
2000-4-12	科技部	《关于加快高新技术创业服务中心建设与发展的若干意见》	创业中心要加强对孵化企业的融资服务，协助企业开辟多种形式的融资渠道，稳步开展孵化基金、担保等多种形式的投融资体系的建设，规范创业投资的管理，探索经验。各国家高新区和省科委应积极支持并协助创业中心孵化企业申报科技型中小企业创新基金，并创造条件予以支持
2001-7-15	科技部	《中国科技企业孵化器“十五”期间发展纲要》	“十五”期间，科技企业孵化器的创建和发展，要在坚持政府主导的同时，发挥市场配置社会资源的基础性作用。要发挥孵化器对科技创业企业的集聚功能，全面提升在孵企业的创新能力，形成若干有代表性的科技创新孵育体系
2003-4-7	科技部	《关于进一步提高科技企业孵化器运行质量的若干意见》	1.进一步明确孵化器的社会任务和功能定位；2.正确处理孵化器建设与发展过程中的各种关系；3.继续支持和推进孵化器的建设；4.充分发挥孵化器行业组织的作用；5.孵化器提高孵化水平与质量的若干措施
2010-11-29	科技部	《科技企业孵化器的认定和管理办法》	科技部制定了国家级孵化器的认定和管理办法，包括申报条件、申报程序和孵化器管理。申报条件具体分为孵化器具备的条件、在孵企业具备的条件、毕业企业具备的条件
2013-7-16	科技部	《国家级科技企业孵化器评价指标体系孵化器评价指标体系（试行）》	制定国家级孵化器工作绩效评价指标体系，包括评价原则和指标体系、评价的组织实施、评价结果及其应用等
2015-3-2	国务院办公厅	《关于发展众创空间推进大众创新创业的指导意见》	到2020年，形成一批有效满足大众创新创业需求、具有较强专业化服务能力的众创空间等新型创业服务平台；培育一批天使投资人和创业投资机构，投融资渠道更加畅通；孵化培育一大批创新型小微企业，并从中成长出能够引领未来经济发展的骨干企业
2016-7-28	科技部	《专业化众创空间建设工作指引》	进一步明确专业化众创空间的内涵特征、建设条件和建设方向，指导和推动专业化众创空间有序发展
2017-10-12	科技部	《国家众创空间备案暂行规定》	明确众创空间主要功能与服务，申请国家备案众创空间所具备的条件和基本程序
2015-2-15	广东省政府	《关于加快科技创新的若干政策意见》	1.完善科技企业孵化器建设用地政策；2.建立科技企业孵化器财政资金补助制度；3.建立科技企业孵化器风险补偿制度

（续表）

时间	部门	政策名称	主要内容
2015-2-15	广东省科学技术厅、广东省财政厅	《关于科技企业孵化器创业投资及信贷风险补偿资金试行细则》	由省财政预算安排，用于科技企业孵化器发展，对孵化器内创业投资失败项目和对在孵企业首贷出现坏账项目所产生的风险损失，按一定比例进行补偿
2015-7-16	广东省科学技术厅、广东省政府金融工作办公室	《关于发展科技股权众筹建设众创空间促进创新创业的意见》	重点推动一批科技股权众筹平台建设，培育引进一批科技股权众筹管理团队，带动一大批创新项目挂网众筹；培育和建设一批运营一流的众创空间，建立一批创新创业导师队伍，集聚一大批高素质创新创业人才
2015-9-9	广东省科学技术厅、中国人民银行广州分行	《关于科技和金融结合促进创新创业的实施方案》	省市联动建设科技企业信息库和省级信用信息平台，推动科技型中小微企业开展信用评级；创新财政科技资金使用方式，健全财政资金与社会资本联动机制
2016-3-10	广东省政府	《关于大力推进大众创业万众创新的实施意见》	发展创业孵化服务，实施孵化器倍增计划和孵化基地“一十百千万”计划，大力支持孵化器和众创空间、众创平台建设，完善创业创新和科技型中小微企业孵化育成体系
2016-6-27	广东省政府办公厅	《关于加快众创空间发展服务实体经济转型升级的实施意见》	到2020年，形成一批有效满足大众创新创业需求、具有较强专业化服务能力的众创空间，全省众创空间数量超过300家；孵化培育一大批创新型小微企业，形成新的产业业态和经济增长点
2017-7-18	广东省科学技术厅	《广东省科技孵化育成体系提质增效行动方案（2017—2020年）》	通过实施四个“全覆盖”、专业孵化链条建设、“以升促建”、创业投资对接、服务队伍提质、创业氛围营造、“孵化在线”升级、孵化行业自律等八大行动，促进孵化绩效达到新水平，服务质量实现新提升。到2020年，全省科技企业孵化器、众创空间蓬勃发展，形成分工协作、优势互补的一体化格局。全省建成孵化载体超1500家，其中国家级孵化器超150家，超过30%的孵化器建成科技创业孵化链条，专业孵化器占比接近40%；孵化场地面积达2500万平方米以上，新增在孵企业2万家，新增毕业企业1万家；国家级孵化器70%以上具有天使投资和持股孵化功能，80%以上从业人员接受孵化器专业培训，100%形成创业导师辅导体系；90%的孵化器参与开展创新创业赛事和活动，创业文化深入人心

第三篇

广东省国有创投机构设立天使基金的实践与启示

第一章　国内外天使投资的发展情况

1.1　天使投资的定义和特征

1.1.1　天使投资的定义

天使投资最早是对19世纪早期美国纽约百老汇歌剧创作投资人的一种美称，后来被引申为一种对高风险、高收益的创业企业的早期投资。天使投资通常表现为对初创企业进行的一次性前期投资，是一种非组织化的创业投资形式。从广义上看，天使投资属于风险投资的一种形式，是个人投资者或风险投资机构对原创项目构思或小型初创企业进行的前期投资。从狭义上看，天使投资是个人（不是职业化管理的投资基金、企业、政府或其他机构）将自己的资金投入到一家早期阶段的公司（通常称为初创公司）的行为。

与风险投资类似，天使投资也是一种以高成长的新兴企业为投资对象的权益资本投资，但是，不同之处在于风险投资的范围涵盖企业的初创期、成长期和成熟期的整个过程，而天使投资只是集中投向初创期企业，并在企业引进风险投资、私募股权投资时或上市后实现退出。风险投资一般投资额较大，而且会对被投资企业进行严格审查。天使投资投资金额较小，对被投资企业审查不太严格，更多是基于投资人的主观判断或者甚至是喜好而决定。风险投资由于单轮次投入资金额往往较大，通常由几家投资机构联合投资，而天使投资往往是一人掏钱，见好就收。风险投资是一种正规化、专业化、系统化的投资行为，而天使投资则更多的是一种个体或者小型投资行为。

20世纪80年代以来，在全球范围内有越来越多的富裕阶层开始投资早期创业公司。这些人中有金融家，有房地产商，有企业家也有谷歌、微软等大公司的中高层管理人员，他们将所拥有的大量财富以天使投资等形式为创业企业提供资金支持，并不断利用个人资源和管理经验帮助创业企业成长壮大，为全球技术进步、商业创新提供源源不断的动力。进入21世纪后，人们发现以个人为主体的天使投资模式，由于个人的资金来源和创业资源（如专业知识、人际关系等）有限，对初创企业的帮助有很大的局限性，但大家联合起来以基金的形式投资，能够实现优势互补，产生更好的投资效果。于是小型天使投资机构或天使投资联盟纷纷建立起来，以天使基金的形式投资于创业企业，天使投资走向专业化和机构化，为创业企业提供更丰富的资金支持和投后服务。天使基金是直接以股权方式投资于种子期或初创期企业的资本，是一种最原始和最早期的风险投资。天使基金的这种特性使它独立于其他投资形式，成为一种专门投资处于种子期、初创期创业企业的具有极强生命力的投资方式。

整体上看，天使投资在欧美及日本等发达国家和地区迅速发展并已进入成熟阶段，是一种在风险投资之前介入初创企业的私募股权投资，对初创企业的发展具有重要作用。在中国，天使投资仍然是一种新颖的投资方式，发展远远比不上欧美及日本。

1.1.2　天使投资的特征

天使投资在发展初期是以个人投资者为主，当个人天使投资发展到一定阶段，遇到瓶颈时，天使投资机构开始出现。在这一阶段，天使投资逐渐向规范化、组织化的方向发展，并形成了不同于风险投资和私募股权投资的特征。

现阶段，天使投资机构主要呈现以下四个方面的特征：

第一，单笔投资规模较小。天使投资的投资对象是处于种子期、初创期的创业企业，单项目投资金额较低，是企业最初形成阶段的主要资金来源。相比于其他股权投资，天使投资往往表现出一次性投入、见好就收的投资风格，单笔投资金额在几十万到几百万元之间。因此，天使投资基金规模和单笔投资金额往往不大，以中国为例，2017年国内天使投资机构新募基金有146只，募资总额199.36亿元，天使基金平均规模达1.37亿元，全年共发生天使投资案例2012起，披露投资金额147.43亿元，平均单笔投资金额732.75万元。

第二，决策程序简单高效。天使投资一般以个人投资或小机构投资的形式出现，是一种个体或者小型商业行为。与股权投资逐渐走向大型化、专业化、机构化不同，天使投资更偏向于小型的、分散的、更灵活的投融资方式。因此，天使投资对被投资企业的考察和判断不像其他股权投资机构那么复杂，项目的审查程序也相对简单、快捷。在实际操作过程中，天使投资人往往根据自己的经验或直觉对自己看好的企业和创业者进行投资判断。在国内，一些大型投资机构在设立天使基金时，往往也会针对天使投资的决策特点，专门制定灵活的决策机制。如深创投、东方富海等投资机构将金额较小的天使投资项目的决策权下放到基金管理公司，以保证决策简单高效。

第三，投资回报周期长。天使投资是一种长期性的投资，也被称为“有耐心的资本”，具有流动性弱、回报期长的特点。由于创业企业远未实现盈利，因此天使投资无法在短期内获取现金、红利或者利息等回报，只有等公司成长壮大后才能获取利益。在国内，天使投资通过二级市场、新三板退出的比例不高，天使基金为保证如期实现投资收益，一般倾向于选择交易速度快的股权转让方式实现退出。2017年国内共发生184笔天使投资退出案例，其中股权转让退出125笔，新三板退出35笔，IPO退出5笔。因此，天使投资者需要具有较强的抗风险能力，并且拥有可以进行长期投资的资本和耐心。

第四，投资风险高但潜在回报高。天使投资一般选择初创期、种子期企业进行投资，其技术还未成熟，产品还未经市场验证，经营模式不一定可以持续，管理团队和员工没有经历各种考验，各方面都存在很大不确定性，因此，天使投资既承担着较高的投资风险，也孕育着较高的投资回报。根据对国内950笔天使投资退出案例的统计，退出时出现损失的投资案例达到742笔，占总投资案例的78.11%，而成功的投资案例中，IPO退出的平均回报倍数达到81.76倍，并购退出的平均回报倍数达到18.4倍。

1.1.3 天使投资的运作模式

个人天使投资者自身能力局限、项目来源不足以及专业性不高等因素，阻碍了天使投资的进一步发展。因此，在个人天使投资发展到一定阶段后，天使投资机构开始出现和发展。在这一阶段，天使投资人选择“抱团”的方式来提高投资效率，一些天使基金也逐步建立起来。目前常见的天使投资机构可以归纳为四种类型。

（1）俱乐部和联盟模式

天使投资俱乐部（天使投资联盟）旨在为天使投资者提供沟通交流平台，通常采用会员制的组织形式，收取会员费作为运营资金。多数天使投资俱乐部为会员提供的是信息平台类的服务，例如项目信息收集、定期举行路演活动等。一些俱乐部也会提供较为深度的服务，例如项目评审、投资决策支撑、撮合联合投资等。目前，国内比较知名的天使投资俱乐部（联盟）包括：上海天使投资俱乐部、武汉光谷天使投资俱乐部、深圳天使投资俱乐部、中国天使投资联盟等。

（2）机构化模式

机构化的天使投资组织有三种常见类型。第一类是由地方政府投资或牵头设立的天使投资机构。这类机构通常不以赢利为目标，专注于扶植在当地注册的创业企业，以推动当地的创新创业。第二类是由个人投资者设立的天使基金。这类天使基金的目的是为了提高投资和管理效益，在国内具有代表性的包括：雷军领衔的顺为基金、何伯权创立的今日投资、徐小平创建的真格基金等。第三类是由创投机构设立的天使基金。创投机构设立天使基金不仅是为了获得更丰厚的利润，更为了在一些优质天使项目的后续投资轮次中拥有更大的主动权。这类天使基金进行投资时更加规范化和制度化，有严格的尽职调查和立项过程，决策时主观因素偏少，在投资后有能力更多地参与管理，帮助创业公司制定发展战略和完善赢利模式。

（3）“孵化器+天使投资”模式

“孵化器+天使投资”模式主要以孵化器内的创业企业为投资对象，利用天使投资为创业企业提供融资服务，并通过孵化器开展创业培训、辅导、咨询，提供研发、试制、经营的场地和共享设施，以及政策、法律、财务、投融资、企业管理、人力资源、市场推广和加速成长等方面的服务。这种模式能有效降低创业风险和创业成本，提高创业企业的成活率和成长性。常见的“孵化器+天使投资”模式，根据其孵化目标群体和运营机构分为“高新开发区孵化器+高科技产业天使基金”“科技研发系统孵化器+产学研基金”“大学科技园及大学生创业孵化器+大学生创业基金”，以及支持回国留学生创业的“留学生创业园+留学生创业基金”等。

（4）众筹模式

近年来，随着互联网众筹市场迅速发展，出现了大量为创业企业提供融资服务的众筹网站，包括点名时间、追梦网、积木网、Jue.so等等。这些众筹网站采用类似于美国Kickstarter的运作模式，由申请人提供文字、图片、音频、视频等形式的项目说明书，并预先设定项目的融资金额、结束时间及预期回报，通过众筹网站向潜在投资人展示项目。潜在投资人在项目浏览过程中，选择自己感兴趣的项目进行投资。众筹网站会在项目融资成功时收取10%左右的手续费，并对项目的发展进度和目标达成情况进行监督，为投资人提供各类风险保护。一旦项目成功时，投资人可以按照事先约定获得丰厚的投资回报。

1.1.4 天使投资与风险投资的比较

天使投资和风险投资都属于私募股权投资范畴，是企业上市之前主要的股权融资渠道。但天使投资主要投资处于种子期和初创期的企业，是企业整个生命周期中最早进入企业的外部投资者。近年来，由于风险投资越来越向中晚期投资发展，天使投资与风险投资之间的投资阶段差异更加明显。

天使投资与风险投资存在大量共性。一是都是对于创业企业的股权投资；二是都具有“高风险，高收益”的特征；三是都投资于快速增长、具有巨大发展潜力的创业企业；四是在投资决策过程中，都将创业企业的管理团队、市场、产品、服务、研发能力等因素作为选择投资标的的重要依据；五是都会对被投资企业进行投后管理，参与企业的管理与运营；六是都有较长的投资周期，其中天使投资的投资周围往往比风险投资更长。

天使投资作为更早期的投资，与风险投资存在一定的区别。一是天使投资往往有更高的自有资金比重，而风险投资主要通过外部募资；二是天使投资的投资管理相对简单，而风险投资通常拥有体系化的组织结构、完整的审核和投资管理程序、严格的风险控制制度；三是与风险投资相比，天使投资的单项目投资金额少，但投资项目数量多；四是天使投资的期限更长，需要承担更多不确定因素带来的投资风险，投资风险更高；五是天使投资由于投资阶段更早，在成功后的增值倍数往往比风险投资更大。

表3-1-1 天使投资与风险投资的主要区别

特征要素	天使投资	风险投资
投资人	个人投资者、天使投资机构	风险投资机构
资金来源	自有资金、天使基金	风险基金
投资阶段	种子期和初创期	初创期、成长期和成熟期
尽职调查	基于个人经验对企业价值进行评估	有完整的法律、财务尽调体系
投资工具	普通股	优先股、普通股
投后管理	参与度高，甚至参与企业管理	通过董事会、监事会参与决策
退出方式	在IPO前退出的比例较大	IPO、并购、回购

1.2 国外天使投资发展情况

1.2.1 国外天使投资的发展历程

天使投资起源于西方发达国家，为经济发展和社会稳定做出了巨大贡献，造就了一大批国际科技巨头公司。1874年，亚历山大·贝尔利用天使资金创办了贝尔电话公司（即现在的美国电话电报公司），目前该公司仍然是美国最大的本地和长途电话公司，在2018年《财富》世界500强中排名第20位；1903年，亨利·福特利用来自5位天使投资人的4万美元投资创办了福特汽车公司，该公司在20世纪的美国汽车市场连续75年保持销售量第二名，是全球最具影响力的汽车品牌之一；1977年，苹果公司在获得9.1万美元天使投资后逐步发展成为全球最大的电子产品公司，在2013年超过可口可乐成为世界最有价值品牌，并连续多年成为全球市值最大的公司。

20世纪80年代以来，越来越多富有的个人开始投资早期创业公司，这些社会财富的拥有者一直在为当地的创业公司提供资金支持，并且不断帮助创业公司成熟和完善。在这过程中，很多小型天使投资机构或天使投资组织建立起来，在原有天使投资人群体的基础上稳步发展。天使投资逐渐从过去那种类似亲友借贷的方式向专业化投资机构发展。根据相关统计，从1979年到1995年，全球财富500强公司提供的工作岗位减少了400多万个，而由天使投资支持的创业公司新创造出的岗位数量则达到2400万个，新企业创造的财富增长达到200%。在天使投资的支持下，创业公司对于经济发展起到了巨大的影响，而且这种增长还在不断加快。

到20世纪90年代，天使投资在以美国东、西海岸，英国伦敦等为代表的区域内迅速发展，位于硅谷、波士顿128号公路、伦敦硅岛等高科技产业带的天使投资者、天使联盟、天使基金和本地大学（斯坦福大学、麻省理工学院、剑桥大学等）之间形成了非常紧密的联系。当年的一项研究调查了天使投资人会将个人财富的多少比例用于天使投资。结果显示，46%的人会把自己总净资产的10%—24%用于天使投资，26%的人投资少于10%，而28%的人投资多于24%。天使投资有着十分惊人的潜在回报率差异，虽然只有少量天使投资能最终获得回报，但成功的天使投资项目给投资人带来的回报是巨额的。Mike Markkula给苹果公司的9.2万美元天使投资最终实现2200倍增值，达到2.03亿美元。Thomas Alberg给亚马逊公司的10万美元投资最终回报是260倍，达到2600万美元。其他一些知名度较低的天使投资成功案例同样给投资人带来巨量财富。比如，Andrew Filipowski投资的蓝犀牛（Blue Rhino）获得了48倍的回报，而Ian McGlinn投资的美体小铺（Body Shop）获得了10500倍回报。

近年来，全球天使投资市场仍不断涌现出大量成功案例，如Airbnb、Uber、Facebook等，这些被投资企业依然像过去一样在不断地改变着人们的生活方式和经济的运转方式。归纳起来，现阶段全球天使投资呈现以下几方面的明显特征：第一，信息技术、新能源、金融科技、生物医药等高科技行业是天使投资最集中的领域；第二，80%左右的资金投资在项目的早前期，其中种子期和起步期的项目资金各占一半左右；第三，从投资轮次上看，以项目首轮投资为主，但有越来越多的连续投资出现；第四，退出方式以并购退出为主，占退出项目的70%左右。整体来看，全球天使投资在往组织化、规范化的方向发展，但各国天使投资发展的现状却不尽相同。

1.2.2 美国天使投资的发展情况

在美国每年发生的70多万笔投资案例和560亿美元交易额中，天使投资约占一半以上，达到300亿美元。根据美国小企业局的保守估计，美国约有25万天使投资人，每年投资企业达3万个，每个天使投资人职业生涯平均投资额为80万美元。这使得美国天使投资资金总规模约为机构投资的2—5倍，接近非金融企业IPO的筹资总额。目前，美国潜在天使投资人数量可能高达150万—250万人，天使投资市场仍有极大的成长空间。

美国天使投资的高度发展，与美国拥有众多天使投资人以及崇尚创业的理念息息相关，同时也离不开政府政策的鼓励和支持。美国联邦政府为了支持天使投资，对天使投资人实施税收优惠政策，包括持有5年以上资本利得50%减征、再投资税收抵免以及资本损失可视为普通损失。为应对2008年金融危机冲击，2009年美国复兴与再投资法案将持有符合条件的小企业股票5年以上的资本利得减征比例从50%提高到75%，2010年小企业就业法案进一步将减征比例从75%提高到100%。同时，美国各州给予天使投资大量优惠政策，有超过1/3的州政府出台了鼓励天使投资的税收激励政策，这些政策更普遍更有力地刺激了美国天使投资行业的发展。

为了降低天使投资人和创业者之间的信息不对称，美国有关公共部门和民间发起了一系列促进天使投资发展的行动，包括政府部门创办的非营利性天使投资网络、民间创办的不以营利为目的的非政府天使投资组织，以及商业性天使投资网络。其中，最著名的是美国联邦政府中小企业局创立的天使资本电子网络（或称为天使投资网），以及由美国民间天使组织于1994年创立的硅谷天使帮（Band of Angel）。目前，天使资本电子网络是美国天使投资人使用最多的天使投资网络，而硅谷天使帮已经发展成为美国最成熟的天使投资俱乐部之一，该组织由13位风险投资公司高管共同组建，主要目的是帮助初创企业解决资金短缺和经验匮乏等问题。

近年来互联网浪潮同样给天使投资行业带来新的变化，股权众筹已经成为美国互联网金融浪潮中最具革命性的创新商业模式。该模式利用互联网的规模高效，为创业企业小额融资提供低门槛的资金来源，帮助创业企业解决融资难、资金成本高的困难。截至2016年，美国大约有超过100家股权众筹平台，比较著名的有AngelList、Wefunder、CircleUp、RockThePost等。2015年，美国证券交易委员会发布了一项自2016年5月16日起实行的“众筹规则”，新规则允许企业只须提交较简单的文书手续，就可以在12个月期限内以众筹集资方式向个人投资者筹集至多100万美元的债务性或权益性融资。在该规则的影响下，众筹集资方式的点对点网络借贷融资快速增长，给美国天使投资发展带来新的助力。

1.2.3　欧洲天使投资的发展情况

欧洲潜在天使投资人的数量约100万，其中12.5万较为活跃，这些活跃天使投资人平均每笔投资额约2.5万欧元至25万欧元，总投资规模约为美国的三分之一。整体上看，欧洲各国的天使投资发展并不均衡，其中最具代表性、天使投资最活跃的国家是英国，根据相关统计，2000年英国大约有2万—4万天使投资人，每年天使投资总额为5亿英镑到10亿英镑，被投资创业企业数量在3000—6000家。

欧洲天使投资的发展主要得益于英国及若干欧盟国家对商业天使的重视，这些国家政府通过培育统一的天使资本市场，为欧洲发展中小企业、提高创业企业竞争力提供重要支持。目前，欧盟各国分别实施了两种资助计划，一是财政工程行动，旨在与欧洲各国政府对商业天使网络的结构性资助项目形成联动。包括英国“风险投资计划”的小企业股权投资、小企业新发行股票税收优惠等，以及法国实施的个人巨富税（ISF）对向中小企业投资或捐赠额的50%可进行税收抵免等。二是为培养企业家精神和企业而设立的跨年度资助计划。许多欧洲国家为解决创业企业融资缺口，推出了联合投资基金，采用公私合作的模式，投资于创业企业。包括英国贸工部基金计划、德国技术投资公司、荷兰技术合作种子基金等。除商业资助计划外，有7个欧盟成员国设立了创业投资担保计划，为创业投资机构的股权投资项目提供担保，其中，奥地利、芬兰、比利时的担保计划也适用于天使投资人。

继美国建立全国性的天使资本电子网络之后，欧洲于1997年成立了连接欧洲各主要国家和城市天使投资的统一平台“欧洲商业天使网”。此外，欧洲成立了商业天使网络协会，以帮助欧洲各国的潜在天使投资人了解并参与商业天使投资，协助其从商业天使网络获取帮助、挖掘优质企业，成为正式的天使投资人。到1999年全欧洲有约50个天使网络组织，到2010年底，全欧洲天使网络组织发展到114个，并有超过350个正式注册的天使投资团体，这些团体聚集了大约2万名天使投资人，平均每年接收4万个商业计划。近年来，欧洲出现了一种新式的天使投资组织形式，即天使投资人协会或学院，通过搭建交流投资经验和合作信息的平台吸引天使投资人参与，并对天使投资人进行投资培训和业务指导。股权众筹在欧洲也得到了积极应用，2016年英国设立了超过30家股权众筹平台，比较著名的有Crowdcube和Seedrs等。

1.2.4 日本天使投资的发展情况

日本是天使投资政策最主动、最稳定、最完善的国家之一。但在20世纪90年代金融体制改革之前，日本对创业企业的资金支持主要来源于政府补贴、金融机构低息贷款、政府税收优惠等，几乎不存在鼓励天使投资的政策措施。这导致当时的日本创业者不得不使用自有资金、亲属朋友提供的资金或是向金融机构贷款来作为创业资金。根据三菱UFJ的调查报告，日本创业者在筹措创业资金的过程中，以个人资产或亲属资产作为抵押担保的比例达到30%。这些以个人或亲友资产作担保的创业者一旦创业失败，就会陷入丧失全部或部分个人财产的局面，导致不少有创业意向的人不得不远离这样的风险，这也是20世纪90年代以前日本创业市场长期不发达的重要原因。

20世纪90年代，日本进入经济萧条期，市场长时间萎靡不振，创业企业数量开始出现明显下降。为了改变经济停滞的局面，日本政府大力推动高科技产业发展，在金融体制改革中制定了一系列促进创业企业发展的优惠和激励政策，其中1997年开始实施的天使投资税制是最重要的促进天使投资的制度之一。天使投资税制是为促进天使投资家向创业企业投资而制定的税制优惠措施的总称，根据该税制，日本的天使投资机构和天使投资人可以享受一系列的税收优惠，包括投资创业企业当年可以享受一定比例的税收减免、转让未上市企业股权产生的资本损失可以享受一定比例税收优惠等。在天使投资税制等相关政策推动下，日本天使投资行业发展迅速，1997年到2010年间，在日本有3357名天使投资人在4092项天使投资中利用了天使投资税制，总投资额69.3亿日元，平均投资额206万日元。根据日本野村综合研究所的相关统计数据，2011年日本天使投资已经初具规模，拥有天使投资人约850人，总投资额9.9亿日元，形成稳定的天使投资市场体系，但在规模上与美国相比仍存在较大差距。

1.3　国内天使投资发展情况

1.3.1　国内天使投资的发展历程

中国的天使投资诞生于20世纪90年代，伴随着互联网和高科技企业的发展而兴起。2000年以后，随着信息经济、电子消费等高科技领域在国内的快速发展，一批在欧美发达国家学习和工作的华人陆续回国创业，利用个人的资金、行业经验和人脉资源在国内尝试天使投资，带动了本土天使投资的发展。国内天使投资规模逐年壮大，有越来越多的本土投资人和机构开始从事天使投资或者尝试建立天使基金。

2012年以来，随着国内创新创业热潮的兴起，创业企业数量逐年增加，天使投资进入快速发展期。越来越多的企业家、创业者以及专业人士纷纷进入天使投资领域。同时，伴随着早期投资的市场化和规范化发展，越来越多的高净值人群和投资机构开始投资于种子期和初创期企业，成立了一批专业化的天使投资基金。2017年、2018年，中国天使投资机构分别新募基金146只、111只，总计募得资金199.36亿元、181.9亿元；投资方面，国内共发生天使投资案例2012起、1795起，披露投资金额147.43亿元、142.45亿元；退出方面，国内天使投资项目共发生退出案例184笔、166笔，其中股权转让125笔、110笔，新三板退出35笔、0笔，IPO退出5笔、15笔。从总体上看，我国天使投资发展还处于初期阶段，与欧美等天使投资发达国家相比，存在较大差距。

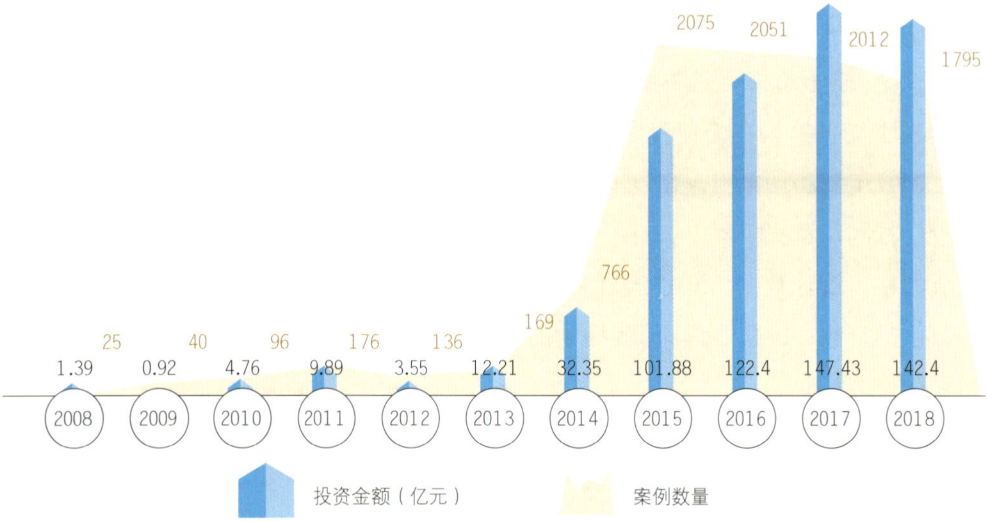

图3-1-1　2008—2018年中国天使投资市场发展情况

1.3.2　国内天使投资的主要参与者

在2000年以前，中国天使投资主要以个人的零散投资为主。2000—2008年间，国内天使投资仍以个人为主，但今日资本、真格基金等天使投资机构开始逐渐建立，机构化的天使投资在国内崭露头角。2009年以来，国内天使投资进入快速发展阶段，逐渐从以个人为主的投资模式转向组织化、机构化、专业化的投资模式，孵化器、众筹平台等新型投资形式得到尝试与广泛应用。目前，从背景和投资方式等方面的区别，可以将国内天使投资人分为四类。

第一类是国内专注于从事天使投资的天使投资机构。这是中国天使投资的主力军，包括真格基金、英诺天使基金、联想之星、创新工场等。目前，由于国内天使投资机构仍处于探索阶段，天使投资机构的发展也存在一定的局限，主要是体现在对投资模式的尝试方面，包括对于如何选项目、选了项目如何投、占多少股份、投了如何管理等的探索。

第二类是从风险投资转型到天使投资的投资人。这类天使投资人往往是在投资过程中发掘某个优秀的项目或创业团队，因此利用自有资金先投资进入到团队中，占有一定的原始股份，并在创业企业发展到一定规模后为其引入风险投资。这类投资者会事先和创业企业约定一个总的投资额度，但给团队的第一笔钱并不多，要创业团队达到一定的目标后，再投入大笔资金。

第三类是国内的高净值人群。这些财富群体包括创业成功者、企业家以及大型公司高管等，掌握大量资金可用于投资，对所从事的行业了如指掌，同时在业内拥有大量人脉资源，在天使投资方面拥有得天独厚的条件。这些天使投资人在投资的同时，会参与到创业企业的团队管理中，扮演企业导师或企业引导者的角色，为创业企业的成功发展做出重要贡献，在国内著名的高净值投资人包括周鸿祎、雷军、张向宁等。

第四类是从海外归来的天使投资人。这些是国内目前最成熟的天使投资人，如李镇樟、林富元、陈敏等。他们在回国之前就在硅谷、华尔街等从事天使投资，有丰富的天使投资经验与成熟的投资心态。在项目挖掘和筛选过程中，能准确地判断团队质量和项目的成长性。在投后管理过程中，能给予创业团队充分的信任，并且利用自身的海外资源对项目提供合作与业务指导支持。并为创业企业的后续融资提供全方位的支持，使创业企业成长壮大的概率大大增加。

1.3.3　国内天使投资的发展特点

2012年以来，我国政府推出大量扶持创新创业和天使投资的政策法规，从行业监管、资金引导和市场环境等方面鼓励和支持天使投资发展。在这段时间里，我国天使投资发展提速，民间成立了大量投资于高科技或互联网初创企业的天使基金，天使投资开始向机构化发展，基金管理、天使投资等方面的能力迅速提升，逐渐形成了我国天使投资行业的发展特点。

现阶段，我国天使投资行业发展主要呈现以下五个特点：一是投资规模逐渐扩大。2017年，新募集天使基金146只，同比上升15.0%；披露募集金额199.36亿元，同比上涨17.5%；共披露天使投资案例2012起，同比下降1.9%，总投资金额147.43亿元，同比上涨34.2%。虽然2018年国内天使投资市场在募资和投资方面出现了小幅下降，但在被投资企业IPO数量方面有了大幅上升，天使投资保持良好的发展态势。二是区域性集聚效应显著。北京、上海是国内天使投资最活跃的城市，在投资案例数量上，北京占比47%，上海占比16%；在投资总额上，北京占比50%，上海占比17%。三是行业分布较为集中。成长性最高的TMT行业（包括物联网、移动互联、游戏、企业软件、O2O、电子商务及教育培训等）最受天使投资人追捧，占比超过七成。四是投资主体多元化，天使投资机构与天使投资团体大量涌现。五是高回报案例逐渐增多。2017年天使投资市场全年共发生184起退出案例，其中IPO退出仅占2.7%，到2018年IPO退出已经占天使投资市场退出案例的9%。

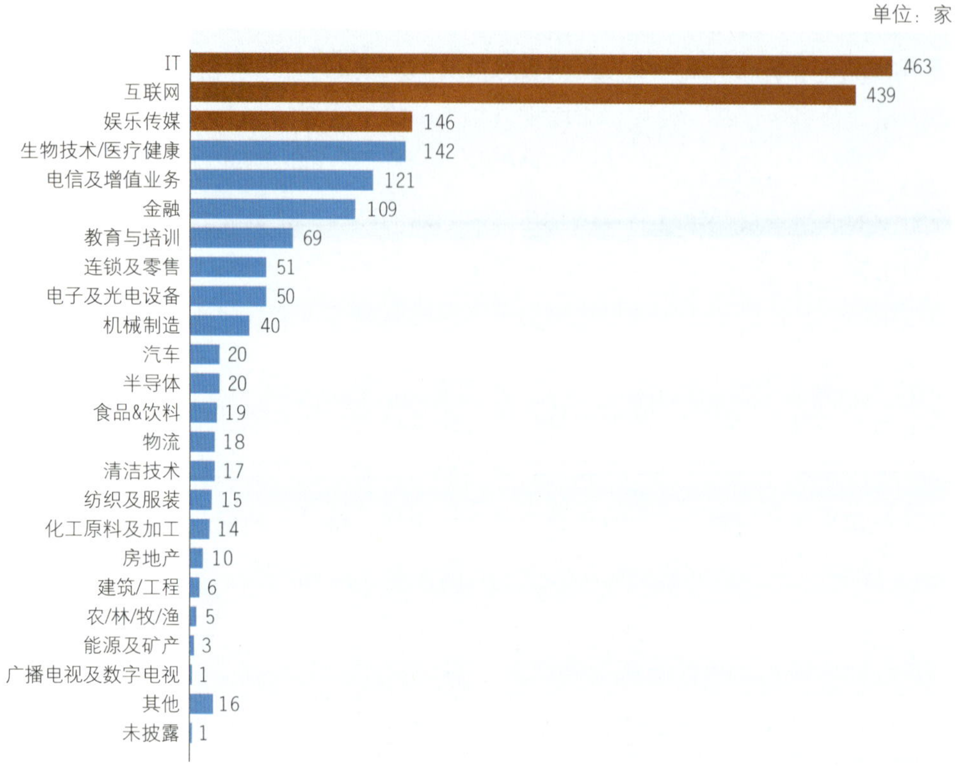

图3-1-2 2018年中国天使投资行业分布情况

1.3.4 我国政府鼓励和支持天使投资发展的措施

与发达国家相比，国内的天使投资起步较晚，市场还不太成熟。随着国家对创新创业的重视程度越来越高，国家及各地政府出台了大量的公共政策，从行业监管、资金引导和环境营造等方面引导和支持天使投资发展。

（1）出台综合性指导意见。一些科技金融发展基础较好、经济较为活跃的省份都十分关注天使投资行业的发展，比如北京市中关村在2012年8月颁布了《关于中关村国家自主创新示范区建设国家科技金融创新中心的意见》，江苏省在2012年8月出台了《鼓励和引导天使投资支持科技型中小企业发展的意见》，上海市则在2014年7月发布了《关于加快上海创业投资发展的若干意见》，广东省在2017年5月发布了《广东省加快促进创业投资持续健康发展实施方案》。上述文件都强调了天使投资对支持科技型中小企业发展的重要性，要求加强对天使投资发展的政策引导和财政资金等条件保障力度。

（2）出台天使投资行业备案管理文件。比如深圳、宁波、北京中关村等地区，其中，深圳于2009年发布了国内首个天使投资人备案文件，规定申请备案的个人资产要超过500万元，机构注册资本金不低于3000万元，并要求有较强的风险承受能力和相关单位推荐等。

（3）设立政府天使投资基金。目前北京、广州、宁波、杭州、青岛多个地区成立了规模为5000万元到5亿元不等的政府天使投资基金。其中天使投资基金多采取直接投资的模式，而天使投资引导基金的主要运作模式包括参股基金、跟进投资、风险补助等。

（4）推动天使投资与创业孵化融合发展。如中关村科技园、广州天河科技园等，一方面对入驻园区的科技企业进行孵化培育，另一方面对相应的创投企业也给予税收减免、资金奖励、人才补贴等方面的优惠。

表3-1-2　国内各地扶持天使投资发展公共政策比较

	行业准入	政府天使投资	天使投资引导基金	综合性政策
典型地区	深圳、宁波、中关村等	上海、青岛、合肥等	中关村、上海、宁波、杭州等	中关村、上海、江苏、广州等
政府作用	营造环境	股权投资	股权投资	财税补贴和奖励
参与程度	间接	直接	间接	间接
扶持对象	天使机构	科技企业	天使机构	天使机构、科技企业

1.3.5　广东省天使投资发展历程与现状

天使投资在广东省起步于20世纪90年代，当时在互联网、信息技术等高科技产业创业热潮的推动下，广东省进入创新创业高峰期，天使投资也随之发展起来。在这段时间里，省内天使投资人利用个人资金投资于他们看好的创业者，利用个人的行业经验及人脉资源给予初创企业各方面支持，成功带动一批初创企业成长。但从整体上看广东省天使投资依然以个人行为为主，天使投资机构发展相对缓慢。

从2006年开始，广东省天使投资规模逐年扩大，有更多的投资机构开始尝试天使投资或者创建天使基金，部分风险投资机构和私募股权投资机构也开始进行早期项目的投资，天使投资主体开始由个人投资者逐渐向机构投资者转变。2006—2013年间广东省个人天使投资案例与机构基金天使投资案例数量并未出现明显的上升趋势，机构投资在2009年和2010年甚至有下降的情况。到2013年随着广东省发展改革委、省金融办印发的《广东省关于发展创业投资促进产业转型升级的意见》，以及

《广东省科学技术厅、广东省财政厅关于科技企业孵化器创业投资及信贷风险补偿资金试行细则》等促进天使投资发展文件的发布，省内天使投资呈现爆发式增长，组织化和机构化趋势明显，并在2015年达到顶峰。

2016年后，由于国内经济进入新常态时期，并爆发了互联网泡沫、资管新规等事件，导致省内天使投资出现较大幅度缩减。2017年，广东省天使基金募集数量4只，募资总金额15.15亿元，天使投资项目数427个，投资总金额23.6亿元，远低于2015年的募集数量20只，募集金额41.15亿元，投资项目640个，投资总金额120.34亿元，省内天使投资进入低潮期。

表3-1-3　2006—2017年广东省个人投资与机构基金天使投资案例数

单位：个

年份	个人投资案例数量	机构基金天使投资案例数量
2006	2	31
2007	5	41
2008	4	43
2009	4	35
2010	3	39
2011	3	79
2012	6	57
2013	22	61
2014	60	200
2015	166	474
2016	147	285
2017	133	294

注：数据来源于清科研究中心

总体而言，广东省天使投资机构极大超过个人天使投资者，是省内天使投资的主要参与者。这一方面有赖于天使投资机构拥有较多的资金与项目资源，另一方面在于天使投资机构规范成熟的运行管理机制能够有效降低各类投资风险。2015年以来，广东省个人天使投资项目占比出现稳定上升，这反映出广东省拥有大量潜在天使投资人，现有个人天使投资人活动的积极性逐步提高，通过天使投资机构带动民间天使投资的可行性日益增加。

1.3.6　国内主要天使投资机构

（1）创新工场

创新工场由知名投资人李开复于2009年9月创办，是一家主要从事早期投资并提供全方位创业培育的天使投资机构，旨在培育创新人才和新一代高科技企业。在创办之初，创新工场尝试通过自己团队的头脑风暴找到创意点子，然后再去招募合适的创业团队将这个点子研发成产品。但是这种尝试没有能够获得成功，对此李开复认为是国内缺少合适的创业团队。

近年来，创新工场开始将主导权交给创业者，由创业团队带着自己的项目进驻孵化，通过向创业者提供为期三个月的“助跑计划”，为创业团队提供种子基金和全方位的孵化服务支持。孵化期间，创业者在创新工场的引导下，将商业计划和原型进行反复讨论，以求开发出具有市场价值的产品。当创业项目成熟到一定程度后，将脱离创新工场平台进行独立运营。作为孵化服务的回报，创新工场会获取创业团队一定比例的股份。

创新工场聚焦于信息产业最热门的领域，包括互联网、人工智能和云计算等。创新工场与国内大多数天使基金的不同之处在于，它提供给创业者的不仅仅是创业资金，还包括孵化服务，并集聚了一群行业专家进行贴身辅导。目前，创新工场已经聚集了一批国内外行业精英，成为热衷科技创新的青年创业者的摇篮，长年在国内天使投资排行榜中排名前两位。

（2）英诺天使基金

英诺天使基金成立于2013年4月，由李竹、林森等清华大学校友发起，主要投资种子期、初创期项目，重点关注手机游戏、在线教育、O2O、互联网金融、移动健康等领域。

英诺天使基金成立的初衷是帮助清华校友创业，但是到2014年英诺天使基金的投资范围已不局限于清华大学校友和北京区域内项目，开始向全国各地拓展。2015年，英诺天使基金设立了第一只注册地点在深圳的基金，业务模式也转变为通过全国各地设点，连接当地创业者，并开始尝试一些创新的决策机制和分配机制，以吸引更多的合伙人加入。

近年来，英诺天使基金以天使基金为核心，在全国各地设立大量创新空间，为创业团队提供孵化创新的加速器配套服务，包括孵化加速器、共享式办公空间、天使合投平台、融资服务、创业媒体、创业教育、创业咖啡、企业法律和金融服务平台等等。英诺天使基金的最大特点是，每只天使投资基金都拥有当地的配套机构，它们与项目共同成长，真正做到帮助创业者连接资源，建立创业生态圈。

截至2017年，英诺天使基金以“互联一切、智能一切、娱乐一切”为主题，投资了150多个项目，其中超过50%的企业都拿到了后续融资。相比之下，国内天使投资项目拿到下一轮融资的比例平均只有5%—7%。英诺天使基金在成功退出之后也获得了高额的回报，这使得英诺天使基金在国内天使投资排行榜中稳定在前五位。

（3）真格基金

真格基金是由新东方联合创始人徐小平、王强和红杉资本中国基金在2011年联合设立的天使投资基金，旨在鼓励青年人创业、创新、创富、创造。截至2016年3月，真格基金投过的公司中，共有296个项目做过融资披露。包含多轮投资在内，真格共参与了330起投资。其中，参与天使轮投资248起，占比约75%，是真格投资中占比最大的部分。

真格基金的投资理念是，在已了解的信息范围内投资最牛的人。简单地说，真格基金相信影响早期投资最关键的因素还是创业者本人。他们认为只有“牛人”才能改变世界，引领创新，创造赛道。正是得益于“只投牛人”的投资理念，真格基金在天使阶段便发现了多个在人工智能、共享经济、互联网+等细分领域的头部企业。

真格基金专注于TMT行业的种子期投资。世纪佳缘、兰亭集势、聚美优品、一起作业、找钢网、小红书、蜜芽、美菜网、罗计物流、大姨妈、51Talk等多家公司已经成为真格基金投资的明星企业。在第十四届中国股权投资年度论坛中，真格荣获2014年中国最佳天使投资机构奖；在清科集团2015年度中国股权投资年度排名榜单中获得中国天使投资机构30强第一名。

1.3.7 国内天使投资的发展经验

我国天使投资在20多年的发展历程中积累了一定的宝贵经验，归纳起来主要有以下几个方面。

第一，政府积极引导和支持。近年来，为鼓励天使投资发展，推动创新创业，国家及各级政府在天使投资方面出台一系列鼓励创业和简政放权政策，如《关于加强小微企业融资服务指导意见》《国务院关于鼓励和引导民间投资健康发展的若干意见》《关于促进和引导民间投资的若干意见》等。这一系列的政策法规，降低了创业成本，激发了创业活力，为天使投资的健康发展奠定了良好的基础，在2013—2016年带动国内天使投资的一轮发展高潮。

第二，重视项目的投后管理。为提升天使投资的投后管理水平，国内天使投资机构越来越倾向于“天使+孵化”的投资模式。目前，中关村已经成立130多家以创业导师、天使投资人为主或者由天使投资平台组成的创新型孵化器，最活跃的包括车库咖啡店、联想之星、3W咖啡、创新工场、微软加速器等等。这类天使基金与孵化器合作的投资模式，除提供资金支持之外，还有相应的战略指导、管理培训、协助招聘、融资对接等增值服务，提升了被投资企业的成功概率。

第三，专业化天使投资是重要的发展方向。天使投资具有高风险的特点，最有效地降低投资风险而又不错过优质项目的方法是专注于特定领域，将有限资金分散投资给多个潜力企业，从而提高投资专业性，并提升成功概率。同时，天使投资在决策过程中对于投资行业、创业团队、投资规模等方面设立适当的门槛，建立专业的项目估值标准，能帮助企业在可控的环境下健康成长，不至于过速膨胀，并为后续融资降低门槛，减少项目退出压力。

第四，建立有效的天使投资信息平台。天使投资人的精力与资源都是有限的，无法对海量的项目信息进行全面搜索，并从中挑选最适合的投资对象。建立有效的信息沟通平台有利于降低项目的信息不对称性，提升天使投资人的项目筛选效率，因此，天使投资组织逐渐成为一种主流天使投资方式。近年来，北上深杭等城市出现了一批天使投资协会、天使投资联盟、天使投资俱乐部等行业组织，这些社会化、网络化的天使投资组织可以整合社会资源，扩大天使投资范围，并提高投后增值服务质量，弱化天使投资风险，降低投资失败率。

第二章　广东省国有创投机构设立天使基金的意义

2.1　设立天使基金的必要性

从国内外发展经验看，早期投资对于支持种子期、初创期科技企业发展具有重要意义。创业企业由于风险较高，缺乏抵押品，很难从银行取得贷款。在一项针对我国中小企业的调查中，81%的企业认为其现有的流动资金无法满足一年内的资金需求，60.5%的企业没有1—3年的中长期贷款。融资难已经成为制约创业企业生存和发展的重要因素，一方面，创业企业的融资需求越来越高；另一方面针对创业企业的资金供给并没有相应提高。国有创投机构具有资金、人才、管理等方面的优势，由其出资设立天使投资基金，既有利于解决初创型企业面临的发展难题，也有利于弥补民间天使投资的资金不足。

2.1.1　有利于解决初创型企业面临的融资难题

广东省创业企业有极强的创新积极性，在促进广东省产业结构升级、提升社会就业率、增加创新活力等方面起着重要作用。根据相关统计，2016年，广东省共引进创业人才超1万人，高校毕业生自主创业人数3671人，合计拥有创业导师超2000人，新增国家火炬创业导师73人，数量居全国第二位。但是，广东省创业企业在产业结构上处于国际产业链下游，很多从国外引进昂贵的、一流的机器，购买或模仿国际先进技术，生产大量同质的、低价的代工产品，较少拥有自主品牌和知识产权。这导致广东省创业企业普遍面临融资约束问题，融资成本水涨船高，大大超出了创业企业的承受范围。许多创业企业受制于过高的融资成本不得不放弃发展机会，也有部分创业企业被迫转向民间借贷和地下金融市场，承受高昂的债务负担和经营压力。

在中国市场，创业企业的资金来源主要有四种途径：一是创业者自有资金；二是亲戚、朋友借款；三是天使投资；四是金融机构贷款。其中金融机构贷款较注意风险控制，一般不愿意将资金借给发展规模尚小、前景不明朗、缺乏抵押品的创业企业。因此，创业企业的资金来源集中在前三种渠道。根据相关统计数据，以国内大学生创业者为例，父母、个人储蓄和亲友赞助占其资金来源的80%以上，是创业的主要资金来源。然而，创业者及其亲戚朋友通常并非专业投资机构，出资能力非常有限，无法满足创业企业大部分的资金需求，在这种情况下，天使投资成为创业企业最重要的融资渠道。

天使基金专门投资于还没有成熟商业模式的创业企业，对那些仍处于概念阶段但有发展潜力的技术成果提供资金支持，不需要创业企业提供担保或抵押品，允许被投资企业有较高的失败率，有利于解决创业企业由于经营风险大、交易成本高而找不到募资渠道的问题。同时，天使投资人在投后管理过程中为推动创业企业快速发展，将为创业企业的后续融资提供全方位的支持。由此可见，天使基金满足创业企业融资、资本运作等多方面需求，是最符合创业企业融资需求的长期资金来源。

2.1.2　有利于提升初创型企业的经营管理水平

创业企业在发展过程中面临各式各样的管理难题，由于企业规模小，难以从外部招聘高水平的职业经理人，在管理、财务、法律和资本运作等方面缺少专业人才，只能依赖企业创始人团队，在经营管理中没有明晰的长期发展规划，内部管理制度不健全，在人事管理、资金财务管理、物资管理、生产管理、市场营销管理和法律风控等方面或多或少存在缺陷，资金、生产、管理较为混乱，只有简单的资金流水，缺乏规范的管理会计制度等。这些问题是创业企业棘手但又不得不面对的问题，通常需要花大量时间和高昂的成本来构建一套规范的公司治理机制和内部管理制度。

天使基金通过投后管理参与被投企业的经营管理活动，能给被投企业提供各方面的扶持和帮助，帮助被投企业解决自身的经验管理难题。天使基金投后管理包括常规性管理、决策性管理以及增值性管理。其中，常规性管理就是天使投资人协助被投企业对日常运作进行管理，了解被投企业的日常经营情况，及时发现被投企业在运转过程中出现的问题，并采取有效的干预措施进行处理，从而保障被投企业的各项日常活动能够正常开展。决策性管理是天使投资人在被投企业的战略决策以及人事任免等活动中提供有效指导，帮助被投企业避免在管理决策的过程中受企业自身局限性影响导致的决策失误，引导被投企业朝着正确方向发展。增值性服务是投后管理最重要的内容，其目的在于促进被投企业的价值最大化。增值性服务主要包括给被投企业提供财务和融资服务、组建管理团队以及提供信息支持和法律援助等，促进被投企业自身价值最大化，保障被投企业持续健康发展。

天使投资人拥有丰富的财务、金融、法律和管理经验，能把自己多年来积累的企业经营管理经验传授给被投企业的管理团队，并向被投企业提供丰富的产业资源，对被投企业的组织架构、管理风格提出有效的建议，并利用自己拥有的人脉资源为被投企业寻找可靠的专业技术人才和管理人才，帮助创业企业克服创业过程中面临的各种困难。合格的天使投资人会积极跟进所投资企业的投后管理，跟踪分析其财务报表和重大合同等业务经营信息，参与重大的投资活动和融资活动，协助公司经营范围的变更，参与重要管理人员的任免，及其他可能对公司生产经营、业绩、资产等产生重大影响的事宜，帮助创业企业梳理发展方向、战略，完善管理流程。因此，天使基金能帮助创业企业梳理管理制度、提升经营管理绩效、解决各类经营管理问题，促进创业企业经营管理水平的提升。

2.1.3 有利于完善创业投资体系的服务链条

在我国近30年的创业发展过程中，涌现出一大批优秀的创业企业。自2010年以来，我国创业企业数量以每年近100%的速度增长，到2014年已达到161万家，增速远高于英美等创业资源丰富的发达国家。2015年我国发布“大众创业万众创新”政策激发社会创新创业活力，推动我国创新创业迅速发展。2014年以来，我国平均每天有1.2万家新公司注册，到2016年全年新注册企业数达到557.2万家。2017年，我国日均新登记企业达1.66万户，全年新注册企业数达到605.9万家，同比增长9.9%，全年授予境内发明专利权32万件，每万人口发明专利拥有量达9.8件，同比增加1.8件。

为满足大量出现的创业企业的融资需求，需要建立完善的创业投资生态系统，在募资和投资两端促进创业投资发展，打造从种子期到成熟期的全周期创业企业服务体系。2016年国务院发布《国务院关于促进创业投资持续健康发展的若干意见》，提出加快形成有利于创业投资发展的良好氛围和“创业、创新+创投”的协同互动发展格局，扩大创业投资规模，促进创业投资做大做强做优，培育一批具有国际影响力和竞争力的中国创业投资品牌。但是，我国创业投资起步较晚，在投资理念、政策法规、监管体系、资金募集、项目退出以及机构治理等方面与发达国家相比仍存在较大差距。虽然国内部分沿海地区已经初步形成包含中小微企业、个人投资者、机构投资者、企业孵化器、区域股权交易市场、全国股转系统等在内的较完整的创业投资体系，但在创业企业质量、投资者投资能力、企业服务水平等方面仍有较大提升空间。

在创业企业的发展过程中，募资是亟待解决的需求，由于创业企业业务规模小、盈利水平不高、担保抵押物少等原因，无论是银行融资渠道还是证券市场融资渠道都难以满足其融资需求，导致创业企业在融资过程中对创业投资市场有极高的依赖性。目前，国内创业投资市场仍无法满足日益增多的创业企业的融资需求，特别是在天使投资领域，国内天使投资机构在数量上、规模上、质量上远落后于风险投资机构和私募股权机构，可以说天使投资的发展滞后是我国创业投资体系的一大短板。从广东省创业投资机构的结构上看，省内创投机构的投资目标企业主要集中在成长期和Pre-IPO阶段的企业，对种子期、初创期创业企业的支持力度非常有限。2017年，广东省创投机构共1155家，数量居全国首位，管理资金规模达7342亿元，投资案例达1277起，投资规模为567.48亿元。但在天使投资方面，2006—2017年广东省新增天使基金数量仅141只，募资总额218.6亿元。2017年广东省天使投资案例仅427起，投资规模23.6亿元。广东省天使投资机构在数量、规模上远远无法满足市场需求。

2.1.4 有利于弥补民间天使投资的资金不足

现阶段，我国天使投资仍以政策带动为主，民间天使投资参与程度不高。为推动天使投资发展，2013—2014年国内多地政府相继成立了天使投资引导基金，由政府牵头带动民间天使投资机构对创业者提供资金支持。在天使投资引导基金的带动下，国内天使投资迎来一波发展高峰期，2014年天使投资机构新募天使基金31只，基金总额达到7.73亿美元，同比增长一倍以上。但国内民间天使投资热情不高的问题仍然存在，根据《中国高净值人群消费需求白皮书（2012）》对全国29个城市的高净值人群的调查，国内高净值人群仅有13%投资过私募股权基金，5%投资过非上市公司股权。因此，在2014年政策带动的短暂高峰期后，天使投资市场又回到缓慢增长的状态。

广东省是全国天使投资发展最早的地区，但天使投资发展仍较缓慢。2006—2013年广东省天使投资案例并未出现明显上升，甚至在2009年和2010年出现下降的情况。2013年，广东省相关部门先后发布了《广东省关于发展创业投资促进产业转型升级的意见》《广东省科学技术厅、广东省财政厅关于科技企业孵化器创业投资及信贷风险补偿资金试行细则》等政策措施，推动广东省天使投资发展出现短期提速，市场规模在2015年达到顶峰，各项数据较2014年相比均有大幅度的提升，其中新增投资案例640起，同比增长146.15%，总投资金额18.51亿美元，同比增长188.77%。2016年，随着资本市场对早期投资逐渐趋于理性，省内天使投资在数量和规模上均出现下降，其中新增投资案例432起，同比下降32.5%，总投资金额16.02亿美元，同比下降13.45%。到2017年，在经济下行及金融降杠杆等不利因素影响下，省内天使投资市场继续呈大幅下降的态势，其中新增投资案例427起，同比下降1.16%，总投资金额3.63亿美元，同比下降77.34%。目前，广东省天使投资受市场机制和资源配置等方面制约，规模仍然较小，与北京、上海相比差距较大。

由广东省国有创投机构设立天使基金，能有效弥补省内民间天使投资资金不足的问题。一方面，国有创投机构设立的天使基金能带动部分国有资本用于天使投资，并利用基金的杠杠作用，撬动更多的民营资本投向天使基金，从而为省内天使投资带来更多的资金支持。另一方面，国有创投机构能将专业的投资管理经验用于天使投资，引导、培育天使投资行业快速发展，促进广东省天使投资的专业化、机构化，提高省内天使投资的活跃度，带动省内民间天使投资发展。

综上所述，天使投资是支持创业企业发展壮大的重要力量，是培育经济新动能、推动地区产业结构升级的有效支撑。在广东省设立由政府和社会资本共同出资，国有创投机构进行专业化管理的天使基金，有利于丰富广东省天使投资资金来源，弥补民间天使基金对创业企业支持力度和覆盖面不足的问题。

2.2 设立天使基金的有利条件

广东省拥有丰富的创业企业资源，省政府高度重视扶持创业企业发展，出台了一批优惠扶持政策，同时，省内国有创投机构投资经验丰富，在天使基金管理过程中能有效发挥国资背景和市场化运作相结合的优势，具有良好的早期投资生态环境，有利于国有创投机构设立天使基金。为发挥天使基金促进创新创业的积极作用，结合广东省实际情况，由广东省国有创投机构发起设立天使基金具有创业企业资源丰富、政策积极支持、创投机构经验丰富、早期投资生态系统较好等有利条件。

2.2.1　广东省有丰富的创业企业资源

广东是我国民营经济大省，也是创新创业最发达的省份之一。根据相关统计，2016年，广东省纳入创新驱动考核统计的科技企业孵化器达634家，同比增长59%，数量位居全国第一，其中国家级孵化器83家，国家级孵化器培育单位64家，数量跃居全国第二。广东省众创空间达500家，纳入国家级孵化器管理体系的众创空间178家，各项指标居全国第一。广东省孵化器吸纳就业人数超24万人，新增孵化器毕业企业3877家，其中毕业当年收入超过1000万元的企业达30%以上，孵化器内申请知识产权保护的企业超过70%，获得专利的企业达到35%。

整体上看，广东省创业企业集中在IT、互联网、娱乐传媒以及金融等新兴行业，这表明在广东省产业转型升级大背景下，新兴行业已经成为社会创新创业重点领域，这为广东省天使基金的投资布局提供广阔空间。以深圳市为例，截至2016年底，累计实有商事主体262万户（包含分支机构），同比增长27%，其中企业148万家，个体户114万户。如果按当年深圳市常住人口1137.89万人计算，深圳每千人拥有商事主体230户，每千人拥有企业130家，“创业密度”居全国首位。

2.2.2　广东省具有优惠的政策支持

近年来，国家对创新创业的重视程度越来越高，出台了大量政策措施鼓励和支持天使投资发展。如《国务院关于鼓励和引导民间投资健康发展的若干意见》《关于促进和引导民间投资的若干意见》等，明确要求在税收方面根据各地的实际情况进行相应的调整，并提供一定的优惠政策。2018年5月，财政部与税务总局联合发布《关于创业投资企业和天使投资个人有关税收政策的通知》，指出天使投资个人采取股权投资方式直接投资于初创科技型企业满2年的，可以按照投资额的70%抵扣转让该初创科技型企业股权取得的应纳税所得额。同时，广东省也结合自身的实际出台了一系列的相关支持政策。一是支持天使投资持续健康发展。2017年5月发布了《广东省加快促进创业投资持续健康发展实施方案》，强调了天使投资对支持科技型中小企业发展的重要性，要求加强对天使投资的政策引导和财政资金保障力度。二是推动天使投资与创业孵化融合发展。如设立广州天河科技园、深圳南山区科技园等，一方面对入驻园区的科技企业进行孵化培育，另一方面对相应的创投企业给予税收减免、资金奖励、人才补贴等优惠。三是出台风险补偿金制度。以科技企业孵化器的风险补偿金制度为例，对于面向科技企业孵化器的创业投资，包括对天使投资失败的项目，可由省市财政按照一定比例补偿，省财政对单个项目的本金风险补偿金额不超过200万元。

2.2.3 广东国有创投机构拥有丰富的投资经验

广东省拥有一批优秀的国有创投机构，如深圳市创新投资集团有限公司、广东省粤科金融集团有限公司（以下简称“粤科集团”）等，在管理运营天使基金的方面具有国资背景和市场化运作相结合的优势。一是从投资方式看，广东省国有创投机构设立的天使基金在投资运营的各个环节都更加规范。在项目投资方面，广东省国有创投机构可以将早期项目纳入储备项目库统一管理，并沿用创投决策流程进行投资决策；在投后管理方面，广东省国有创投机构强大的投后管理资源，为被投资创业企业提供更完善的增值服务。二是从投资技能看，广东省国有创投机构拥有一批专业技术强的投资专家，相对于个人投资者或孵化器等非专业投资机构而言，这些创投专家具有更全面的专业知识和丰富的实战经验，能为天使基金的投资管理提供强大的技术支持。三是从管理规模看，广东省国有创投机构通常管理了一定数量的股权投资基金，拥有众多融资渠道，形成较大的资金规模，有利于管理者进行投资组合管理，降低投资风险。特别是广东省国有创投机构往往还管理一定规模的产业引导基金，这恰好有利于设立天使基金后迅速形成规模效益，降低投资成本。四是从项目来源看，广东省国有创投机构掌握了大量市场信息，拥有较强市场主动权，与政府建立良好的合作关系，拥有专业团队进行信息搜集、整理、分析工作，形成体系化、结构化的项目渠道，能在瞬息万变的股权投资市场准确、及时、全面地捕捉投资机会，在项目来源、信息统计分析等方面拥有一定优势。

2.2.4 广东省具有良好的早期投资生态环境

广东省作为全国经济最发达的地区之一，各类早期投资主体基本发育，早期投资的金额达到百亿级规模，早期投资环境不断优化，对初创型企业和科技创新的支持作用初步体现，整体发展水平位居国内前列。一是在创业群体方面，2016年，广东省规模以上的中小微工业企业实现增加值1.7万亿元，同比增长6.4%。中小民营企业872.5万个，同比增长15.3%。规模以上中小微工业企业实现利润总额3977.5亿元，同比增长11.9%。二是在孵化器方面，截至2017年底，广东省孵化器数量达781家，较2016年增长35%，继续位列全国第一位，其中国家级科技企业孵化器110家，国家级科技企业孵化器培育单位104家。同时，广东省成立了365家众创空间，其中国家级众创空间试点单位74家。三是在早期投资者方面，广东省拥有大量新富群体、私营企业家群体、科技创新业者等潜在天使投资群体，个人可投资资产1000万元以上的高净值个人超过10万人，上市公司518家，新三板企业2013家。

近年来在政府宣传、团队组织、项目支持、信息传播等方面的带动下，涌现出一批具有一定规模和投资能力的早期投资机构和早期投资团体。根据2006—2017年广东省天使投资统计数据，从投资金额上来看，深圳市和广州市稳居前两名，分别达到285.05亿元和147.81亿元；东莞排名第三，达到10.3亿元；珠海排名第四，达到9.99亿元。从案例数量上来看，深圳市的天使投资数量最多，达到了1332个；广州市紧随其后，有573个；珠海市41个；东莞市29个；佛山市21个；惠州市7个；中山市7个。整体上看，广东省天使投资相对集中的状况依然持续，广州和深圳的龙头地位十分稳固，一些天使投资起步较晚的地区，虽然环境尚未成熟，但拥有丰富的市场，具备一定发展后劲。

2.3　设立天使基金的制约因素

近年来，私募股权投资受各种因素影响，募资规模出现下降趋势，对设立天使基金的资金募集造成不利影响。同时，国内天使投资市场仍处于发展阶段，存在项目退出渠道单一、投资回报周期长、缺乏有效的信息沟通平台等问题；广东省创新创业人才较北上深杭存在一定差距，导致省内可投优质创业企业不多。此外，国资管理部门对国有创投机构的评价考核体系与天使投资的业务特点尚不匹配，不利于天使基金建立有效的激励约束机制。

2.3.1　资金募集困难

对于天使基金而言，资金募集是其能否设立的首要问题。在我国，受到天使基金LP不足和金融降杠杆两方面不利因素影响，天使基金正面临募资困难的问题。

第一，省内LP集中投资于风险投资基金和私募股权基金，对天使基金的投资力度较小。2013年以来，广东省天使投资市场发展迅速，募资规模屡创新高，市场参与者积极性持续增长，出现了一批母基金、政府引导基金、资产管理公司、上市公司、大财团等LP机构。随着募资市场竞争日益激烈，这些LP在筛选投资机构时更加注重其在募投管退各个方面的综合实力，因此，那些管理机制成熟、管理规模大的风险投资机构和私募股权机构更容易受到LP的青睐，而天使投资机构由于规模小、规范性较差、投资周期长、成功案例少，在募资过程中处于不利地位。

第二，受市场下行、金融降杠杆等不利因素影响，天使基金募资节奏被迫放缓。2018年受《关于规范金融机构资产管理业务的指导意见》（下称“资管新规”）等因素的影响，广东省早期投资的募资规模出现大幅回落。据清科私募通统计，2018年上半年我国早期投资机构新募集基金36只，披露募集金额38.22亿元。与2017年上半年数据对比，募集基金数同比下降41.9%，募资金额同比下降52.6%。随着“资管新规”深入实施，部分资管类产品将无法通过资金池进入股权投资市场，对天使投资机构的持续募资能力造成较大考验。

2.3.2 退出渠道单一

项目退出是天使投资的最后一步，决定天使投资的最终收益，缺少健全、多渠道退出机制的天使投资体系将无法正常运作。没有完善的退出通道，天使基金即使成功投资了高增值项目，也无法通过有效途径退出，实现项目收益，而一些投资失败的项目将因为无法及时止损，面临血本无归。同时，退出环境不完善，将导致天使基金难以实现“投资—退出—再投资”的良性循环，无法通过持续融资吸引社会资本，导致天使基金发展受阻。近年来，我国政府大力推动资本市场交易平台建设，设立了中小板、创业板、新三板等股权交易平台，在天使投资退出机制建设方面取得了一定成就。但是，我国天使投资退出机制仍然存在退出场所单一、制度不健全、法律体系不完备、监管体系不完善、市场交易机制不成熟等诸多问题。特别是在一级市场股权交易方面，远远落后于美英等发达国家。

从广东省2006—2016年天使投资项目退出方式的分布看，IPO和并购是天使投资项目主要的两个退出方式。其中，IPO凭借高额的回报收益率成为最受欢迎也是退出项目最多的退出方式（排除2013年和2015年因IPO暂停导致IPO退出数量下降）。但是，IPO退出对企业资质要求严格，手续烦琐、成本高，并且存在禁售期，为天使基金项目退出造成了一定麻烦。特别是2017年底以来，证监会IPO审核趋严，影响了企业上市的进程，进而推迟了天使投资项目的退出变现时间，加大了天使基金的退出风险。

2.3.3 高端创新创业人才不多

2015年以来，在政策扶持、资本规模大幅增加、互联网蓬勃发展等利好因素的推动下，广东省吸引了一大批海内外创业人才赴粤创业，成立了大量创业企业。但是广东省（除深圳外）的创业企业无论是数量上，还是质量上，都较京津冀、长三角地区存在较大差距。从成功企业数量上看，根据IT桔子发布的2018年全国独角兽榜单，截至10月底，全国独角兽数量达到186家，总估值超过58843亿元，其中北京83家，上海34家，杭州21家，深圳18家，南京6家，而广州仅有4家入榜。从创业企业质量上看，北上深杭等创业发达城市的创业企业在技术超前性方面优于广东省（除深圳外）创业企业，特别是在新一代信息技术、人工智能、生物医药等高科技领域，广东省（除深圳外）创业企业要远落后于北上深杭等城市。

人才是创业活力和创业质量的第一要素，导致广东省（除深圳外）创业企业与北上深杭等地区差距明显的根本原因在于广东省（除深圳外）较难吸引到一流创业人才。北上深杭吸引了大量海归、科学家、一流创业团队带着新思路和新技术创立企业，而广东省（除深圳外）这类创业企业相对较少。在人才情况看，广东省科技人力资源的平均受教育年限仅排在全国第11位，与北京、上海差距更大。在人才专业结构方面，广东省在信息技术、光电子、人工智能、生物医药、先进制造等领域，掌握原始核心技术并能引领某个产业的管理技术型人才极少，每百万人口拥有科学家和工程师人数仅排全国第六位，高层次、高技能人才的短缺已经成为制约广东省创新创业发展的阻碍因素。

2.3.4 缺乏有效的天使投资信息平台

天使投资信息平台的主要作用是将创业企业信息公开化、透明化，解决市场中有融资需求的创业企业与天使投资机构间的信息不对称问题。通过天使投资信息平台建立高效的项目信息网络，能实现创业企业和天使投资人间的高效匹配，为创业项目融资快速建立有效沟通渠道。目前，在天使投资信息平台建设方面最成功的国家是美国，美国政府部门和民间发起建立了一系列天使投资网络，包括天使资本电子网络（ACE-Net）、风险资本网络（VCN）、加州技术海岸天使等，这些信息平台利用互联网技术为中小企业建立起全国性的股权融资平台，提供25万—500万美元的投融资对接服务。

我国天使投资发展时间不长，与欧美国家相比除资金规模有差距外，在天使投资的信息沟通方面同样落后。广东省作为国内天使投资较发达的省份，面临投资环境不完善、中介机构专业性待提升、投资标的良莠不齐等问题。广东省虽然成立了数家天使投资协会，并建设了大量创业孵化器，但是这些平台的服务水平不高，有投资价值的创业企业不多。

2.3.5 国有企业绩效评价指标不利于天使投资

各级政府对国有创投机构的考核在注重利润和投资规模增长的同时，特别强调保值增值和防止国有资产流失，这与创业投资和天使投资高风险、高回报的业务特点存在一定的矛盾。为此，2016年9月国务院发布的《国务院关于促进创业投资持续健康发展的若干意见》提出，健全符合创业投资行业特点和发展规律的国有创业投资管理体制，完善国有创业投资企业的监督考核、激励约束机制和股权转让方式，形成鼓励创业、宽容失败的国有创业投资生态环境。

广东省在对国有创投机构的考核过程中，提出以业绩和业务考核指标为主、强化初创科技型企业和高新技术企业投资的考核导向，对政策性基金实行单独考核的业务考核指标体系。但天使投资比风险投资的周期更长、风险更大，高风险高收益的特点更明显，现有考核指标体系仍不适合用于国有创投机构设立的天使投资基金的考核。例如，天使投资的项目周期通常在5年以上，而现行考核周期为每年一次加上企业负责人3年任期考核；天使投资过程中，项目估值存在较大波动性，优质创业企业往往要几年时间才能进入利润爬坡期，而现行业绩考核对每一年的财务指标都提出具体要求；等等。这些考核办法无法达到有效激励天使基金管理人的目的，不利于鼓励国有创投机构设立天使基金。

第三章　粤科集团设立天使基金的实践

3.1　基金设立情况

粤科集团是广东省政府直属国有企业，是国内最早成立的创投机构之一，也是国内首家省级科技金融集团，在创业投资和基金管理方面拥有丰富经验和强大资源，具有发起设立天使投资基金的优越条件。截至2018年12月底，粤科金融集团注册资本96亿元，总资产366亿元，净资产210亿元，受托管理及参股基金78只，基金总规模超500亿元，累计为2000多家科技企业提供投融资服务，推动60多家企业实现IPO上市或“新三板”挂牌。

粤科集团设立天使基金的指导思想是：贯彻广东省政府关于深化科技体制改革和实施创新驱动发展战略的政策精神，以本书的理论研究为支撑，大力挖掘广东省内的优秀创业团队和企业，以粤科丰富的投资经验助力企业成长；借助粤科的国资背景和行业号召力，联合相关部门及知名企业，引导民间资本、政策支持等社会资源加大对创新型企业的扶持力度，借力创新创业大赛等平台推进早期投资信息的透明化和公开化。通过对优秀初创企业的扶持和创新环境的营造，助力早期投资生态系统的完善，促进科技创新和产业转型升级。

3.1.1　天使一号基金

（1）设立背景

为贯彻落实《国务院关于加快培育和发展战略性新兴产业的决定》的文件精神，积极扶持第二届中国创新创业大赛（广东赛区）暨2013年广东“珠江天使杯”科技创新创业大赛优胜项目，粤科集团联合中科招商创业投资公司于2013年共同组建了规模1.1亿元的广东粤科天使一号创业投资有限公司（简称“天使一号基金”）。

（2）基金概况

公司名称：广东粤科天使一号创业投资有限公司

成立日期：2013年12月9日

注册资本：11043.48万元

实缴资本：11043.48万元

经营期限：5年

注册地：珠海市横琴新区宝华路6号105室-186

法定代表人：周小南

经营范围：创业投资，代理其他创业投资企业等机构或个人的创业投资业务，创业投资咨询业务，为创业企业提供创业管理服务业务（依法须经批准的项目，经相关部门批准后方可开展经营活动）。

（3）股权结构

表3-3-1　天使一号基金股权结构

股东名称	认缴额/万元	出资比例
广东省粤科金融集团有限公司	5000	45.28%
广东中科白云新兴产业创业投资基金有限公司	5000	45.28%
广东省粤科财政股权投资有限公司	1043.48	9.44%
合计	11043.48	100%

（4）运作模式

天使一号基金为公司制基金，采用委托管理模式，管理人为广东粤科风险投资管理有限公司和广东中科招商创业投资管理有限责任公司。

基金设股东会和董事会，其中股东会决定公司的经营方针和投资计划；董事会决定公司的经营计划和投资方案。基金董事会设3名董事，董事会做出决议，按事项不同至少须经全体董事三分之二以上（含）通过。

另设投资决策委员会对基金投资项目进行决策，投资决策委员会共3名委员（含主任委员一名），项目的投资决策须经全体委员通过。单个项目投资额2000万元以内的由投资决策委员会决策，超过前述权限的项目投资须经基金股东会批准。

（5）投资原则

本基金的投资目的是着力培育战略性新兴产业领域的早期项目，同时获取良好投资收益。

——投资方向：原则上全部投资于初创期创新性企业。

——项目来源：第二届中国创新创业大赛（广东赛区）暨2013（首届）广东“珠江天使杯”科技创新创业大赛胜出项目。

——项目筛选标准：成立时间不超过5年；职工人数在300人以下，直接从事研究开发的科技人员占职工总数的20%以上；资产总额不超过3000万元，年销售额或营业额不超过3000万元；具有一定的核心竞争力和较好的商业模式；产品或服务具有较好市场前景和一定竞争力；具有高素质、高效率的经营管理队伍，能够接受投资人的指导；具有爆发性增长的潜力；产权明晰、治理规范、制度较健全、财务管理规范或有规范的意愿；对第二届中国创新创业大赛（广东赛区）暨2013（首届）广东“珠江天使杯”科技创新创业大赛胜出项目，可适当放宽要求。

——投资限制：对单个企业累计投资额不超过基金注册资本的20%；对单个企业累积投资额不超过被投资企业注册资金的30%且不控股（出现此类情况须经股东会决议）。

——风险控制：基金不得为被投资企业以外的企业提供担保；公司对关联方的投资，投资决策应当实行关联方回避制度。

（6）收益分配

管理人之管理费按照基金注册资本的2%每年收取，向2家管理人按1∶1分配。管理考核按照项目核算投资退出收益计算，项目投资净收益由基金与管理人按照8∶2分配。同时，管理人应从分配的20%收益中提取15%作为风险准备金用于对潜在亏损进行弥补。管理人所得的20%收益中，再提取20%奖励项目管理团队。管理人获得的收益在提取风险准备金和对项目团队业绩奖励后，由2家管理人按照1∶1进行分配。

3.1.2　创赛基金

（1）组建背景

为支持广东省内优质的种子期、初创期、早中期的科技型企业，驱动科技型中小微企业创新发展，以中国创新创业大赛（广东赛区）的优质项目发掘为基础，粤科集团于2015年9月发起设立了规模为3733万元的广东粤科创赛种子一号创业投资有限公司（简称“创赛基金”）。

（2）基金概况

公司名称：广东粤科创赛种子一号创业投资有限公司

成立日期：2015年9月22日

注册资本：3732.9054万元

实缴资本：3732.9054万元

经营期限：7年

注册地：广东省广州市天河区珠江西路17号广晟国际大厦4301房自编号15房

法定代表人：林桂

经营范围：创业投资，代理其他创业投资企业等机构或个人的创业投资业务，创业投资咨询业务，为创业企业提供创业管理服务业务（依法须经批准的项目，经相关部门批准后方可开展经营活动）。

（3）股权结构

表3-3-2　创赛基金股权结构

股东名称	认缴额/万元	出资比例
广东省粤科金融集团有限公司	3033	81.25%
广东省粤科财政股权投资有限公司	699.9054	18.75%
合计	3732.9054	100%

（4）运作模式

创赛基金为公司制基金，采用委托管理模式，管理人为广东粤科风险投资管理有限公司。管理人作为基金股权投资之对外代表，行使对投资的经营管理权。

基金设股东会和董事会，不设监事会，设一名监事。董事会议事规则在章程中明确。另设投资决策委员会对基金投资项目进行决策，投资决策委员会共3名委员（含主任委员一名），项目的投资决策须经委员三分之二及以上通过，主任委员有一票否决权。

（5）投资原则

基金主要投资具备创新性、成长潜力，且处于种子期、初创期、早中期的科技型企业。

投资限制和业务禁止：单个项目投资额最高不超过基金总资产的20%；资金不得用于贷款、流动性证券、期货、房地产等投资，不得用于赞助、捐赠等支出，其他法律法规和政策禁止从事的业务。

（6）收益分配

管理人之管理费按照基金实收资本总额的2%每年收取，同时基金收益按年度结算，在基金净收益（基金年度收入—投资成本—年度管理费—其他税费支出—上年末弥补亏损）为正的前提下，基金股东与管理人按8∶2分配。管理人从分配的收益中提取40%奖励基金经理团队，提取20%作为管理人后台人员奖励，提取15%作为风险准备金，用于对潜在亏损项目进行弥补。

3.1.3　大学生基金

（1）组建背景

为推进“大众创业万众创新”，引导资源向创业企业流动，支持广东省大学生创业计划，促进广东省创业带动就业工作的实施，粤科集团于2015年6月发起设立了规模为1.1亿元的广东省粤科大学生创新创业投资有限公司（简称“大学生基金”）。

（2）基金概况

公司名称：广东省粤科大学生创新创业投资有限公司

成立日期：2015年6月16日

注册资本：10800万元

实缴资本：5400万元

经营期限：5年

注册地：广东省广州市番禺区小谷围街外环西路100号广东工业大学理学433房

法定代表人：陈跃进

经营范围：代理其他创业投资企业或个人的创业投资业务，创业投资咨询，为创业企业提供创业管理服务；股权投资（依法须经批准的项目，经相关部门批准后方可开展经营活动）。

（3）股权结构

表3-3-3　大学生基金股权结构

股东名称	认缴额/万元	出资比例
广东省粤科金融集团有限公司	2000	18.52%
广州产业投资基金管理有限公司	2000	18.52%
广东新南方集团有限公司	1500	13.89%

（续表）

股东名称	认缴额/万元	出资比例
广东中科白云新兴产业创业投资基金有限公司	1500	13.89%
广东聚光电子科技有限公司	1000	9.26%
深圳市鼎盛投资企业（有限合伙）	1000	9.26%
广东羊城晚报创意园投资管理有限公司	1500	13.89%
广州市力奥盈辉投资合伙企业（有限合伙）	300	2.78%
合计	10800	100%

（4）运作模式

大学生基金为公司制基金，采用委托管理模式，管理人为广东粤科风险投资管理有限公司。基金设股东会和董事会，设一名监事。董事会成员共7名。另设投资决策委员会对基金投资项目进行决策，投资决策委员会共4名委员（含主任委员一名），投资决策委员会会议必须有全体委员三分之二以上亲自出席方为有效。对项目所做决议，须经全体参会委员的三分之二以上表决通过。

（5）投资原则

本基金主要投资“创青春”大学生创业大赛、“挑战杯”大学生课外学术科技作品竞赛等由共青团广东省委员会组织的大学生创新创业竞赛活动的优胜项目，同时兼顾其他创业竞赛活动中的优秀大学生创业项目，以及在校大学生及毕业后5年内创办具备独创性、有成长潜力，且处于早中期、成长期的创新型企业或项目。

——投资领域：重点投资于广州市战略性主导产业领域，具体包括商贸会展、金融保险、现代物流、文化旅游、商务与科技服务、汽车制造、石油化工、电子产品、重大装备等优势产业，以及新一代信息技术、生物与健康产业、新材料与高端制造、时尚创意、新能源与节能环保、新能源汽车等新兴产业。

——投资限制和业务禁止：单个项目投资额最高不超过基金总资产的20%；投资对象仅限于未上市企业；基金不得再投资于其他基金或投资类企业；资金不得用于贷款、股票、期货、房地产、金融衍生品等投资，不得用于赞助、捐赠等支出；闲置资金只能用于存放银行或购买国债等符合国家有关规定的金融产品；其他法律法规和政策禁止从事的业务。

（6）收益分配

基金管理费，在投资期（存续期前两年）按照承诺出资额的2.5%每年收取，回收期（基金存续期第三年至第五年）按未回收的投资项目的实缴出资总额的1.5%每年收取，延长回收期按未回收的投资项目的实缴出资总额的1%每年收取。

提取项目投资净收益的5%作为大学生创新创业大赛激励金，用于奖励共青团广东省委员会所组织的大学生创新创业大赛中的优胜项目（若项目投资平均年化收益率低于8%，则不提取该项激励金）；余下项目投资净收益的95%按8∶2进行分配，其中的80%归基金，20%归管理人（若项目投资平均年化收益率低于8%，则项目投资净收益的100%由基金与管理人按照8∶2分配）。管理人从分配的收益中提取20%奖励项目管理团队，然后再提取15%作为风险保证金对潜在亏损项目进行弥补。

3.2　基金投资情况

3.2.1　投资标准

早期投资项目大多为新产品或新模式，属于新兴领域，一般较为缺乏成体系的研究和参考资料。因此除对企业本身的调查和分析外，对企业所处的领域和行业相关的碎片化信息进行整合分析也尤为重要。粤科主要选择符合政策导向、产品和技术先进和可行、市场和行业空间较广、商业模式切实可行、团队综合能力较强的具有市场前景的初创企业进行投资，并结合企业发展所欠缺的要素探索适合的投后赋能方式。

（1）政策导向。粤科作为国有创投机构，本身就保持着对政策的深入认识和敏感性，也会参与省内相关政策的制定。对项目的筛选，首要的判断即为企业是否符合政策精神：业务领域是否代表先进生产力的发展方向，是否符合国家经济发展需要，是否有助于带动产业转型升级，是否符合国家及省政府支持的产业或科技领域，是否是相关领域较为重要或有待攻破的技术和产品。

（2）产品和技术。早期投资的一大难点和风险点，即在于对技术和产品的前瞻和预判，如相关领域的技术发展现状和发展趋势如何，项目企业的技术是否具备可行性和先进性，是否符合发展趋势或未来有望成为主流，未来可能出现的替代技术和产品是否不足以形成较大冲击，产品研发所处的阶段及未来计划是否能够落地，是否具备实现量产的条件等。

（3）市场和行业。产品和技术，只有针对性地找到目标客户和市场，才能较准确地把握其发展的可能性边界，包括项目企业主要针对哪些客户和消费群体，是否对目标客户群体的主要诉求和特征认识清晰，企业产品是否能为目标客户群体带来价值（相比现有产品是否带来更多价值）；所在行业空间和增长是否理想，竞争格局是否会阻碍企业快速发展，主要竞争者经营情况和市场策略是否会引致激烈竞争；潜在的进入者和跨界者是否在短期内可能进入等。

（4）商业模式。有了产品，有了拟切入的市场，就需要企业以切实可行的组织方式，实现业务和资金的良性运转，包括企业在相关业务链条中切入哪些核心环节，掌握哪些核心能力，组织或结合相关资源开展业务的方式是否清晰；与上、下游采用的现金收支模式，是否足够维持企业运营周转；赢利点和盈利来源是否清晰可行等。企业采用的上述商业模式是否具备可行性，是否能有效推动企业发展和核心竞争力的形成。

（5）团队综合能力。所有的分析和判断，最终都落地于团队的认知和执行，团队是早期企业的核心，包括创始人对产品的认知是否清晰，对市场的反应是否敏锐，是否具备相关的知识储备和实践经验，是否对创业做好充分的思想准备，是否具有坚定的信念、坚韧的品格、责任心和诚信意识；核心团队搭配和分工是否合理，彼此关系是否融洽，是否有健康的体魄等。

（6）企业发展所需的要素。早期项目的发展，需要多方因素共同作用方有可能成功，粤科会综合判断企业发展的欠缺要素，如资金、人才、土地、市场开拓等，充分发挥国有创投机构的政府背景、资金充裕、行业品牌强、投资管理经验丰富，以及渠道和信息优势等有利条件，结合企业发展规划和经营特点，为被投企业提供合适的投后赋能。

3.2.2 投资情况

从三只基金的整体投资情况来看，共投资企业35家，投资总额17599.53万元，实现退出4家。投资企业多分布在珠三角地区，广州和深圳地区的投资企业最为集中，合计21家，占总数的60%。所投行业以新一代信息技术、先进制造、新材料等为主。

（1）天使一号基金

天使一号基金累计投资项目24个，总投资额11539.33万元（如表3-3-4所示）。其中4个项目已完全退出，退出本金1450万元；在管项目20个，在管项目投资金额10089.3万元。

从投资行业看，天使一号基金主要投向新一代信息技术、高端装备等新兴技术产业。属于新一代信息技术的8家，投资金额共3433.3万元，占总投资额的29.8%；先进制造业（高端装备）的7家，投资金额共4400万元，占总投资额的38.1%；生物医药业3家，投资金额共1500万元，占总投资额的13%；新材料行业2家，投资金额共1206万元，占总投资额的10.5%；文化传媒业2家，投资金额共400万元，占总投资额的3.5%；消费升级领域2家，投资金额共600万元，占总投资额的5.2%。

从投资地域来看，主要投向广州和深圳两地。广州市10家，投资金额共4395万元；深圳市6家，投资金额共4339.3万元；广东省内其他地区7家，投资金额共2700万元；外省1家，投资金额105万元。

从持股比例来看，基金持有的项目股权比例均低于20%，且多以10%以下为主。

表3-3-4　天使一号基金在管项目列表

序号	项目名称	持股比例	所处领域	所在地
1	珠海绿卫士航空植保技术有限公司	7.91%	消费升级	广东省　珠海市
2	深圳市深信信息技术有限公司	10%	新一代信息技术	广东省　深圳市
3	深圳市微润灌溉技术有限公司	10.00%	新材料	广东省　深圳市
4	深圳市有车邦汽车美容服务连锁有限公司	10.26%	消费升级	广东省　深圳市
5	深圳市慧康精密仪器有限公司	1.30%	生物医药	广东省　深圳市
6	深圳市诚捷智能装备股份有限公司	3.70%	高端装备	广东省　深圳市
7	广州像素数据技术开发有限公司	12.00%	新一代信息技术	广东省　广州市
8	广州为想互联网科技有限公司	6.67%	新一代信息技术	广东省　广州市
9	广东农之道农牧科技有限公司	20%	新材料	广东省　广州市
10	广州中幼信息科技有限公司	3.8%	文化传媒	广东省　广州市
11	广州乐窝客信息科技有限公司	8.90%	文化传媒	广东省　广州市
12	广州华汇生物实业有限公司	7.6923%	生物医药	广东省　广州市
13	广州市普东医疗设备股份有限公司	12.99%	生物医药	广东省　广州市
14	广州晶品包装机械有限公司	10.0898%	高端装备	广东省　广州市
15	佛山市迈雷特数控技术有限公司	11.75%	高端装备	广东省　佛山市
16	佛山市顺德区爱斯达服饰有限公司	2.38%	高端装备	广东省　佛山市
17	东莞市盟大塑化科技有限公司	6.10%	新一代信息技术	广东省　东莞市
18	东莞易步机器人有限公司公司	2%	高端装备	广东省　东莞市

（续表）

序号	项目名称	持股比例	所处领域	所在地
19	东莞成电精工自动化技术有限公司	15%	高端装备	广东省　东莞市
20	臻睿（北京）信息技术有限公司	6.25%	新一代信息技术	北京市　海淀区

（2）创赛基金

创赛基金累计投资项目6个，总投资额2686.4万元（如表3-3-5所示）。目前尚未有项目退出。

从投资行业来看，主要投向新一代信息技术、高端装备等新兴技术产业。属于新一代信息技术的2家，投资金额共994.2万元，占投资总额的37%；属于先进制造业（高端装备）的2家，投资金额共794.2万元，占投资总额的29.6%；生物医药1家，投资金额共700万元，占投资总额的26.1%；消费升级1家，投资金额共198万元，占投资总额的7.3%。

从投资地域来看，主要投向广东省本地。广州市2家，投资金额共898万元；广东省内其他地区3家，投资金额共1292.4万元；外省1家，投资金额496万元。

从持股比例来看，基金持有的项目股权比例均低于20%。

表3-3-5　创赛基金在管项目列表

序号	项目名称	持股比例	所处领域	所在地
1	广东奥基德信机电有限公司	3.85%	高端装备	广东省　佛山市
2	武汉市聚芯微电子有限责任公司	11.90%	新一代信息技术	湖北省　武汉市
3	广州泾渭信息科技有限公司	10.00%	消费升级	广东省　广州市
4	惠州市峰华经纬科技有限公司	12.50%	新一代信息技术	广东省　中山市
5	中山易必固新材料科技有限公司	8.95%	高端装备	广东省　惠州市
6	广州卫视博生物科技有限公司	4.29%	生物医药	广东省　广州市

（3）大学生基金

大学生基金累计投资项目5个，总投资额3373.8万元（如表3-3-6所示）。目前尚未有项目退出。

从投资行业看，属于新一代信息技术的2家，投资金额共1598万元，占投资总额的47.4%；属于先进制造业（高端装备）的1家，投资金额共1177.5万元，占投资总额的34.9%；生物医药1家，投资金额共450万元，占投资总额的13.3%；消费升级1家，投资金额148.3万元，占投资总额的4.4%。从投资地域看，广州市3家，投资金额共2048万元；广东省其他地区2家，投资金额共1325.8万元。从持股比例看，基金持有的项目股权比例均低于20%。

表3-3-6 大学生基金在管项目列表

序号	项目名称	持股比例	所处领域	所在地
1	广州乐起信息科技有限公司	9.95%	新一代信息技术	广东省 广州市
2	惠州华励医疗有限公司	15.00%	生物医疗	广东省 广州市
3	广州易布购电子商务有限公司	5.93%	消费升级	广东省 惠州市
4	东莞市大研自动化设备有限公司	7.85%	高端装备	广东省 东莞市
5	广东凯通科技股份有限公司	3.63%	新一代信息技术	广东省 广州市

3.3 基金投资成效

3.3.1 投资效果

总体上看，三只天使基金的投资运作工作取得了较好的成效，实现了预期目的。主要体现在：

（1）直接或间接撬动外部资本超过2亿元，放大倍数约3.5倍。在三只基金的组建过程中，粤科集团实际投入自有资金约9033万元，直接或间接撬动外部资本共计22935.28万元，杠杆倍数为3.5倍。从基金层面看，三只基金共引入财政资金1743.38万元，吸引社会资本9400万元。从项目外部融资层面看，天使一号基金所投项目，在基金投资后带动外部股权融资共计7863万元；创赛基金所投项目，在基金投资后带动外部股权融资共计3160万元；大学生基金所投项目，在基金投资后带动外部股权融资共计768.9万元。三只基金投资后，合计带动所投项目实现外部股权融资共计11791.9万元。

（2）所投早期项目整体增值166%，企业净资产增幅明显。以项目退出回收金额和企业净资产口径合并统计，三只基金投资的早期项目（剔除中后期项目）整体增值率为166%。三只基金的具体情况如下。

天使一号基金目前在投企业20家，投资项目（剔除个别中后期项目及2017年投资项目）累计净资产已从投资当年的19132.6万元，增长至2017年底的51063万元，增值率为167%。目前，天使一号基金有4个项目实现了完整退出，投资本金共计1450万元，回收金额2239.5万元，退出项目的整体增值率为150%，且持股期限在一年到三年以内。

表3-3-7　天使一号基金项目退出情况

序号	项目名称	投资日期	退出日期
1	珠海云洲智能科技有限公司	2014年1月	2015年11月
2	广州热点软件有限公司	2014年1月	2015年8月
3	广州圈圈零零网络科技有限公司	2014年8月	2015年11月
4	深圳垦拓流体控制有限公司	2014年5月	2017年11月

此外，创赛基金，投资项目累计净资产已从投资当年的1099.9万元，增长至2017年底的4606.3万元，增值率为319%。大学生基金，投资项目（剔除1个中后期项目）累计净资产已从投资当年的2316.1万元，增长至2017年底的6001.6万元，增值率为159%。

（3）所投企业规模和纳税水平显著提升。三只基金均主要投资初创企业，较好地带动投资企业发展和规模增长，促进企业营收和利润提升，纳税金额实现明显突破。三只基金的具体情况如下。

截至2017年12月31日，天使一号基金，投资项目（剔除中后期项目、2017年投资的项目及已退出项目）营业收入之和为43351.4万元，是投资当年营业收入之和的1.2倍；净利润之和为3716.9万元，是投资当年净利润之和的1.4倍；纳税金额之和为1959.2万元，是投资当年纳税金额之和的6.9倍。创赛基金的投资项目营业收入之和为2307.8万元，是投资当年营业收入之和的19.2倍；纳税金额之和为118.9万元，而投资当年所投企业几乎无纳税。大学生基金的投资项目营业收入之和为3176.7万元，是投资当年营业收入之和的1.9倍；纳税金额之和为151.6万元，而投资当年所投企业几乎无纳税。

（4）所投企业的自主知识产权快速增长。三只基金主要投资于中早期科技型企业，有力地促进了所投企业的研发实力提升，三只基金所投企业的知识产权数量之和已从投资当年的235件增长至2017年底的811件，增幅达245%。三只基金的具体情况如下：天使一号基金所投项目，知识产权数量之和从投资当年的141件增长至2017年的637件，提升比例达351.8%；创赛基金所投项目，知识产权数量之和从投资当年的22件增长至2017年的59件，提升比例达168.2%；大学生基金所投项目，知识产权数量之和从投资当年的72件增长至2017年的115件，提升比例达59.7%。

3.3.2　存在的问题

虽然取得了一定的经济和社会效果，但作为国有性质的投资基金，上述三只基金在运作过程中，依然面临国有资本监管要求所带来的对早期投资的制约，同时基金本身的运作仍有需要改善的地方。

（1）国有资本考核要求与早期投资特性不匹配制约了业务开展。国有资本的基本任务是保值增值，现有的考核是以年度为周期，以利润、净资产收益率、投资规模等增长情况为基本的考核指标。早期投资项目经营不确定性大，投资周期长，投资期间经营业绩可能出现较大波动，早期投资的业务属性与国有资本考核要求有一定冲突。这就大大局限了国有早期投资机构的可投范围和业务开展的进度。

（2）投资人的理念不同影响了基金的稳定运营。基金的投资人中既有国有企业，又有专业机构，也有民营资本。在基金运营过程中，出现了部分民营投资人无法履约缴付后续投资款，或要求退还前期投资款，或对基金运营提出异议，造成基金无法按照预期稳定运营。究其原因，一方面投资人资金来源与早期投资期限不匹配，另一方面投资人对早期投资的认识和预期与早期投资有较大差距。

（3）投后管理体系仍须完善和强化。基金所投的初创项目，除了需要资金启动，还会面临市场开拓、企业管理、人员招聘、政策申请等诸多事宜，每一方面都没有明显的短板方可顺利发展。虽然基金管理人会根据所投项目，针对性地提供帮助，但总体来看，投后管理的效果因人而异，既依赖于具体项目组的能力和资源，也依托于粤科集团体系化的投后管理系统，这些都仍须加强。

3.4　典型投资案例

3.4.1　迈雷特项目投资案例

中山迈雷特数控技术有限公司（以下简称“公司”）成立于2012年12月，专注于工业自动化控制产品的研发和生产。天使一号基金于2013年12月投资，目前持股

11.75%。该项目是由天使一号基金一路扶持，陪伴企业实现从0到1的突破和后续高速成长。

与该企业创始人初识之时，企业并未成立。项目组在与创始人深入沟通后，对创始人及其对数控领域的思考和想法较为认同，判断其所说的控制器和硬件产品有较大的潜力和空间，于是便鼓励和协助创始人成立公司，将想法诉诸实践。

公司成立后，项目组与创始人多次交流，协助公司制定发展规划和战略。经过一段时间的运转，项目组鼓励公司参加了创新创业大赛，并取得了较好成绩。随后，经过基金管理人相应的尽调和审核，认为该企业掌握了数控机床领域难度最大、技术门槛最高的数控齿轮机控制系统的解决方案，填补了国内在相关领域的空白，一定程度上减轻了数控系统对外国技术的过度依赖，经营团队务实而有冲劲，且有成功创业经验，便推动了天使一号基金对该公司的投资。

天使一号基金投资时，公司处于初创期，须进行大量研发投入。基金管理人在产品研发、市场开拓、内部管理和规范等方面给予多方协助。2014年，公司有了一定销售量，产品主要以数控机床控制器为主，同时大力开发钻头系列产品。2015年，公司钻孔系列产品技术已处国内领先地位，积累了含金量较高的自主知识产权，不断完善升级的产品成为公司有力的增长点。2016年，公司六轴磨齿机等先进机型也已经获得批量订单，带动了公司快速增长；2016年，公司销售收入较去年同期增长330%。

同时，基金管理人对接了佛山和中山市相关科技和经信部门，根据不同地市的政策支持力度，协助企业正式从佛山迁址至中山火炬开发区，获得优惠价格土地，以及财政资金支持，助推企业实现进一步发展。

2017年，公司成功通过广东省工程技术中心及中山市工程技术中心认证，专用钻孔系列产品获得了韩国、意大利、瑞士客户的认可，首套八头枪钻形成销售。其间，公司为了加快内部管理规范化，聘请了具有IPO经验的财务总监加强公司财务规范化。当年，公司获得中国创新创业大赛军民融合专业赛获得全国赛第二名，公司子公司中山迈雷特获得了创新创业大赛广东赛区初创组第一名，时任广东省委书记胡春华同志到公司进行了实地考察。四年时间，公司实现了高速发展。

在管理人的支持下，目前公司已经完成完全自主知识产权的高端数控系统的软、硬件技术开发平台的建设，产品涵盖数控齿轮加工设备系统、数控深孔加工设备系统的整机制造等领域，广泛应用于飞行器制造、汽车制造、船舶机械、金加工、木工机械、饲料模具、生物质能源等行业。在“6轴数控滚齿机系统”“8轴数控磨齿机系统”“10轴10联动智能数控系统”“多轴自学习、自适应的智能机器人控制技术”和“高速高精样条插补自适应算法”等关键共性技术领域已取得了突破性成功。

在产业布局上，2018年公司将打造以中山迈雷特为科技创新中心（总部基地）、佛山迈雷特和重庆迈雷特为制造中心（生产基地），实现以“科技中心”引领“制造中心”的格局。未来三年，公司将逐步提升产能，加大研发投入，拓宽产品市场，进一步提高公司产品市场占有率和行业品牌知名度。

在支持企业获得快速发展的同时，天使一号基金也获得了较好的投资增值。

3.4.2 云洲智能投资及退出案例

珠海云洲智能科技有限公司（以下简称“云洲智能”）是一家从事无人船研发和销售公司。天使一号基金于2014年1月投资，目前已实现退出。天使一号基金在企业初创之时的及时进入，推动企业顺利跨过从起步到加速的关键门槛，助力企业启航远方。

项目组与云洲智能创始人相识于创始人读博士之时，在与创始人深聊后，项目组全力扶持创始人实现梦想，并辅导和支持企业一路冲进创新创业大赛全国赛区，并最终获得当年全国总冠军。

赛后，天使一号基金管理人对公司进行了尽调和审核，认为云洲智能研发的无人船平台顺应环保、资源和安全等多领域发展需求，应用前景广阔；其产品独创，技术含量高、实用性强；整体团队富有朝气、有技术、有梦想、有视野，故决定对云洲智能进行投资。

中国是海洋大国，但是海洋关键核心设备、高端仪器的国产化率很低，只有5%—10%。在云洲智能之前，世界上只有美国、以色列的几家企业在研发相关产品。在“大众创业万众创新”和海洋强国建设的大政策背景下，天使一号基金作为公司的首轮投资者，扶持公司创始团队，帮助其从没资金、没资源的学生和初创者，逐渐转型为企业家。

天使一号基金投资后，项目组协助公司制定战略规划和经营布局，调整市场开拓计划，在市场开拓上为公司做了不少工作，并推进公司治理不断规范化。同时，品牌和形象宣传上，云洲智能也开展了较多成效显著的工作，关注度明显提升。

目前公司产品已填补了国内无人船领域的空白。云洲智能创始团队，在对全国各大水系和环保工作者的大量调研下，经过艰苦的长期试验测试，做出了全国首创的小型淡水无人船平台，并逐步向水下测绘、安防巡逻以及军用领域拓展。

2014年10月，公司创始人跟随李克强总理出访俄罗斯，参加世界创新论坛。作为唯一的中国代表，公司创始人向李克强总理和俄罗斯总理梅德韦杰夫汇报了创新创业历程和无人艇项目。2015年，天津港“8·12”瑞海公司危险品库房特别严重的火灾爆炸事故发生后，云洲智能工程师带着3条无人艇直奔灾区现场。各种有毒化学残留物汇入爆炸中心地带的大坑，构成一个几百平方米的“小湖”。无人艇航行在“小湖”中，实时提取水样，帮忙专家测量水质指标，还被用于测量重新排入大海的“处理水”是否合格。2016年，云洲智能无人船首次实现多艇协同，并在公开水域切断通信的情况下安全航行与工作。2017年，由我国人民解放军水兵测绘研讨所、国家海洋局南海查询技能中心和云洲智能联合研制的M80B海底勘探无人艇随同“雪龙”号极地科学查询船一路向南，远赴南极科考，完成了我国第五座南极考察站建站的锚地水深地形测量工作。2018年，在珠海市政府的支持下，云洲智能正在打造以船舶无人驾驶为基础的产业生态平台，包括无人船海上测试场、自动系泊码头、海上通信和网络安全等方面的基础设施。这是继挪威全球首个无人船海上测试场后，在珠海万山群岛打造的亚洲首个无人船公开化标准海上测试场。

在扶持企业顺利进入快车道的同时，基金管理人于2014年7月为公司引入了第二轮增资，进一步扩大企业规模，为公司未来发展打好基础。2015年底，天使一号基金适时实现了退出，增值率达60%。从估值上来看，天使一号基金投资时企业Pre-A轮估值为1亿元，A轮估值为1.8亿元，B轮时估值已接近16亿元。在即将进行的新一轮融资中，该公司的估值或将达到7.8亿美元。

第四章　广东省国有创投机构设立天使基金的启示

通过对上述三只天使基金的组建情况、运作情况和典型投资案例的分析，对国有创投机构组建运作天使基金的经验进行了总结，并提出相关的建议。

4.1　符合特性的国有资本考核标准能极大提升活力

国有资本目前的考核方式必然要求国有资本的投资应以“稳健”为首要指导原则，但早期投资的基本逻辑是在中长期，以组合投资的总体收益克服单个项目失利，过程中的单年度业绩指标出现较大波动是正常之事。国有资本短周期、重增长的考核方式，无法匹配早期投资长周期、风险高、重组合的业务特性，制约了国有资本有效地开展业务。

建议针对早期投资业务特性，设计以长周期和资产组合考核为基础，综合考虑经济和社会效益的指标体系，并应适当提高对社会效益的考核比例，如投资数量和金额、撬动的社会资本量、对新兴产业和关键领域的支持力度等，以通过国有资本的引导，达到带动早期投资社会氛围的作用。

4.2　选择合适的基金投资人对基金稳定运营至关重要

天使基金组建是实施早期投资的第一步。与PE类基金不同，天使基金风险更高、期限更长，相应的收益也可能更高。在较长的培育和等待期中，投资理念不同、风险和期限偏好不同，以及投资者财务情况的变化，都有可能对基金的运营造成重大影响。例如对不同行业和企业发展规律认知深浅不一，或长期持有时缺乏耐心和信心，以及投资者财务危机等原因，都可能造成基金运营中受到投资者影响，造成不得不改变投资管理和退出策略、基金规模变化、投资者产生矛盾等影响基金运营效率的不良结果。尤其对国有投资机构，选择的投资人应具有一定的政策认识和社会责任感。

建议国有投资机构在选择早期投资基金的投资人之时，不要只看资金实力，管理人应与投资人进行充分的沟通，对投资人的风险偏好、财务实力有较为清晰的判断，选择那些理解和认同管理人的投资理念、对早期投资有较为充分的思想和资金准备的投资人。合作各方应对决策机制、管理方式、收益分配等达成一致，管理人应与可能参与投资决策的投资人进行更深入的交流，了解这类投资人的投资偏好，尽可能筛选符合双方偏好的标的。同时，考虑到天使基金的长期性，为应对不确定事件的发生，应预先设置应对机制，包括管理人与投资人的协商决策机制、投资人新增和退出机制等等，同时兼顾对各方的约束力和开放性。

4.3 对创始人的考察是投资早期项目的核心

从上述两个投资案例看，管理人是在与创始人较长时间的互动，协助企业落地或发展的过程中，不断加深对投资项目的了解。在考察投资项目时，除对产品技术本身的“硬”条件判断，更看重对创始人及其团队的“软”实力判断。技术或产品，是企业发展的立足点，但在不同的人掌舵之下，公司却可能拥有不同的发展前景。从天使基金的投资经验来看，一些企业经营基础较好、想象空间较大，但可能因为企业创始人的诚信意识、规范意识、资本意识等不足，企业发展状况会低于预期，降低基金投资收益，甚至带来风险事件。

建议调查具体项目时，除常规的产品、技术、行业、政策等调研，重点应对创始人进行较长期和综合的考察，既包括是否具有为目标坚持不懈的勇气和毅力，是否有团结人心的领导力，也包括是否有较强的学习能力和适应能力，是否具备诚信意识和契约精神等方面。虽然各人皆有自己擅长和独特的一面，但对目标之坚定、为人之基本品德不可缺少。

4.4 系统化的投后管理是促进企业快速成长的重要保障

早期创业企业不像中后期企业那样具备较完善的组织结构和造血机制，其抗风险能力弱，技术落地、产品商业化、人才招揽、市场开拓等诸多方面都是在摸索中前进，资金只是企业发展的基本保证，但仍需多方面的资源聚合，才有可能扶持企业逐渐完善、从小到大，其中任何一个环节出问题，都有可能阻滞企业发展甚至失败。而对国有创投机构来说，受人员变动因素的影响，投后管理更应依赖体系支撑，避免像民营投资机构一样，较为依赖某位或某些明星投资人。

国有创投机构对早期企业应注重投资后的辅导、培育和资源整合的协助，并着重建立和完善投后管理体系，依托国有平台的资源和优势形成对企业成长的合力，以帮助初创企业尽快跨过风险最高的初创期，进入快速发展通道。例如，完善投后管理的流程、标准及动态数据库，提升数据化分析和预警能力；建立企业与政府之间的信息共享机制，充分利用政府的扶持政策；与早期企业相关的会计、征信、信息、托管、法律、咨询、教育培训等各类中介服务建立常态化合作机制；联合产业内龙头公司，探索联合产业链进行培育的方式等。

4.5　激励约束机制是影响国有创投机构运营效率的关键因素

天使基金的效益高低，起关键作用的是管理基金的核心人员，而促进核心人员充分发挥能动性的，是基金运营激励和约束机制，而良性运转的体制机制，又能吸引优秀的人才不断加入。这对国有创投机构来说，是目前需要突破的关键领域。

国有创投机构应在政策方向上，探索更有效的运营体制机制，在监管、合规、市场效率上寻找更优的平衡点。如允许国有创投企业进行混合所有制改革，引入各类战略投资者，优化股权结构，完善公司治理，提高公司运营效率；引入合伙人制度，完善人员薪酬、股权分红、项目跟投等激励约束机制。

4.6　复合型人才团队是早期投资机构健康发展的基础条件

早期投资必须对产品或技术本身所蕴含的机会、趋势和风险有深刻认识和把握，所涉及的领域和行业又非常广泛，这不仅对专业知识有较高要求，也要对产业判断、宏观大势、文化变迁、企业管理、市场动态等有全面的理解。因此，天使基金需要打造专业背景交叉、学习迭代能力较强、投资判断能力强的高素质、复合型团队，能够兼具业务开拓和前瞻机会的识别和把握。

建议国有创投机构立足投资机构发展现状和国有资本特点，重视对人力资源体系的建设和管理，以战略目标为指引，制订人才队伍培育计划，避免人才结构单一，积极通过外部招聘、内部培养、联合培养、专家大脑合作等多元化方式，以合适的激励、培养和晋升机制吸引人才、留住人才、培养人才、整合人才。

参考文献

[1] Berger A N, Udell G F. *The economics of small business finance: the roles of private equity and debt markets in the financial growth cycle* [*J*] . Journal of banking and finance, 1998, 22:613-673.

[2] May J, Liu Manhong Mannie. Angels without borders: trends and policies shaping angel investment worldwide. World Scientific, 2015.

[3] Mason C M, Harrison R T. *Barriers to investment in the informal venture capital sector* [*J*] . Entrepreneurship & regional development, 2002, 14 (3) : 271-287.

[4] Mason C M, Harrison R T. *Business angel networks and the development of the informal venture capital market in the UK: is there still a role for the public sector* [*J*] . Small business economics, 1997, 9 (2) : 111-123.

[5] Mason C M, Harrison R T. *Measuring business angel investment activity in the United Kingdom: a review of potential data sources* [*J*] . Venture capital, 2008, 10 (4) : 309-330.

[6] Tornatzky L G, Fleischer M, Chakrabarti A K. *The processes of technological innovation* [*M*] . Lexington,MA: Lexington Books. 1990.

[7] 安磊，陈晴. 新时期科技企业孵化工作的战略思考 [J] . 中国科技产业，2013 (2) : 48-49.

[8] 蔡昉. 理解中国经济发展的过去、现在和将来——基于一个贯通的增长理论框架 [J] . 经济研究，2013，48 (11) : 4-16+55.

[9] 蔡宁，徐梦周. 我国创投机构投资阶段选择及其绩效影响的实证研究 [J] . 中国工业经济，2009 (10) : 86-95.

[10] 曾智. 以色列大学生创业环境构建及启示 [J] . 教育评论，2017 (5) : 72-76.

[11] 常林朝，邵俊岗. 基于资源外取的企业孵化器开放式运行模式研究 [J] . 科技进步与对策，2007，24 (10) : 24-27.

[12] 陈强，鲍竹. 中国天使投资发展现状与政策建议 [J] . 科技管理研究，2016，36 (8) : 21-25.

[13] 陈晴. 美国硅谷孵化器的发展经验对我国的启示 [J] . 中国科技产业，2014 (8) : 36-39.

[14] 崔春艳，加快科技企业孵化器发展的建议 [J] . 中国高新技术企业，2013 (13) : 12-15.

[15] 邓超，郑元婷，王昌东. 政府促进天使投资发展的国际比较及启示 [J] . 经济问题探索，2010 (1) : 129-133.

[16] 樊云慧. 股权众筹平台监管的国际比较 [J] . 法学，2015 (4) : 84-91.

[17] 范凌钧，李南，陈燕儿．中国高技术产业技术效率区域差异的实证分析 [J]．系统工程，2011，29（2）：56-62.
[18] 戈峰．现代生态学 [M]．北京：科学出版社，2002。
[19] 郭丽虹，张祥建，徐龙炳．社会融资规模和融资结构对实体经济的影响研究 [J]．国际金融研究，2014（6）：66-74.
[20] 国家发改委经济研究所课题组，宋立，王元，刘国艳．促进创业资本投资早期创业企业的相关建议 [J]．经济研究参考，2013（63）：3-12.
[21] 胡曙虹，黄丽，杜德斌．全球科技创新中心建构的实践——基于三螺旋和创新生态系统视角的分析：以硅谷为例 [J]．上海经济研究，2016（3）：21-28.
[22] 胡新丽，吴开松．光谷与硅谷——科技金融模式创新借鉴及路径选择 [J]．科学进步与对策，2014（31）：15-18.
[23] 李春好．种子期高科技风险投资机会的选择方法 [J]．科学学研究，2003（1）：88-91.
[24] 李华，王鹏．"天使投资"在OECD国家的运作——兼论"天使投资"在我国的发展前景 [J]．世界经济研究，2003（4）：51-56.
[25] 李剑川，刘长虹．德国孵化器发展模式对广东的启示 [J]．广东科技，2014（24）：3-4.
[26] 李金兰．以色列创业环境及其对中国的启示 [J]．创新与创业教育，2017，8（01）：102-108.
[27] 李姚矿，汤汇道，龙丹．天使投资研究述评 [J]．学术界，2011（7）：221-233+291.
[28] 李姚矿，姚倩，江竹青．我国天使投资运作模式的探索 [J]．合肥工业大学学报（社会科学版），2011，25（2）：11-15.
[29] 刘丁己，周纯，何国全．天使投资与风险投资基金的比较分析 [J]．商业经济与管理，2005（5）：66-70.
[30] 刘督，万迪昉，庄梦周，吴祖光，许昊．天使投资改善了中小企业创新活动吗？[J]．科学学与科学技术管理，2016，37（5）：96-104.
[31] 刘曼红，王佳妮．中国天使投资理论、方法与实践 [M]．北京：中国发展出版社，2015.
[32] 刘小青，刘毅．创投机构对硅谷科技型初创企业的促进作用 [J]．广东科技，2015（21）：96-98.
[33] 刘志迎，叶蓁．中国高技术产业各行业技术效率的实证分析——基于非参数的Malmquist指数方法 [J]．科学学与科学技术管理，2006（9）：22-27.
[34] 希斯里奇，胡日健，等．小企业大战略 [M]．上海：上海人民出版社，2006.
[35] 罗斯．超级天使投资：捕捉未来商业机会的行动指南 [M]．桂曙光，尚孟生，译．北京：中国人民大学出版社，2015.
[36] 倪宁，魏峰．创业项目阐释与天使投资意向研究 [J]．中国软科学，2015（12）：164-175.
[37] 蒲祖河．中小企业融资需求层次研究——基于美国经验数据的分析及政策启示 [J]．财贸经济，2007（10）：48-51.
[38] 邱勋，陈月波．股权众筹：融资模式、价值与风险监管 [J]．新金融，2014（9）：58-62.
[39] 施勇峰，刘斌．美国孵化器模式创新案例研究 [J]．杭州科技，2015（3）：58-62.

[40] 史建梁．天使投资人的投资行为研究：一个理论综述 [J]．经济与管理研究，2011（8）：50-55.
[41] 谈毅，杨晔，孙革．中国天使投资市场规模、特征与发展 [J]．中国科技论坛，2015（9）：115-120.
[42] 唐志超．以色列的教育 [J]．领导科学论坛，2017（12）：83-96.
[43] 王科．如何引导早期创业投资——以色列模式带给我国的启示 [J]．经济视角，2011（11）：56-57.
[44] 王咏．广东省科技企业孵化器发展模式研究 [J]．中国管理信息化，2016（19）：80-82.
[45] 吴延兵．R&D存量、知识函数与生产效率 [J]．经济学（季刊），2006（3）：1129-1156.
[46] 徐文舸．政府性创业投资引导基金的国际镜鉴——基于对以色列、澳大利亚的比较分析 [J]．国际金融，2017（5）：51-59.
[47] 闫磊，姜安印，冯治库．科技型中小企业投资价值的生命周期特征及融资匹配分析 [J]．当代经济科学，2016，38（3）：114-123.
[48] 杨大楷，李丹丹．中国种子期、初创期风险投资的影响因素 [J]．现代管理科学，2012（3）：9-11.
[49] 杨东，苏伦嘎．股权众筹平台的运营模式及风险防范 [J]．国家检察官学院学报，2014，22（4）：157-168.
[50] 彭罗斯，赵晓．企业成长理论 [M]．上海：上海人民出版社，2007.
[51] 于林．我国天使投资发展现状与对策研究 [J]．改革与战略，2012，28（10）：66-68.
[52] 张捷，王霄．中小企业金融成长周期与融资结构变化 [J]．世界经济，2002（09）：63-70.
[53] 张军，吴桂英，张吉鹏．中国省际物质资本存量估算：1952—2000 [J]．经济研究，2004（10）：35-44.
[54] 张岚，罗田田，赵芳．科技型企业孵化器协同创新产业化研究 [J]．中国市场，2018（5）：142-143.
[55] 张佩峰．推动我国“天使投资”发展的税收政策建议 [J]．税务研究，2015（10）：45-48.
[56] 张倩红，刘洪洁．国家创新体系：以色列经验及其对中国的启示 [J]．西亚非洲，2017（3）：28-49.
[57] 张伟良，刘长弘，胡品平．众创空间广东模式 [M]．北京：光明日报出版社，2017.
[58] 张伟良．高歌猛进，推动区域创新与转型升级——广东省科技企业孵化器建设综述 [J]．广东科技，2015（Z2）：18-21.
[59] 张效民．广东的历史文化资源 [J]．深圳职业技术学院学报，2010，9（6）：40-45.
[60] 章卫民，劳剑东，李湛．科技型中小企业成长阶段分析及划分标准 [J]．科学学与科学技术管理，2008（5）：135-139.
[61] 赵敏，李湛，王荣．科技创业企业成长混沌模型 [J]．上海交通大学学报，2007（7）：1150-1153.